suhrkamp taschenbuch 2652

Tilmann Moser setzt mit diesem Buch die Reihe seiner therapeutischen Fallberichte fort, in denen die Psychoanalyse als Redekur
erweitert wird durch die Arbeit mit dem Körper. Der Held oder
Anti-Held, Patient oder Protagonist, der Leidende und Handelnde
ist in diesem Falle selbst Forscher und Arzt, der dem Abstieg in den
seelischen Untergrund erlebt wie eine parallele Expedition zur eigenen Forschung in wissenschaftlichem Neuland. Therapeut und
Patient bilden allmählich ein Erkundigungsteam in den Bereich des
bisher Unsagbaren, ja nicht einmal Benennbaren.
Ein »psychosomatischer Roman« also, der den langsamen Über-
gang von einer fast archaisch zu nennenden, aber für das bedrohte
Kind lebensrettenden Dumpfheit der Gefühle schildert hin zu einer
Geschichte, die plötzlich eine zusammenhängende leibseelische
Biographie nicht nur aufscheinen läßt, sondern in ihrem Fortgang
enthüllt und neu erschafft.
Tilmann Moser, geboren 1938, arbeitet seit 1970 in freier Praxis als
Psychoanalytiker in Freiburg. Sein Werk im Suhrkamp Verlag ist ab
Seite 185 dieses Bandes verzeichnet.

Tilmann Moser
Ödipus in
Panik und Triumph
Eine Körperpsychotherapie

Suhrkamp

Umschlagabbildung und Seite 7:
René Magritte: Der bedrohte Mörder, 1926
The Museum of Modern Art, New York.
© VG Bild-Kunst, Bonn 1997.

suhrkamp taschenbuch 2652
Erste Auflage 1997
© Suhrkamp Taschenbuch Verlag Frankfurt am Main 1994
Suhrkamp Taschenbuch Verlag
Alle Rechte vorbehalten, insbesondere das
des öffentlichen Vortrags, der Übertragung
durch Rundfunk und Fernsehen
sowie der Übersetzung, auch einzelner Teile.
Druck: Nomos Verlagsgesellschaft, Baden-Baden
Printed in Germany
Umschlag nach Entwürfen von
Willy Fleckhaus und Rolf Staudt

1 2 3 4 5 6 – 02 01 00 99 98 97

Inhalt

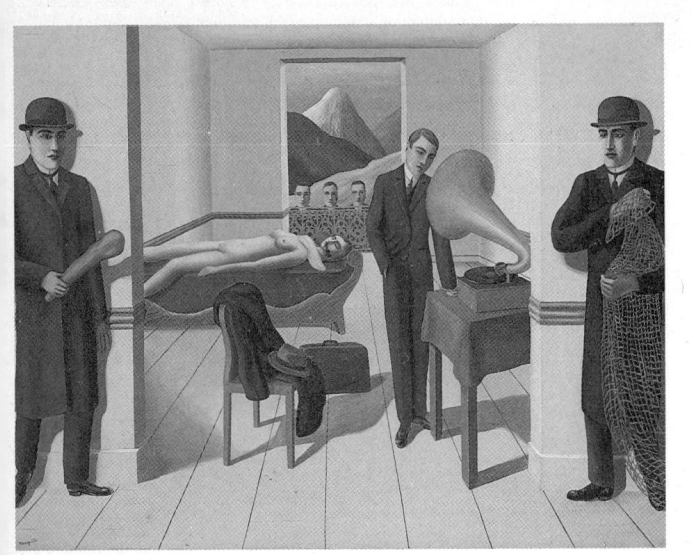

Vorwort mit Bildmeditation

Das Bild von René Magritte mit dem Titel »Der bedrohte Mörder« (1926) hatte mich schon lange gereizt zu einer Deutung mit Hilfe zunächst ungeordneter Assoziationen, Gegenübertragungs- oder Ansteckungsaffekten. Und dies weniger des szenischen Inhalts als der Atmosphäre wegen, die das Bild, steht man vor dem großflächigen Original, ausstrahlt, suggeriert, gefroren monumentalisiert. Die Stimmung des Unheimlichen macht gar nicht halt am Bildrand und zum Betrachter hin. Sie bezieht ihn nicht nur ein, sondern dringt in sein Inneres ein, so daß er rasch Teil des Bildes oder der Stimmung wird. Wie viele Kunstwerke verbündet es sich sofort – oder könnte man sogar sagen: rückwirkend? – mit dem Unbewußten des Zuschauers, der sich ebenso ängstigt wie er auch Mittäter oder Schuldiger sein könnte. Mit ›rückwirkend‹ ist eine merkwürdige Zeitverschiebung gemeint: der Betrachter tritt nicht in einem bestimmten Augenblick vor das Bild, sondern er ist, wenn er sich davorstellt, also wenn er es »betritt« – und das ist Teil des Unheimlichen – längst schon »im Bild«, und zwar seit unbestimmter Zeit. Er ist ahnungsloser Mitwisser, und es ist nur unklar, ob er sich auf die Seite des Mörders schlagen soll, oder auf die der toten Frau, des Rächers, des Häschers mit dem Netz oder der Zeugen. Da sie aber alle erstarrt und entpersönlicht sind, scheinbar frei von Affekten, kann er bei keiner Figur verweilen, ist auf sich selbst zurückgeworfen, wird sich selbst unheimlich. Und nun beginnt – ich hoffe, ich bin nicht zu spekulativ – ein inneres Ringen: Er kann selbst versteinern und fühlt nichts mehr, dann wird er Teil des menschlichen Mobiliars, das zu einer geronnenen Geschichte zusammengeschoben wurde. Oder er nimmt Kontakt auf zum Unheimlichen in ihm selbst, dann spürt er eine diffuse Angst, die man nicht auf eine konkrete Gefahr beziehen kann, sondern nur auf ein Verhängnis. Und schon taugt auch der kriminalistische Blick nichts mehr, der nach dem Täter, nach Schuld, Verhaftung und ordentlichem Gericht forscht. Es könnte höchstens ein kafkascher Prozeß daraus werden oder der Prozeß ist schon im Gang, obwohl ja hier, anders als bei

Kafka, schon Blut geflossen ist oder noch fließt. Oder der Betrachter und Mittäter flieht hinaus ins Gebirge, doch dort ist alles schwarz-weiße Bergwüste, durch nichts Tröstliches gemildert. Dabei muß er aber auf dieser Flucht an den drei Zeugen vorbei, und das sind keine gemütlichen Gesellen. Sie schauen so dumpf wie schrecklich, erschreckt und Schrecken verbreitend, also mehr wie ein Chor, der das Entsetzliche sieht, doch verstummt. Man traut ihnen keine Worte mehr zu. Und weil sie keine Affekte zeigen außer erstarrtem Schrecken, der sie ins Leere blicken läßt, sind sie gleichzeitig Verfolger: Gaffer, rachsüchtiger Chor, Pappkameraden des Entsetzens, entmenschlichte Schautafeln und auch wiederum Milchbärte ohne jede Verantwortung.

Wohin also fliehen als Zuschauer, Mittäter und Mitopfer? In die Exegese der anderen Figuren? Der Häscher, Henker oder Leichenbestatter ist selbst erstarrt, er bereitet sich auf sein Werk vor wie eine Marionette. Und da er das Werk wohl schon oft getan hat, ist er zugleich sowohl wissend als auch unschuldig. Denn sein Wissen nützt ihm nichts, weil seine Gefühle wie vor Jahrhunderten geronnen scheinen. Er steckt im Gefängnis einer Rolle. Man weiß nicht, ob er sein Werk schon vor dem nächsten Mord tun wird, oder ob er auf diesen wartet, um tätig zu werden, oder ob er den Keulenmörder noch durch einen Netzwurf wird aufhalten können.

Man denkt an Klytemnästras Netz, mit dem sie den vom Krieg heimkehrenden Agamemnon gefesselt hat, um ihn dem Mörder Ägist zu überlassen. Aber der Mythos scheint viel zu lebendig: dort herrschen Motive, Taten und die lange Geschichte der Rache. Außerdem ist dort ein Mann das Opfer, auch wenn die Mörderin später ein schlimmes Schicksal ereilt. Klar ist im Mythos nur, daß die Rettung einen langen Weg sich suchen muß, mit Umwegen über Inseln, Exil, Gefangenschaft, Fremdheit, Iphigeniens Menschopfer, die sie gezwungenermaßen im Land der Barbaren vollzieht, bis es den eigenen Bruder treffen soll, der an dem fernen Gestade Schiffbruch erleidet, nachdem er, ein umgekehrter Ödipus, die Mutter erschlagen hatte.

Der mutmaßliche Mörder bei Magritte schaut ins Grammophon, als ob geschaute Töne ihn ablenken könnten. War das

Grammophon schon angestellt während des Mordes? Oder hatte der die Kälte, es danach anzustellen? Die lässig in die Tasche gesteckte Hand spricht dafür. Es ist, als ob er lausche, um sich wieder zu fühlen.

Und die geronnene Lüsternheit des Bildes? Die Frau ist zur Puppe aus Holz geworden, erstarrt vom Mißbrauch, von einem perversen Doktorspiel? Wie lange liegt sie schon da? Ist der Koffer des Besuchers noch nicht ausgepackt oder schon wieder verschlossen zur Abreise? Geht es um Mord oder um eine rätselhafte Krankheit? Überhaupt: ist der vermeintliche Mörder ein Arzt, der die Kranke nicht mehr retten konnte oder wollte bei einem Blutsturz? Und der auf die Zeugen wartete, um sich zu entlasten, weil man sonst ihn, als den letzten Besucher, einer nicht-ärztlichen Tat verdächtigen würde? Oder ist er vielleicht ein perverser Arzt, ein Leichenschänder, ein Mißbraucher, der die Vergewaltigte – sie könnte auch durch seinen (unseren) voyeuristischen Blick mißbraucht sein – noch betrachtet hat, bis sie starr war, oder bis es ihn gefror?

Der Keulenträger scheint der Einzige, der sich bewegt, oder der zumindest aggressiv lauert, mit einem Erdenrest von handlungsbereitem Affekt. Er ist der Einzige, von dem noch Zeit ausgeht, Zeit als Raum fürs Handeln. Wenn er den potentiellen Mörder, der sich nicht zum Gehen oder Fliehen entschließen konnte, erschlägt, dann ist das allgemeine Verhängnis nur um einen kleinen Zeitsprung vorangerückt, man stellt es sich ruckhaft vor, nicht als nachvollziehbares Geschehen mit einfühlbarem Drehbuch, in der lebendigen Zeit.

Und sind die Gaffenden erst später herbeigeschlichen, oder gehören sie zum Verhängnis dazu? Sind sie des Hauses verwiesene, verlorene Söhne, Zufallsgäste, Spurensicherer oder Polizisten in Zivil, Darsteller des Entsetzens, die durch ihre leicht verdrehten, nichts wirklich wahrnehmenden Augen, das Unheimliche noch steigern? Lauter Rätselfragen, wie auch die: Was mag in dem Koffer sein? Mörderbesteck? Alte Stiche? Ein Arztkittel und ein Stethoskop? Oder die zusammengepreßten Kleider der Toten, in dem Versuch des Täters, wenigstens die sexuelle Gewalt zu verbergen?

Läßt man den Blick länger wandern, so wird man gewahr, daß

sich der linke und der rechte Mann in Mantel und Melone fast spiegelbildlich gleichen. Sind es also Teile ein und derselben Figur, mit unterschiedlichen Funktionen und Aufträgen? Sind sie Vertreter des Gesetzes, suchen sie Rache und Gerechtigkeit auf eigene Faust? Oder sind es alterslose Sohnesfiguren eines jugendlichen Vaters, der sich seiner Frau entledigte, also ihrer jungen Stiefmutter? Oder Vaterfiguren eines jungen Psychopathen, der die Welt durch seine Gefühlskälte erschrecken wird? Oder Phantome der Bedrohung, die der Mörder nicht mehr fühlt, sondern über den Umweg des Zuschauers projiziert, weil er in versunkenem Autismus nur noch ins Leere starrt? Dann ist der Zuschauer durch diese Projektion, die erst durch ihn wirklich wird, längst einbezogen. Er übernimmt, ob er will oder nicht, Rollen im Bild, durch den Sog dieses implodierten Seelendramas.

Das Unheimliche wird noch verstärkt durch eine Manipulation des Raumes. Eine scheinbar exakte Zentralperspektive bewirkt durch geringe Verschiebungen einen leicht verschachtelten Raum (daß Magritte auf vielfältige Weise mit verschachtelten Räumen gearbeitet hat, zeigt eine ganze Reihe von Bildern). Die Innenbrüstung des Fensters müßte schmaler ausfallen als der schmale Stoß der halben Wände, die in den Raum treten. Es ist, als ob ein erstarrter, aber vom Verhängnis gesteuerter Blick sich nicht mehr anpassen könnte an die normale dingliche Wirklichkeit.

Das gleiche gilt für den Licht- und Schattenwurf. Das Auge nimmt, fast unbewußt, die Schatten auf, die die Körper und Gegenstände im Vordergrund werfen. Doch die Schatten der toten Frau auf der Couch fallen in eine ganz andere Richtung, wie sie höchstens durch ein Spotlight erzeugt werden könnten, haben aber sonst keine weitere Entsprechung. Im Gegenteil, der einzige Fuß der Couch wirft seinen Schatten in die Gegenrichtung, von einer Lichtquelle erzeugt, die irreal bleibt.

Die linke Fensterlaibung ist hell erleuchtet, was wiederum eine andere Lichtquelle voraussetzte, die aber nicht von außen kommen kann, denn die rechten Gesichtshälften der Zeugen liegen im Schatten: die Köpfe scheinen von links beleuchtet, was wiederum zum dunkleren rechten Fensterrahmen im Widerspruch steht. Die verschiedenen »Parteien« und schicksalträchtigen Gegenstände werfen also differierende Schatten aufgrund nicht zu lokalisierender Lichtquellen.

Hinzu kommt ein merkwürdiger Effekt, den man zunächst für Zufall halten will. Betrachtet man den Kopf der Frau, so wirkt er, aus größerem Abstand und mit leicht geschlossenen Lidern gesehen, wie das schnauzbärtige Haupt eines jungen Mannes, auf dessen nur wenig gestaltetem Holzleib Brüste montiert wurden. Rätsel über Rätsel. Die zur Gliederpuppe erstarrte linke Figur hält die Keule mit zarter Hand wie einen riesigen Penis, so daß sie ihm beim ersten Versuch eines Schlages schon aus der Hand fiele. Die Nicht-Bezogenheit aller Beteiligten untereinander verdünnt die Luft zwischen ihnen. Man ist gewohnt, Luft oder Raum, zumindest in geschlossenen Räumen, als etwas von Menschen und Interaktionen Erfülltes zu sehen. De Chiricos leergesaugte Räume fallen einem ein. Aber das Verhängnis, das man dort spürt, ist ein anderes: unaufhebbare Einsamkeit, fast ohne menschliche Szenen. Das Faszinierende an Magrittes Bild ist die Dichte der Personen wie der summierten, aber gefrorenen Interaktion. Es ist verbunden mit dem Gefühl der Unauflösbarkeit dadurch, daß Szene, Personen und Affekt auseinanderfallen, das Verhängnis durch die Depersonalisation der Handelnden verdichtet ist. Dies drückt ja aus, daß die ursprünglichen Affekte alle Gefäße gesprengt haben und nur noch durch einen Totstellreflex zu bewältigen waren.

Warum wähle ich dieses Bild, bei dem eine hölzerne junge Frau (mit verdeckten männlichen Zügen) das Opfer ist, umringt von erstarrten, gelähmten oder gaffenden Männern, als Titelbild eines Buches, das die Geschichte von Ödipus im Titel nennt? Sie müßte doch eher einen toten Vater und eine inzestuöse Verschmelzung des Täters mit der Mutter beinhalten? Nun, all dies ist bei der Geschichte in diesem Buch auch *als Möglichkeit* angelegt. Es hätte so und so kommen können! Es kam anders, die Analyse hat den tragischen Knoten zum Teil zu lösen vermocht, zumindest, was die Verstrickungen des Patienten K. anging. Aber nicht alle Figuren sind ihrem Schicksal entgangen, es blieben Tote und Verwundete zurück. Das Mörderische ist in vielen Varianten gegenwärtig, psychisch und physisch: als Verdacht und als Tat, als extremes Mißtrauen, als Betrug, auch als Seelenmord und geschlechtsumwandelnde Gewaltsamkeit, als offene und als subtile Tyrannei, auch als Gespensterkampf mit verdeckten Strategien. Überall blüht das ödipale Drama, aber die es tragenden oder unterhöhlenden Grundschichten sind genauso mächtig. Der Ödipuskonflikt setzt konturierte Personen voraus, wenn sie ihn in voller Blüte und Leidenschaft erleben sollen. Ist das Personal schon auf dem Weg in die Arena verwundet worden, behindert, verhärtet, parasitär verklebt, dann bilden die Akteure, die handeln und erleiden sollten, Klumpen, was ihre Bewegungen lähmt und ihre Unterscheidbarkeit partiell aufhebt. *Verdeckte* frühe Mißbrauchsbeziehungen *verdecken* noch einmal das ödipale Drama. Katastrophenängste, die über die ödipalen Wunden hinausgehen, verweisen auf einen archaischeren Hintergrund mit ödipaler Maskerade. Oder: selbst wenn das vordergründige Drehbuch weitgehend klassischen Mustern folgt, so gibt es einen Subtext, der ganz anders lautet: Individuation ist lebensgefährlich; Selbstwerden bedroht den Clan oder das Bild der nach außen den Schein wahrenden Atridenfamilie. Überleben ist nur durch Tarnung, Unterwerfung oder extreme Leistung möglich. Die Machtfassade ist weit entfernt von der wirklichen Balance der inneren Kräfte.

So viel sei verraten, damit die latente Gewaltsamkeit mancher Passagen des Buches nicht, wie es mir manchmal bei der analytischen Arbeit ging, als leicht handhabbar eingeschätzt wird: die Eltern des Patienten wurden eines Tages, wenige Monate nach Ende der Analyse, und nachdem der Patient endlich Chefarzt eines renommierten Krankenhauses geworden war, tot aufgefunden. Der Vater hatte vermutlich selbst Hand an sich gelegt, die Mutter war wohl schon vorher getötet worden. Unklar blieb, ob von eigener Hand durch eine Überdosis von Medikamenten oder eine von ihm verabreichte Injektion. Da die Mutter schwer krank war, blieb offen, ob man es Mord oder Sterbehilfe oder gemeinsamen Selbstmord nennen soll, oder, analytisch gesprochen, die tödliche Rettung einer Symbiose unter der Maske einer herrischen Tyrannei, hinter der vielleicht die Lebensunfähigkeit des Tyrannen steckte, der aus der soldatischen Panzerung von NS-Zeit und Krieg nicht mehr herausfand. Tyrann und lebensunfähig so sehr, daß er dem Sohn, den Söhnen die Mutter nahm, nicht umgekehrt; also Laios und Ödipus im Konflikt, aber generationenverkehrt und seitenverkehrt und geschlechtsverkehrt und auch verkehrt, was Initiative, Motive und Handlungsmacht angeht.

Die Analyse hat passagenweise alle möglichen unbewußten Paarungen im Familiendrama in den Vordergrund gerückt. Bei Magritte stirbt die Frau (Geliebte; Mutter; Patientin; Berghexe; Callgirl; Gliederpuppe usw.). Es betäubt sich der psychopathisch erstarrte Täter (Bruder; Sohn; Arzt; Mann; perverse Besucher; Stiefvater der Toten usw.), und es schleicht sich zur Rache herbei (Verhaftung; Mord; Verstümmelung; aber auch aufatmende Komplizenschaft ist denkbar, wenn er z. B. nur Schmiere gestanden hat): der Rivale; Vater; Bruder; Gangster; Komplize; oder Trittbrettmörder; usw. Folgt man den Assoziationen, so landet man plötzlich beim einverständigen Mafia-Trio, und der bedrohte Mörder wäre nur bedroht, wenn er den Mord *nicht* schafft, der ihm zur Bewährung auferlegt wurde. Das dreht alles um: Dann hätten die Zeugen Schmiere gestanden! Oder es sind schon die Späher eines anderen Clans, die überlegen, wie sie das Tätertrio hochgehen lassen. Doch auch diese Varianten führen nicht aus der Atmosphäre von Verhängnis und Auswegslosigkeit heraus, egal wie man das potentielle Drehbuch wendet.

Auch im Text des Buches ist von einem Mafioso die Rede, einem Klinikchef, mächtig und selbst in höriger Position, in der Hand einer Untergebenen. Der Patient soll vom Träger der Klinik benutzt werden, um jenen zur Strecke zu bringen. Aber K. weiß, daß ihm dies die anderen Chefs, die er für seine Berufung noch braucht, nie verzeihen würden.

Auf die andere Frau, der ehelich untergebenen Mutter, hat der Vater-Tyrann die schwere Hand gelegt, erlaubt ihr nicht, sich in die notwendige ärztliche Behandlung zu begeben, so sehr fürchtet er die Inkompetenz der Kollegen-Rivalen oder die wenigen Tage des erzwungenen Alleinseins. Wenn er selbst einsam durch die Wälder streift, läßt die Mutter den Sohn viel zu nahe an sich heran, verrät ihn aber wieder, wenn der Alte vom Berge kommt.

Aber als der Sohn in ihr die Hexe entdeckt, die in Wirklichkeit in der Maske der Schwachen den Schicksalsfaden spinnt, ist ein Ausgang wie auf Magrittes Bild denkbar: Vater und Sohn verbünden sich und wären endlich zu einer Nähe und Kooperation fähig, die nicht durch die große und doch schon fast ausgelöschte Mutter verwaltet wird.

Denn das unmöglichste in diesem psychoanalytischen Entwicklungsroman, die offene Liebe zwischen Vater und Sohn, gelingt nicht, obwohl die Sehnsucht danach den Patienten fast krank macht. Sie haust allerdings tief vergraben in den unterirdischen Räumen der Seele, dort, wo gleich um die Ecke Körper und Seele ineinander übergehen. Der Körper kann nach der Liebe des Vaters schreien, während der Geist in ihm schon den Bösewicht sieht, vor dem es die Mutter zu retten gilt.

Diese gewaltig zu nennende Differenz zwischen den Gefühlen des Körpers und denen der Seele, wie sie in manchen Kindergeschichten entsteht, wenn die Sphären, die Affekte, die Altersstufen und die Identifizierungen auseinanderfallen, scheint mir das stärkste Argument für die Einbeziehung des Körpers in die analytische Therapie. In dem hier vorgestellten Teil einer körpertherapeutisch erweiterten Psychoanalyse bildet diese Einbeziehung die Brücke zwischen den auseinandergetrifteten Kontinenten der leibseelischen Ganzheit. Es ist das Verdienst von Stanislav Grof, auf die Notwendigkeit hingewiesen zu haben, auch frühe, vor allem bedrohliche Krankheiten in der Kindheit durch die Regression noch einmal erlebbar zu machen und sie, die psychisch oft nicht zu bewältigen waren, auf andere Weise einzubetten in den seelischen Haushalt. Das gleiche gilt für frühe Schockerlebnisse, die Teile der Seele erstarren ließen. Magrittes Bild zeigt nicht den Moment des Schocks, sondern den *Zustand* nach dem Schock: die Erstarrung.

Die Lebensgeschichte von Klaus,
von ihm selbst erzählt

Als zweiter Sohn mit einem Abstand von sieben Jahren von meinem Bruder nach dem Kriege geboren, bin ich in einer Kleinstadt aufgewachsen. Meine Geburt war eine problemlose Hausgeburt, die fast als Sturzgeburt zu bezeichnen war und von meinem Vater zusammen mit einer Hebamme durchgeführt wurde. Die ersten zehn Tage danach hat sich meine Mutter mit mir zurückgezogen und wollte nicht mehr ins Leben zurück. Sie verglich diese Situation immer mit der von Herzeleide und Parzival. Dieser Zustand wurde jedoch abrupt durch meinen Vater beendet. Er hat die Mutter genötigt, nach zehn Tagen wieder in der Praxis, die gerade neu eröffnet wurde, mitzuarbeiten. Aus Erzählungen meiner Eltern weiß ich, daß ich etwa zwei Wochen nach der Geburt eine schwere Bauchfellinfektion hatte, an der ich beinahe gestorben wäre. Während dieser Zeit wurde ich von meinem Vater, der auch Arzt war, behandelt. Die mit hohen Fiebertemperaturen einhergehende Bauchfellentzündung führte rasch zu einem körperlichen Verfall. Durch Zufall las in dieser Zeit mein Vater in einer Fachzeitschrift, daß die Ursache dieser unklaren Erkrankung häufig eine Nabelschnurvereiterung sei. Daraufhin zog mein Vater eine befreundete Kollegin zu und nahm eine chirurgische Öffnung des Nabels ohne jede Betäubung vor. Dabei entleerte sich Eiter, und es wurde eine Tamponade in die offene Wunde eingelegt, die täglich gewechselt wurde. Durch diese Behandlung ging das Fieber zurück, und mein Zustand besserte sich täglich. Zur Begründung für das Hinzuziehen dieser Kollegin sagte mein Vater später immer: »Daß man nicht glauben sollte, falls ihm etwas zugestoßen wäre, ich hätte ihn umgebracht.« (Während der Therapie kam dann immer wieder eine Szene vor mein Inneres, und ich war der festen Überzeugung, daß dies sein innerster Wunsch war.) Bezeichnend war auch, daß meine Erkrankung weder von meiner Mutter noch von meinem Vater erkannt worden war, sondern von unserer Sprechstundenhilfe. Erst nach ihrer Intervention wurde die Behandlung begonnen.

Ich lernte sehr früh laufen und bin angeblich bereits mit neun Monaten an der Hand mit in die Stadt gelaufen. Es wurde jedoch immer wieder erwähnt, daß dies an der Hand unserer Haushaltshilfe geschah und nie an der meiner Mutter. In meiner frühen Kindheit hatte ich dann tagsüber immer mehr Kontakt zu unserer Haushaltshilfe Klara als zu meiner Mutter. Klara fühlte sich auch für mich verantwortlich, bis sie uns verließ; ich war etwa neun Jahre alt. Häufig nahm sie mich auch mit auf den elterlichen Bauernhof, wo ich mich ausgesprochen wohl fühlte und an den ich wunderbare Erinnerungen habe. Sollte ich wieder nach Hause zurück, versteckte ich mich in der Hütte des als sehr bösartig eingeschätzten Wolfshundes, um nicht fort zu müssen. Der Hund hat mich immer in seiner Hütte geduldet, ohne daß etwas passiert wäre. Auch erzählte meine Mutter immer wieder, daß ich weinte, wenn ich zu Hause ankam; sie glaubte vor Wiedersehensfreude, doch war es immer aus Trauer, daß ich von dem Bauernhof hatte weg müssen.

Mit drei Jahren kam ich aufgrund einer Ausnahmeerlaubnis in den Kindergarten, wo ich sehr gerne hinging. Ich weinte immer, wenn ich einen Tag nicht in den Kindergarten durfte. Es war wohl bereits zu dieser Zeit so, daß ich mich lieber bei anderen Menschen aufhielt als zu Hause bei meinen Eltern.

In dieser Zeit waren wir einige Male mit den Eltern in Skiurlaub. Zu diesem Zeitpunkt war mein sieben Jahre älterer Bruder, zu dem mein Vater sehr streng war, bereits in einem Internat verschwunden und tauchte lediglich in den Ferien und zu Weihnachten wieder auf. Sonst aber wurde die Existenz meines Bruders verschwiegen, und in unserer Stadt wußten nur die nächsten Verwandten, daß ich einen Bruder hatte. Auffallend war auch, daß ich während meiner Kindheit und Jugend immer als liebes Kind galt, das angeblich immer gehorchte.

Vor den Fahrten in Skiurlaub tauchte also mein Bruder wieder auf, und wir haben uns mehrfach heftigst gestritten, ja geprügelt. Obwohl er einige Jahre älter ist, konnte ich mich allmählich doch ganz gut gegen ihn wehren. Den Eltern gegenüber waren wir zwei immer wie Verbündete, und es hat nie einer gepetzt, wenn er auch von dem anderen Schläge bezogen hatte. Mehrere Male vor der Abfahrt in den Skiurlaub habe ich erbrochen, einmal über den neuen Sessel, den meine Mutter Vater zu Weihnachten geschenkt hatte. Im Skiurlaub war es dann meistens so, daß ich an einem Übungshang abgestellt wurde und die anderen skifahren gingen. Erst nach Stunden holten sie mich wieder ab, wobei sie mich dann meist weinend vorfanden. Das Argument war, daß ich halt noch nicht gut genug skifahren konnte, um mit ihnen zu gehen. Dies war Ansporn für mich, möglichst schnell gut skifahren zu lernen, was mir auch gelang. So fuhr ich schon mit vier Jahren besser Ski als mein Bruder, mit dem ich auch Wettrennen veranstaltete.

In diesem Alter von etwa vier Jahren mußte ich manchmal mit auf die Jagd, was ich wohl haßte, oft aber auch sehr genossen habe. Ich war dann mit dem Vater allein, und es war häufig sehr schön. Einmal erinnere ich mich, daß ich einen viel zu großen und schweren Rucksack schleppen mußte, den ich alle paar Schritte zornig zu Boden warf; dabei weinte ich vor Wut. Seit dieser Zeit etwa weinte ich nicht mehr, es sei denn aus Wut.

Ein Erlebnis aus dieser Zeit ist mir bis heute in tiefer Erinnerung: Eines Tages kam der Vater meines Vaters, der ebenfalls Jäger war, und brachte meinem Vater ein Gewehr, eine ungewöhnliche fünfschüssige Schrotflinte. Ich spürte irgendwie, daß hier etwas Besonderes geschah, und war ganz außer mir, so daß ich am ganzen Körper zitterte vor Aufregung. Kurze Zeit später verstarb dann mein Großvater.

Von dieser Zeit an war ich nicht mehr mit meinen Eltern in Ferien. Während die Eltern jedes Jahr im September in Sommerurlaub fuhren, ging ich zu meiner Oma mütterlicherseits. Während der Schulferien im Sommer kamen häufig meine Cousins und natürlich auch mein Bruder. Meine Vettern blieben den Sommer über bei meiner Großmutter, und wir verbrachten oft eine schöne Zeit. Wir erlebten auch wunderschöne Tage im Sommer mit meinem Vater, wenn wir baden und fischen gingen. Die gefangenen Fische, und auch Würstchen, wurden an einem Feuer am Fluß gegrillt und gegessen. Mein Vater war jedoch so ängstlich, daß ich nie einen Freund mitnehmen durfte, da ihm die Verantwortung zu groß war.

Während meiner Kindheit hing ich sehr an meinen Großeltern mütterlicherseits, insbesondere am Großvater. Immer wenn ich ein Anliegen hatte, ging ich zu ihm, und er half mir. Einmal war mir mein Roller gestohlen worden, da suchte ich meinen Opa auf, der sich sofort mit mir zur Polizei begab, um den Roller zu suchen; der Roller tauchte dann auch wieder auf. Eine andere Erinnerung ist die, daß ich mit meinem Roller einen Unfall hatte und mich erheblich am Bauch verletzte. Mit blutendem Bauch suchte ich wiederum meinen Opa auf, der mir half, und nicht meinen Vater, der Arzt war. Die Narbe von diesem Sturz am Bauch ist heute noch sichtbar. Auch als ich das erste Schulzeugnis erhielt, lief ich damit am Haus meiner Eltern vorbei zu den Großeltern, denen ich es zuerst zeigte. Mein Großvater war auch der erste Mensch, den ich im Alter von sieben Jahren bewußt erlebte, als er starb, worüber ich sehr traurig war.

Zu meiner Großmutter entwickelte sich erst später über viele Jahre hinweg eine intensive Beziehung, da ich alle Sommerferien bei ihr verbrachte. So besuchte ich sie immer, wenn ich zu Hause war. Wenn es zu Hause Krach gab, sagte ich: »Dann geh ich halt zur Oma.« Während es bei uns fast unmöglich war, über Probleme zu sprechen, hatte sie immer ein offenes Ohr und stand mit Rat und Tat zur Seite. Oft saß ich mit ihr in der Dunkelheit im Garten oder in ihrem Wohnzimmer und wir sprachen über viele Dinge, die mich berührten, auch wenn ich Probleme mit den Eltern hatte. Sie kannte den Sternenhimmel und erklärte mir als Kind die einzelnen Sternbilder, was mich faszinierte. Ich konnte auch mit meinen Freunden zu ihr kommen und in ihrem Garten spielen. Sie freute sich, wenn wir kamen, auch wenn wir Unordnung hinterließen. Als sie mit nahezu einhundert Jahren starb, kurz nach Beginn meiner Therapie, wurde mir der Verlust erst schmerzhaft bewußt. Sie war immer wie ein Fels in der Brandung für ihre Enkel, und vor allen Dingen, sie war immer da. Ihr Tod war für mich viel schlimmer als der Tod meiner Eltern. Dazu kam auch eine Wut auf meinen Vater, den ich indirekt für ihren Tod verantwortlich machte, da meine Eltern an ihrem 95. Geburtstag in Urlaub waren. Von diesem Tag an ging es ihr gesundheitlich schlechter, und sie starb 1 Jahr später, da sie diese Kränkung nicht mehr überwinden konnte. Dazu kommt, daß meine Großmutter als einzige meinem Vater Widerstand bot.

Während meiner frühen Kindheit habe ich, wie schon gesagt, sehr positive Erinnerungen an meine Aufenthalte auf dem Bauernhof unserer Hausangestellten, von denen ich immer nur schwer wieder nach Hause wollte. Auch zu Klara fühlte ich mich sehr stark hingezogen, die mich als »Sohn« adoptiert hatte. Dies zeigte sich auch in einer Begebenheit, an die ich mich gut erinnere. Ich hatte ein kleines Fahrrad erhalten, konnte zwar schon ganz gut fahren, war aber in schwierigen Situationen noch sehr wackelig. Wir fuhren zum Baden, meine Mutter, Klara, meine Tante und ich. Es waren wohl noch einige andere Personen dabei. In einer Kurve war ich dann zu schnell gefahren und drohte auf dem Schotter der Straße auszurutschen und mit dem Rad hinzufallen. Dies spürte Klara, sprang während der Fahrt vom Rad, fing mich auf und bewahrte mich damit vor einem üblen Sturz. Meine Mutter, die ebenfalls mitfuhr, bemerkte weder den drohenden Sturz, noch war sie zu einer Reaktion fähig.

Mit fünfeinhalb Jahren kam ich in die Schule, die ich auch im Gegensatz zu meinem Bruder gut durchlief. Parallel dazu begann ich unter dem Einfluß meines Vaters mit Sport und nahm mit neun Jahren an den ersten Turnwettkämpfen als jüngster Teilnehmer teil. Zuvor hatte ich einige Jahre auf Wunsch meiner Mutter Klavierunterricht, den ich aber nur mühsam absolvierte und nach drei oder vier Jahren wieder aufgab.

Beim Wechsel von der Grundschule ins Gymnasium traten das erstemal Lernschwierigkeiten auf, obwohl ich in der Grundschule Klassenbester war. Diese Schwierigkeiten zogen sich in unterschiedlicher Variation bis in die sechste Klasse des Gymnasiums hin, wo ich meinen Tiefpunkt erreichte und meine Versetzung gefährdet war. Bezeichnenderweise bemerkten meine Eltern, was vor sich ging, erst, als ein Brief der Schule anzeigte, daß ich sitzenbleiben könnte. Da es immer massiven Krach nach sich zog, wenn ich in der Schule schlechte Zensuren hatte, ging ich dazu über, diese zu verschweigen oder, wenn dies nicht möglich war, zu fälschen, damit Ruhe war. Lediglich in den naturwissenschaftlichen Fächern war ich gut, was mich auch rettete. Während dieser ganzen Zeit trieb ich intensiv Sport, wo ich auch gut war. Es bildete sich hier sozusagen ein zweites Leben aus, welches ich parallel zu dem Leben zu Hause führte. Mein eigentliches Dasein und meine wahre Identität war bei den Freunden im Sport. Ich hatte das große Glück, einige Trainer zu haben, die uns motivierten und auch zusammenhielten. Sie schafften es, für uns (es war bei den meisten Freunden in dieser Sportgruppe ähnlich wie bei mir) sozusagen für familiäre Verhältnisse zu sorgen und uns ein Gefühl von Heimat, von Zugehörigkeit zu geben.

Gleichzeitig gelangte ich aber auch in zwielichtige Kreise und drohte auf die schiefe Bahn zu geraten. Ich trieb mich in zweifelhaften Etablissements herum und spielte häufig Glücksspiele mit beträchtlichen Einsätzen, die meine finanziellen Möglichkeiten weit überstiegen. Dieses mein anderes Ich verbarg ich zu Hause, meine Eltern hatten keine Ahnung, daß ich im Begriff war zu verwahrlosen. Dieser Zustand hielt an während der ganzen späteren Schulzeit und dem Beginn des Studiums.

In dieser Zeit hatte ich eine sehr enge Freundschaft zu einem Klassenkameraden, die bis heute anhält. Mit ihm konnte ich alle Probleme, die auftraten, besprechen. Er war auch der einzige, der über die beiden Facetten meines Lebens Bescheid wußte und ich genauso bei ihm. Auch war ich in dieser Zeit bei seinen Eltern halb adoptiert als Kind, und wir verbrachten sehr viel Zeit bei ihnen. Es war fast eine feste Einrichtung, am Samstagnachmittag dort Kaffee zu trinken mit selbstgebackenem Kuchen von seiner Mutter und im Anschluß daran zusammen mit seinem Vater die Sportschau anzusehen. Es waren häufig zahlreiche Freunde anwesend, die an diesem »Familienleben« teilnehmen konnten. In dieser Zeit habe ich sehr darunter gelitten, daß ähnliches bei uns nicht möglich war. Mit ihm, dem Freund, führte ich auch häufig Gespräche, die die halbe Nacht dauerten, über alle uns damals bedrängenden Probleme, unter anderem auch darüber, »daß wir nie Kinder haben wollten.«

Seit meiner Kindheit war es Tradition bei uns, daß meine Eltern am Donnerstagnachmittag und Samstagabend zum Essen ausgingen. Dabei nahmen sie mich samstags meistens mit. Obwohl ich zum Teil gute Erinnerungen an diese Ausflüge habe, war es jedoch so, daß ich regelmäßig nach dem Essen anfallartig Durchfall bekam. Dies setzte sich fort bis in die erste Zeit meiner Therapie. Das Essen war in unserer Familie eine sehr besetzte Angelegenheit. Eigentlich war nur das Frühstück am Sonntagfrüh mit Genuß verbunden, da dann oft Gespräche zustande kamen. Es wurden jedoch nie Themen besprochen, die persönlicher Natur waren, sondern man zog sich auf weltanschauliche Diskussionen zurück, wie Religion, Naturwissenschaften und so weiter. Persönlich berührende Gespräche wurden peinlichst vermieden. Auch seelische Befindlichkeiten wurden als Spinnerei und Hysterie abgetan und ins Lächerliche gezogen. Diese »Weichheiten« wurden allenfalls Frauen zugebilligt und waren sowieso nicht ernst zu nehmen. Männer hätten rein rational zu handeln, weil dies die einzig richtige Art von Verhalten sei. Von weibischer Gefühlsduselei dürfe man sich nicht beeinflussen lassen.

In der Regel war es bei Tisch auch so, daß der Vater dozierte und alle anderen zuzuhören hatten. Eine eigene Meinung wurde kaum toleriert und war auch nicht gefragt. Dies führte zu einer völligen Sprachlosigkeit bei mir. Auch als ich schon studierte, wurde dann zwar gefragt »Wie geht es dir?«, aber eine Antwort wurde nicht erwartet, und häufig wurde auch nicht bemerkt, daß ich gar keine gab. Die Gespräche liefen wie unter Fremden, betrafen nur Dinge, während Befindlichkeiten und Probleme keine Rolle zu spielen hatten. Diese Art der Gespräche wurde über die Jahre immer schlimmer, und ich konnte und wollte auch nichts mehr mitteilen. Alles habe ich mit mir allein oder mit meinem Freund abgemacht.

Dies führte später über viele Jahre zu einer völligen Sprachlosigkeit meinerseits und einer Unfähigkeit, Gefühle und seelische Empfindungen wahrzunehmen. Ich bemerkte kaum, daß ich in einer totalen inneren Isolation lebte, mich komplett von meiner Außenwelt abschottete und dies auch für richtig hielt, da in unserer Familie oberstes Gebot war, ja nichts Negatives oder etwas, das dafür gehalten wurde, nach außen dringen zu lassen. Es mußte unter allen Umständen das Gesicht gewahrt und eine intakte Familie präsentiert werden. Dies ging, wie erwähnt, so weit, daß in unserer Kleinstadt kaum jemand wußte, daß ich einen Bruder hatte. Er wurde nach außen, wohl wegen der Erziehungsschwierigkeiten, völlig versteckt, und es war immer unangenehm und peinlich, wenn die Sprache auf ihn kam.

Zu Beginn des Studiums lernte ich dann auch meine spätere Frau in einer Skifreizeit kennen. Nur am Anfang unserer Beziehung konnten wir einige Gespräche führen. Ich kann mich an eine durchredete Nacht erinnern, wo wir auch über persönliche Dinge sprechen konnten. Wir waren damals von der Gruppe ausgerissen und hatten uns in der Skihütte meines Onkels eingenistet. Diese Gespräche waren aber bald schon nicht mehr möglich. Wir entfernten uns sehr rasch voneinander, zumal bald auch in sexueller Hinsicht kaum noch ein intimer Kontakt möglich war, da sich meine Freundin und spätere Frau zurückzog. Dies wurde von uns beiden wie selbstverständlich hingenommen, und nie wurde darüber gesprochen oder gar eine Klärung herbeigeführt. In der Folge hatte ich dann ständig Freundinnen und flüchtete mich wieder in mein Junggesellenleben, wie ich es vor der Ehe geführt hatte. Am Wochenende fuhr ich meistens »nach Hause«, wo ich mit den alten Freunden von früher zusammen war. Im nachhinein betrachtet war ich in dieser Zeit wie ein hungriger Wolf auf der Suche nach Nahrung. Ich wußte jedoch nicht, was ich suchen sollte, und glaubte, daß durch wechselnde Frauen das Problem zu lösen sei. All diesen Frauen gab ich die Schuld für meine Unzufriedenheit, ohne zu registrieren, wie vieles an mir lag. Bemerkenswert ist in diesem Zusammenhang auch, daß meine Freundin und spätere Frau diese Eskapaden einfach hinnahm.

Am Ende meines Studiums beschloß ich, nach England zu gehen, um in einer Klinik zu hospitieren. Dies erwies sich für mich als ein großes Glück, nicht nur beruflich. Während dieses Aufenthalts dachte ich ständig daran, meine Beziehung zu meiner späteren Frau abzubrechen. Erst spät in der Therapie konnte ich mich erinnern, daß ich schon beim ersten Besuch in der Familie meiner späteren Frau das dringende Gefühl verspürte: »Nichts wie weg!« Da ich jedoch nie gelernt hatte, auf Gefühle zu hören, blieb dies unbeachtet. Es war dann wohl kein Zufall, daß sie ausgerechnet in dieser Zeit schwanger wurde. Sie hatte mich einmal in England besucht. Dazu kam noch meine Unfähigkeit, eine Beziehung zu beenden. Nach der Feststellung der Schwangerschaft hat sich diese Frage einer Trennung dann auch erübrigt, da ich aufgrund meiner Erziehung keine andere Wahl hatte, als zu heiraten, was wir dann auch taten. (Bemerkenswert ist auch die Tatsache, daß meine Frau erst im fünften Monat die Schwangerschaft bemerkte. Sie hatte, genau wie ich, ein sehr schwieriges Verhältnis zu ihrem Körper.) Unsere Beziehung war jedoch mit dem Tag der Hochzeit so gut wie beendet, und das Leben war überwiegend gräßlich. Ich floh in meine Arbeit in der Klinik, was ja leicht möglich war: als Arzt hat man immer einen guten Grund dazu. Diese Fluchttendenz verstärkte sich noch nach der Geburt unserer beiden Kinder.

Später traten dann zunehmend bei uns allen psychosomatische Beschwerden auf: unklare Bauchbeschwerden und undefinierbare Müdigkeit, Mattigkeit und Abgeschlagenheit. Bei mir stellte sich zusätzlich eine schwere Allergie der Nase ein mit extremem Sekretabfluß. Dieser trat besonders dann auf, wenn ich zu Hause die Wohnungstür aufschloß. Es war, als würde ein Wasserhahn aufgedreht. Bekämpft hatte ich dieses Phänomen mit Nasentropfen, die ich fast zehn Jahre einnahm, obwohl ich wußte, daß dies ausgesprochen schädlich ist und ich eines Tages schwere Probleme damit haben würde: was dann auch geschah. Obwohl ich als Arzt diese psychosomatischen Symptome sehr gut kannte, glaubten wir damals, daß Umwelteinflüsse – bedingt durch eine in der Nähe liegende chemische Fabrik – für unsere Beschwerden verantwortlich seien. Alle möglichen ärztlichen Untersuchungen wurden durchgeführt, die aber ohne greifbares Ergebnis blieben. Ein mir sehr wohlgesonnener väterlicher Professor wies mich nach eingehender Diagnostik auf die psychische Komponente dieser Beschwerden hin. Trotzdem beharrten wir auf den schädlichen Umwelteinflüssen und entschlossen uns dann, aus dieser Gegend wegzuziehen und ein biologisches Haus zu bauen. Dieser Umzug verschaffte uns für ein halbes Jahr Besserung, und dann begannen die Beschwerden von neuem. In dieser Phase hat am stärksten mein Sohn gelitten, der auch den Anlaß gab, daß meine Frau mit ihm, nachdem die Kinderärzte nichts gefunden hatten, eine Therapeutin aufsuchte. In den Elternsitzungen wurde besprochen, daß es sinnvoll wäre, wenn die ganze Familie eine Therapie machte. Immer war jedoch die Rede davon, daß ich so etwas nicht nötig hätte, da ich so ausgeglichen sei. Als nächste entschloß sich dann meine Frau und im weiteren meine Tochter zu einer Therapie. Allmählich wurde der Druck auf mich immer größer, selbst eine Psychotherapie zu machen, was ich für lächerlich hielt. Eines Tages brachte dann meine Frau drei Adressen von Psychotherapeuten mit und forderte mich auf, einen davon aufzusuchen. Nur damit sie endlich Ruhe gab, rief ich die Therapeuten der Reihe nach an. Der erste war nicht da. Mit dem zweiten verabredete ich einen Termin in der sicheren Gewißheit, daß dieser Spuk nach ein oder zwei Gesprächen beendet sein würde. Aber zu meinem Erstaunen blieb ich für fast acht Jahre bei ihm.

Einleitung

Das Jahr vor den Aufzeichnungen oder Die Liebe zum noch Unförmigen

Mitleid und Neugier wären wohl die passenden Worte für die Gefühle, die mich bewegten, als Klaus nach einer telefonischen Verabredung zum ersten Mal erschien. Es wurde bald deutlich, daß er »im Auftrag« kam, nämlich im Auftrag seiner Frau, wie der Therapeutin seiner Frau und seiner Kinder. Erst der Sohn und später die Tochter in der Vorpubertät hatten durch ihre Schulschwierigkeiten den Anfang gemacht mit einer vieldimensionalen Behandlungsgeschichte und schließlich die ganze Familie Hilfe suchen lassen.

Klaus aber glaubte nicht an Hilfe, er wollte sich nur nicht sträuben, den von ihm geforderten Teil beizutragen; sich nicht nachsagen lassen, er habe bei sich nicht nachgeschaut nach möglichen Verstrickungen und eigenem Schuldanteil. Er konnte sie konkret nicht erkennen, aber tief im Unbewußten hielt er sich für schuldig, vielleicht schlimmer: für jemanden, der für Beziehungen nicht taugt, und für den Gefühle höchstens bedrohliche körperliche Zustände darstellen, in die trotz großer Anstrengung keine Klarheit und wenig Sinn zu bringen sind.

Klaus wirkte massig und träge, verloren, erschöpft, resigniert, aber gleichzeitig voll verborgener Kraft, zu der er kaum mehr Zugang fand. Trotzdem war er ein tüchtiger Chirurg, leitete eine Abteilung an einer Frauenklinik, sprach wie selbstverständlich von der bevorstehenden Habilitation.

Mich überkamen in seiner Nähe immer wieder Gefühle von Einsamkeit. Er berichtete tonlos über die Probleme in seiner Familie. Die oft qualvolle Atmosphäre von Sprachlosigkeit, die über der Familie lag, von stumm angehäuften Vorwürfen und Enttäuschungen wirkte ansteckend. Die Sprache führte nicht zu einem lebendigen Austausch. Da saßen sich nicht zwei Subjekte aus dem akademischen Milieu gegenüber, die sich über neurotische Seeleninhalte hätten verständigen können. Er war gleichsam im Exil mit seiner Seele, der Körper erschien als eine Zufallswohnung für einen Heimatvertriebenen, der sich nur mit Mühe an das Land seiner Herkunft erinnert.

Ich schämte mich, daß ich im stillen seinen Blick einen Hundeblick nannte: furchtsam aufschauend, wachsam, unterwerfungsbereit, wenn dafür ein Stückchen Liebe zu ergattern wäre. Meine Scham war nur zum Teil berechtigt, verdeckte ein Stück beginnender Einfühlung. Der erste therapeutische Handlungsimpuls war denn auch: Streicheln und Kraulen, mit einem Anteil von Trost versehen für eine noch unbekannte Verzweiflung in ihm. Denn das Kind Klaus hatte oft genug, wie sich später herausstellte, in der Hundehütte Zuflucht gesucht und überlebt, voll von liebevollem Neid auf den vierbeinigen Gefährten, dem der Vater all das zuwandte, was dem Jungen fehlte.

Was ich früh spürte, war eine fast animalische Wachsamkeit außerhalb der Sprache und außerhalb bewußter Gefühle. Er lud mit seinem bettelnden Dulderblick durchaus zu seelischen und körperlichen Mißhandlungen ein, aber man wußte auch: das fällt dann in Tiefen, wo es kaum wieder aufzufinden ist, und entfaltet eine beschädigende Wirkung in lautlosem Leiden. Es war schwer, sich den Patienten als Sportskanone und Weiberheld vorzustellen, beides aber, so schwört er, sei er in seinen späten Schul- und dann in den Studentenjahren gewesen.

Ich habe viel *für ihn* gearbeitet: aktiv Einfühlung angeboten, Bilder ausgemalt über mögliche Szenen mit den Eltern; Gefühle benannt, die in solchen Szenen zu erwarten wären. Er nickte oft, aber spürte nichts. Wir fingen an, die feinen Bewegungen seines Körpers zu beobachten. Über seinen ihm rätselhaften Leib mit den verrückten Reaktionen lief die Überzeugungsbildung, daß er wohl auch eine Seele haben müsse. Sonst könnte die Nase nicht so unberechenbar jucken, die Beine zucken, das Atmen schwer werden, Kopfweh kommen und gehen, Brechreiz nach Belieben anschwellen und abklingen, die Knie weich werden, die Hände vor manchen Operationen zittern, bleierne Müdigkeit ihn heimsuchen, das Gehen am frühen Morgen fast unmöglich sein, Gier und völlige Appetitlosigkeit sich unvorhersehbar abwechseln, Bauchwehattacken ihn sich krümmen lassen, Kreuzschmerzen ihn in Panik stürzen, und so weiter, das Panoptikum seines leib-seelischen Ausgeliefertseins an Heimsuchungen aus einem Bereich, der ihm als Arzt zwar wissenschaftlich vertraut war: der Körper! Aber der gleichzeitig bewohnt war von einer Seele, die sich nur im Wirken aggressiver Gespenster und ihn narrender Kobolde bemerkbar machte.

Nicht daran zu denken, eine normale Übertragungsanalyse zu machen! Ich erschrak viel zu sehr vor den Figuren, in die ich mich hätte verwandeln sollen, Angstquellen aus seiner im Nebel liegenden Vorzeit, bei denen auch Terror, Panik, vollständiges Alleinsein, ja Trost-Losigkeit eine Rolle spielen mußten. Eher fühlte ich mich in der Rolle eines Gefährten, der manches von der vor ihm liegenden Wegstrecke durch ähnlich unwegsames Gelände bereits zurückgelegt hatte und ihm vielleicht ein Führer durchs psychosomatische Unterholz sein konnte. Außerdem: er war noch kaum Subjekt und Gesprächspartner, der mit mir über seine Gefühle hätte reden können. Sie waren ja noch nicht vorhanden, höchstens in einem ganz anderen Aggregatzustand, bei dem Worte eher lächerlichen Schöpfgeräten glichen, die nichts festhalten können.

Er ließ mich lange für sich arbeiten, und daraus entstand ein Fundament des Vertrauens. Er brachte Erinnerungsfetzen, zum Beispiel wie er sich in die Hundehütte verkroch und voller Angst hörte, wie der Vater ihn suchte. Aber was war dem Verschwinden in dem winzigen Holzhäuschen emotional vorausgegangen? Und warum spürte er die drohende Gefahr nur durch ein Erkalten der rechten Körperseite, während die linke schwitzte? Der Vater saß bei den alptraumartigen Szenen der Mahlzeiten immer rechts von ihm. Reinszenierungen früher Anordnungen im Raum der Praxis brachten frühe Landkarten räumlich angeordneter Affekte als körperlich wirkende Kraftfelder zum Vorschein.

Die Mutter habe viel geschlafen, konnte er sagen, und mit Mühe bekämpfte er das Verdämmern auf dem Stuhl und das Zufallen der Augenlider. Der Schlaf schien ein Exil für vieles, was nicht zu fühlen war. Der Vater verschwand in die Praxis und nahm die Mutter, gleich einem Räuber, einfach mit, die Gestalt eines Kindermädchens bekam in einzelnen erinnerten Szenen ungewöhnliche Dimensionen. Jagdszenen im Morgengrauen, mit einem viel zu schweren Rucksack, den

der Junge tragen mußte, wenn der Vater hinter einem ange-
schossenen Wild im Dickicht verschwand. Was tut oder sagt
man als Therapeut zu einem, der beim sonntäglichen Mittag-
essen nichts mehr fühlt, wenn er, vom Vater gezwungen,
Erbrochenes aufessen muß, und die Mutter wagt nicht einzu-
greifen.

Ein älterer Bruder, an den er sich kaum erinnert, sei ins Internat abgeschoben worden, wegen Schwererziehbarkeit. Sein
eigener Sohn sitze manchmal apathisch und gelähmt herum.
Manchmal bleibe er bis abends um zehn in der Klinik, um
nicht nach Hause zu müssen. Er liebe und hasse seine Frau,
aber sie sei wie ein fremdes Tier für ihn. Wenn sie zu einem
Geburtstag zu den Eltern fahren, spürt er einen eisernen Ring
um den Kopf. Bei denen zu Hause fühlt er sich wie ein Ham-
pelmann, dessen Gliedmaßen sich an Schnüren bewegen. Der
Chef bescheiße ihn um Geld und gebe im Ausland an mit der
von ihm, dem Patienten, erfundenen Operationstechnik.

Ich spiele Theater mit ihm, in rudimentären Szenen: kleine
Gespräche mit Vater und Mutter oder Kindermädchen auf
dem leeren Stuhl. Er sitzt oft dumpf davor und meint, er fühle
nichts, aber Schweißperlen treten auf die Stirn, oder die
Augen werden wieder schwer, der Blick trübt sich, löst alle
Konturen im Nebel auf. Aber dann werden auf einmal doch
Gesichter für ihn erkennbar. Meine Sätze spricht er tonlos
nach, so daß ich mir verhöhnt vorkomme. So viel Abwesenheit
von Gefühl habe ich noch nie erlebt. Und doch: die Sätze, die
ich sage, und in die ich Gefühle hineinlege, wie ich sie mir
vorstellen kann, hallen in ihm nach, und in ganz unerwarteten
Augenblicken, manchmal auch im Traum, fügt sich ein Satz
mit einem Affekt zusammen. Das Erinnerungsbild erhält eine
Farbe: eine bunte Schwimmbadszene mit einem ausgelassenen
Vater, aber dann wieder ein fast mondsüchtiges Suchen nach
dem Bruder in dessen verlassenem und abgezogenem Bett: die
verschwundene Unperson, von der nicht mehr gesprochen
werden durfte.

Wenn ich ihn mit dem Chef sprechen ließ, meinte ich, einen
terrorisierten Sklaven vor mir zu haben. Erst, wenn wir den
leeren Stuhl in die hinterste Ecke stellten und ihn, Klaus, mit
einer schützenden Mauer umgaben, konnte er ein tonloses

Wort an ihn richten. Als ich zum ersten Mal stützend in seinem Rücken saß, fühlte er Wut auf den Menschen, den er liebte, fürchtete, und der ihn ausbeutete, aber auch fördern wollte.

Ich war körperlich scheu dem Patienten gegenüber, oder voll mit seiner eigenen Scheu, und hatte trotzdem aufdringliche Bilder von Halt und Trost und Kampf, die ich ihm anbieten wollte. Ich wußte nicht mehr: verirre ich mich in Szenen mit drohenden Übergriffen? Nehme ich seine Bedürftigkeit auf? Und wenn es so ist, warum fürchte ich etwas Unersättliches? Wie hängt der untergründige Ekel mit den klaren szenischen Botschaften zusammen: Halte mich endlich fest! Wohin gehört das blitzschnell aufblühende Säuglingslächeln, wenn ihn eine kleine Einfühlung erreicht? Warum weigert er sich, initiativ zu werden, lieber die Scham und die Demütigung zu ertragen, so unbeholfen und feige zu sein wie ein Faultier. Immerhin lacht er verlegen, als ich ihn so tituliere. Er kann mich anschauen wie ein Klumpen Lehm, dem das Leben erst wieder eingehaucht werden muß. Passivität war seine Waffe, eine Zone des Rückzugs, Tarnkappe der Unerkennbarkeit. Ich bin regelrecht mutig geworden mit ihm: indem ich lernte, Seeleninhalte ins Nichts zu setzen und mit der Echolosigkeit zu leben, bis ich Fortschritte machte darin, auf die unmerklichen Körperechos zu achten, die mir, und später auch ihm anzeigten, daß die Seele noch nicht oder nicht mehr im Jenseits war.

Im Laufe des ersten Jahres erarbeiteten wir konturierte Personen seiner Kindheit. Sie wurden wieder zu Ansprechpartnern mit Verhaltensweisen und Botschaften, auf die er früher einmal reagiert hatte, bis er sich in die Erstarrung zurückzog. Auflehnung gegen den Vater hatte immer Todesangst zur Folge. Sklaven, so dachte ich manchmal verzweifelt, sind für immer gebrochen. Die Teile der Seele, von denen man Wut oder Widerstand erwarten würde, scheinen verödet.

Von den Neugeborenen in der Klinik spricht er liebevoll. Auch wenn sie noch nicht auf der Welt sind und im warmen Storchenteich schwimmen und doch schon beschädigt oder behindert sind, redet er wie von kleinen Freunden. Den erschrockenen Müttern macht er Mut und erscheint ihnen inmitten der komplizierten und bedrohlich tickenden Apparate, an die sie angeschlossen werden, wie ein beruhigender Elefant, der mit Wurstfingern, denen man das nicht zutraut, mikroskopische Schnitte legt und feine Nähte knüpft.

Der Mann scheint vom lieben Gott aus nicht zusammengehörenden Resten in einem Augenblick der Ermattung gebastelt worden zu sein, mit einem untauglichen Hilfspersonal von Eltern, von denen unklar bleibt, warum er sie sich ausgesucht hat. Aber eine verdrehte und weit zurückreichende Aufgabe scheint er ihnen auferlegt zu haben. Zu viele mörderische Gegensätze zwischen ihnen sehnen sich nach Überbrückung und Harmonie. Vielleicht ist sein Körper aufgedunsen von diesen *Gegensätzen*, und nicht von den klassischen unbewußten Phantasien, mit deren Entwirrung ich ihn lange malträtiere. Am plausibelsten erscheint noch, daß er schwanger sei, denn das wäre eine von vielen Lösungen seiner unmöglichen Aufgabe, mit den verrückten Identifikationsangeboten der Familie wie der beiden Clans im Hintergrund fertigzuwerden. Und natürlich ein Schutzpanzer könnte das unförmige Gewebe sein, Wärmespeicher, eine Tarnung des hermaphroditischen Körperbildes, von dem er dennoch manchmal meint, man müsse es ihm auf offener Straße ansehen.

Er kann sich inzwischen freuen auf die Stunden. Wenn eine Pause eintritt, erstarrt er, oder die drangsalierenden Gespenster im Körper werden für eine Weile wieder frecher. Wir haben eine minimale Verständigung gefunden, wie wir mit meinen Berührungsbildern umgehen. Er darf ja um nichts bitten, keine Wünsche haben. Denn Wünschen heißt nicht nur, auf ein unerbittliches und demütigendes Nein stoßen zu können; Wünschen heißt, sich selbst verraten und das lebendige Selbst einem Frost von Verachtung und Verneinung aussetzen. Ich glaube, er liebt mich, weil ich ihn nicht schlage, nicht angreife, nicht verspotte, nach ihm suche, ohne Vorwürfe zu machen. Und ich liebe ihn, weil er mir erlaubt, ein tauglicher Handlanger Gottes zu sein oder zu werden, der einen Pfusch der Schöpfung reparieren darf.

Er, Klaus, hatte einen solchen Gefährten nicht erwartet, Therapeuten sind Autoritätspersonen, im besten Falle verkennen sie einen auf erträgliche Weise. Aber archäologische Geduld an einer Grabungsstätte, die im Sumpf untergegangen ist, das kommt ihm so lange spanisch vor, bis er spürt, daß ich an meinem Beruf und meiner Wissenschaft in ähnlicher Weise hänge wie er an seiner. Er kapiert, daß ich neugierig auf ihn bin und seine Rätsel mich herausfordern. Von da an traut er meiner verwandten Struktur, seiner Zwillingsphantasie eines psychosomatischen Forschungsteams, tätig und fündig an zwei ganz unterschiedlichen Enden der menschlichen Natur. Denn er nutzt bei seinem pionierhaften ärztlichen Handeln die Kräfte der Entelechie, legt seine Schnitte so, daß der Bauplan der Natur die Heilung fördert, mehr als die Klammern und Prothesen des normalen chirurgischen Handwerksbetriebs. Er spricht sogar vom Gehorsam des Arztes, statt vom Machertum; von der Anpassung an geheimnisvolle Bewegungsgesetze, mit denen man sich verbünden müsse. Irgendwann einmal nennen wir es die »weibliche Seite« unserer Wissenschaft.

Mit Klaus habe ich in dieser Eindeutigkeit wohl zum ersten Mal eine Psychoanalyse gemacht, die weitgehend auf dem Prinzip *Inszenierung* im Gegensatz zum Prinzip *Übertragung* beruht. Wir hätten uns, angesichts seiner wohl zu erwartenden kumulativen negativen Übertragungen, heillos verirrt. Vermutlich wäre er mir auch verhungert auf der Couch, nur angewiesen auf das, was er mir von seinen Gefühlen hätte sagen können, soweit sie überhaupt schon in Sprache zu fassen gewesen wären, und angewiesen auf das, was ich ihm an verbaler Einfühlung hätte bieten können, soweit sie ihn überhaupt erreicht hätte. Es gab ihn nur im Konjunktiv.

Er brauchte ein idealisierbares, sichtbares, fühlbares, berührbares neues Objekt, das sich zeigte, nach ihm suchte, vorausfühlte, ihm eine neue Beziehungsform erlaubte, deren »emotional korrigierendes« Element nicht in der neutralen Freundlichkeit und in der Vermittlung von Einsicht und Introspektion liegen konnte, sondern in einer Interaktion, wie sie *ideale Eltern* im Sinne von Albert Pesso anbieten würden: ein Kontrastprogramm zu den eingeschliffenen negativen oder illusionären Erwartungen und defensiven Verhaltensweisen; ein Halt-Geben, das den in psychosomatischen Niederschlägen geronnenen Erfahrungen erlaubte, »aufzuweichen« und in tastenden Begegnungen einen neuen szenischen Sinn zu erhalten.

Das *Prinzip Antwort, erweitert um das der Inszenierung* trägt aber nicht nur in der direkten Interaktion zwischen Patient und Therapeut, es trägt auch in der szenischen Annäherung an traumatische Familiensituationen, die mit der Unterstützung des Therapeuten neu besichtigt und durch neue Reaktionen des Patienten anders strukturiert werden. Vereinfacht gesprochen lernt er, sich zu wehren und Alternativen zu fordern, aufzubegehren, die unterdrückten Wünsche und Vorwürfe neu anzumelden, aber auch niemals ausgedrückte Zuneigung, Stolz und Loyalität zu formulieren. Auch dies verändert den geronnenen Status der inneren Objektbeziehungen, die sich noch häufig genug in den äußeren wiederfinden: in infantilen Resten, oder mehr als das, in der aktuellen neurotischen Beziehung zu ebenso neurotischen Eltern und Lehrern, denen gegenüber Veränderung als Bedrohung, und von denen Wachstum als Verrat angesehen werden. Ihre Hoffnungen, Aufträge, Ängste und widersprüchlichen Erwartungen liegen wie Bleigewichte, Fußangeln oder falsche Flügel am Weg und verführen zum Kriechen oder zum Herumflattern oder zum Liegenbleiben. Deshalb nahm ich ihn auch nach einem Jahr in eine von mir geführte PESSO-Gruppe.

Auf jeden Fall sagte mir Klaus manchmal, mit einer »normalen« Analyse, falls es das gibt, hätte er seinen Weg aus der Lähmung heraus nicht geschafft, und er verfolgte aufmerksam die manchmal hoffnungsvollen, häufig auch leidvollen Schicksale von näheren oder entfernteren Bekannten ähnlichen Kalibers in der talking cure der reinen Psychoanalyse. Insofern hat er mich darin bestärkt, in der Erforschung therapeutischer Varianten fortzufahren, die die klinischen und entwicklungspsychologischen Erkenntnisse der Psychoanalyse ernst nimmt, ohne sich an ihr künstlich eingeengtes Instrumentarium zu binden.

Die Aufzeichnungen

Das Leitmotiv des verdeckten Mordes

Die Aufzeichnungen setzen eineinhalb Jahre nach Beginn der Therapie ein. Klaus hatte am Tag zuvor telefonisch um eine Extrastunde gebeten, nach einem Krach mit dem Chef, was ihn immer wieder erschüttert. Die Vaterübertragung ist so massiv, daß er sich wie vernichtet fühlt, wenn der ihn kritisiert oder ihn bei einer Entscheidung übergeht. Er fürchtet dann, am Operationstisch zu versagen, weil ihm die Knie zittern vor Schwäche oder die Hände vor Wut.

Die Stunde lag spät am Abend. Ich war sehr müde, verschwitzt, eigentlich in einem ähnlichen Zustand der Erschöpfung wie er, wenn auch nicht von einem akuten Konflikt bedroht. Nach dem leicht verspäteten Klingeln setzt er sich mir gegenüber, schließt zunächst die Augen und versucht anzukommen, stöhnt, schweigt eine Weile und berichtet dann über Ärger im Beruf und einen dringenden Notfall in der Klinik, den er anschließend noch operieren müsse. Wir sprechen auch über das vergangene Gruppenwochenende, bei dem er sich sehr intensiv beteiligt hatte, und über die Situation an seinem Arbeitsplatz. Obwohl wir über wichtige Dinge reden, habe ich nach einiger Zeit das Gefühl, daß wir eine elementare Ebene seiner Gefühle nicht erreichen.

Ich versuche deshalb nur meiner Intuition nachzugehen und riskiere eine technische Variante. Klaus berichtet von einem starken Stimmungsabfall zwei, drei Tage nach dem Wochenende, so daß ich zunächst in eine falsche Richtung frage, und bringe ihn schließlich zögernd in Zusammenhang mit einer Frau, die am Horizont seines Lebens aufgetaucht war. Er lebt seit langem in einer schwierigen Ehe, kämpft aber sehr um sie; seine Frau kommt in größeren Abständen auf seinen oder ihren Wunsch zu einer Paarsitzung mit. Als er die andere zum ersten Mal sah, habe er gedacht: Das ist die Traumfrau! Sie habe etwas, was seine Frau nicht hat: Sie strahlt Selbstsicherheit aus, geht aktiv auf Leute zu, ist spontan und offen. Diese Frau war anläßlich einer Tagung einige Tage in seiner (beruflichen) Nähe. Es gab keine erotische Begegnung, aber ein

›Knistern‹. Jetzt, da sie abgereist sei, könne er noch nicht einmal sagen, daß er trauere. Ich muß es ansprechen und die Trauer und Leere für verständlich halten. Erst dann stimmt er dem zu, daß etwas Kostbares wieder aus seiner Nähe verschwunden sei. Er hatte sich in ihrer Gegenwart beschwingt und zuversichtlich gefühlt. Sie bewundert ihn offensichtlich und zeigte es ihm flirtend.

Er kann mit seinen vernünftigen Teilen sehen, daß diese Frau, die weit entfernt wohnt und ihn eher wie eine Schülerin anschwärmt, für ihn gar nicht in Frage käme. Aber sie löst ein frühes Traumbild aus, wobei klar wird, daß sie die Anima verkörpert, nach der er sich sehnt, vielleicht aber auch dem frühen Bild der Mutter gleicht.

Dieser schwärmerische Jungmädchencharme war auch seiner Frau eigen, inzwischen aber wird er von Bitterkeit und Vorwürfen verborgen. Deshalb sage ich ihm über die neue Begegnung auch nur, es handle sich möglicherweise um ein weibliches Leitbild, das wieder aufgetaucht sei. Bei der Erwähnung des Wortes »Leitbild« vollzieht sich eine wichtige positive Wendung. Es »beängstigt« ihn, daß jemand auftaucht und dadurch seine Frau entwertet werden könnte. Er hängt in tiefer Loyalität an ihr, selbst wenn er immer wieder an der Beziehung verzweifelt und sich ihre Vorwürfe zu Herzen nimmt: die Beziehung kranke wesentlich an seiner Stummheit, seinem Ehrgeiz. Und seine Unfähigkeit grämt ihn. Nun kann ich ihm sagen, daß das Erstaunt-Verliebte möglicherweise zwischen ihm und seiner Frau noch vorhanden sei, wenn auch verschüttet, es müsse nur wieder erarbeitet werden. Das nimmt Angst und gibt Hoffnung.

Dann sagt er, seine Frau habe am Nachmittag eingekauft für den Urlaub und sich Bermudashorts (keine kurzen Hosen!) besorgt. Als sie ihm davon erzählt habe, seien ihm ganz schnell die Tränen gekommen, weil er sich so gefreut habe, daß sie sich das zutraue: eine sich nicht nur verhüllende Weiblichkeit, wenigstens im Urlaub! Die Geschichte ihrer Mutter, die aus einem anderen Land stammt (der Vater brachte sie aus dem Krieg mit), war durch Krieg, Heimlichkeit, Flucht, Vertreibung, Kollaboration und Krankheit in eine tragische Atmosphäre getaucht. Sie starb relativ früh. Weiblichkeit bedeutet für Klaus' Frau Konkurrenz mit einer Verbitterten, und außerdem: Gefährdung durch zu große Nähe zum Vater, der sie früh, nach dem Tod der Mutter noch mehr, zu seinem Augapfel, wenn nicht zu einem »Vaterbräutchen« erkor.

Es seien Tränen der Erleichterung und der Freude gewesen darüber, daß sie sich selbständig etwas gekauft habe, was ihre Weiblichkeit betont. Bevor ich jetzt den nächsten technischen Schritt wage, frage ich ihn, ob er in den vergangenen Stunden, nach solchen Übungen, wieder rasch mit sich klargekommen sei (er hatte ja heute noch die große Notfalloperation vor sich), oder ob er für einige Zeit in der Regression verharrt habe. Er bejaht Letzteres, wenn er nach der Stunde frei habe, sagt aber auch, daß er in der Klinik immer sehr schnell umschalten könne und wieder präsent und hellwach sei.

Er wirkt angegriffen und müde, ich spüre, er ist in tiefer Trauer oder in trauriger Leere, weil diese Frau wieder verschwunden ist. Ich habe den Eindruck, er kommt nicht gut an seine Gefühle heran, wenn er mir nur gegenüber sitzt: der Kontrast zwischen den in der Verlassenheit angesprochenen frühen Gefühlen und der Haltung im Sitzen und der Nähe zum Sprech-Selbst ist zu groß.

Er folgt meiner Anregung und legt sich hin. Ich setze mich neben ihn und lege ihm die Hand auf die Brust, um ihm körperlich meine schützende Gegenwart zu zeigen, aber auch um ihm meinen größeren »Container« (Bion) für eine Trauer anzubieten, die mit viel früheren Schichten verknüpft scheint. *(Container bedeutet ein erweitertes seelisches Gefäß, weil das Fassungsvermögen des Patienten oder des Kindes überfordert ist.)*

Er schließt die Augen und legt die Arme flach neben sich. Nach wenigen Minuten frage ich ihn, ob er spüre, wie unregelmäßig sein Puls (ich sehe die Halsschlagader) gehe, als erlebe er etwas sehr Aufregendes. Er verneint; er spüre nur einen Druck in der Brust, der mal stärker, mal schwächer werde. Jetzt sei er wieder weg, und er fühle sich traurig und schlaff. Vorhin habe er sich gewünscht, ich solle dem Druck einen Gegendruck entgegensetzen. Wir probieren es.

Die zugrundeliegende Hypothese ist, daß der Atemraum bei neurotischen Störungen eingeschränkt ist, daß der eingeschränkte Atem der Angstkontrolle dient und der Senkung der Vitalität, damit nicht so viele Gefühle hochkommen. Die innere Selbsteinschränkung wird dann durch äußeren Druck ersetzt, also auch einer anderen Quelle zugeordnet, »externalisiert« und damit aus der unbewußten Identifikation und Verantwortung herausgenommen. Die eigene »Hemmung« wird zum äußeren Gegner, gegen den das Ich ankämpfen kann, um die ursprüngliche Spannung vor einer Identifizierung mit dem Verbot, der Angst, dem Aggressor zu spüren.

Als ich mit beiden Händen ein bißchen Druck gebe, sagt er, er fühle sich gespalten zwischen zwei Tendenzen: einerseits gegen den Druck anzuarbeiten und sich aufzublähen, und andererseits abzuschlaffen, nachzugeben. Bei den Worten »nachgeben« und »abschlaffen« spüre ich in seiner Stimme eine leise Angst: wo gerate ich hin, wenn ich das zulasse? Darauf ich: »Ich bin sicher, du kannst beides, aber ich verspreche, ich werde das Nachgeben und Schwachwerden nicht ausnutzen.« Darauf zucken seine Augenlider; die Sicherheitsgarantie hat etwas in ihm berührt. *(Ich denke im stillen: so viele vorausahnende Einfühlung, verbunden mit einem beruhigenden Versprechen von Schutz, hat er wohl noch nie in seinem Leben gehört.)*
Er riskiert zunächst das Nachgeben, wobei ich fast erschrecke über das tiefe und widerstandslose Einsinken meiner Hände in seine Brust. Ich versuche aber die feinen Zeichen wahrzunehmen, die die Grenze zur Selbstaufgabe signalisieren. *(Später fordert er mich gelegentlich sogar auf, diese Grenze zu überschreiten, um zu spüren, was dann geschehe: es sei ja ohnehin oft in seinem Leben passiert. Ich spüre aber jedesmal große Hemmungen, seinem Wunsch nach Wiederholung der Intrusion, des Übergriffs, nachzukommen.)*
Er fängt dann wie ein Held und Kämpfer an, die Luft einzuatmen und meine Hände hochzudrücken. Ich akkommodiere dabei, mache also begleitende Laute, als sei er ein oder eineinhalb Jahre alt, und staune wirklich über die Kraft seines Atems: »Du hast ja Kräfte wie ein Stier« – was ihm sehr große

Freude macht. Wir führen einen lustvollen Kampf in großer Nähe. Seine Augen leuchten aus Freude über seine Kraft und aus Freude über die Spiegelung in der Regression, über mein Staunen, auch über meine Freude an der Arbeit. Wir erleben Augenblicke von Glück, das aus vielen Bestandteilen zusammengesetzt ist: Erkennen, Kontakt, Kampf, Freude, ein Stück Verschmelzung, bei gleichzeitiger deutlicher Abgrenzung. Danach kann er ganz weich und ohne Konflikt atmen; er habe jetzt viel mehr Atemraum, führt aber dann die Hand zur Stirn wie beim Grübeln. Die Brust sei jetzt frei, aber im Bauch drücke es jetzt. Es muß also auf der Basis der Stärkung durch das freie Atmen und den unerwarteten Halt bei der Trauer ein neuer Schmerz aufgetaucht sein.

Das Bauchweh klingt hier an wie ein untergründiges Grollen, ein Leitmotiv, das ein zentrales Thema seines Lebens enthält: er hatte als Säugling von knapp drei Wochen eine schwere Nabelvereiterung mit beinahe tödlichem Ausgang. Der Vater, Internist, behandelte die Krankheit selbst, nachdem er sie »übersehen« hatte, und zog erst im letzten Moment eine Kollegin hinzu. Klaus ist überzeugt, er habe ihn umbringen wollen. Seine Rettung sei der Wunsch des Vaters gewesen, eine ärztliche Zeugin zu haben, daß er es eben nicht getan habe. Diese Verdrehungen der Ambivalenz, die Mordphantasien und mörderische Impulse so sehr mit einschließt, daß die Orientierung gelegentlich schwer wird, durchzieht Klaus' Leben wie das der Familie. Dabei spielt meist eine Rolle, daß man verdächtigt werden könnte, »es« getan zu haben.
Wenn eine Fragmentierung des Körpererlebens eingetreten ist, oder die isolierende Heraushebung, also Übersetzung eines Körperteils, kann es wichtig sein, mit je einer Hand einen ganz anderen Körperteil anzufassen, um die Verbindung mit dem Ganzen oder mit wichtigen Teilen ansatzweise wieder herzustellen. Manchmal wirkt das angstmindernd, manchmal bahnt es auch die bereits verlorenen Pfade der Verbindung neu.

Ich fasse also Stirn und Bauch gleichzeitig an. Neu ist, daß er genau die Stellen lokalisieren kann, wo die Hände aufliegen sollen, und mich so lange korrigiert, bis es für ihn genau stimmt. Er hat nicht das Gefühl, daß die beiden Körperteile zusammengehören: Bauch und Kopf scheinen meilenweit voneinander entfernt, so als würden nicht kompatible Dinge verknüpft, was zunächst ein seltsames Gefühl ergebe. Der Druck in der Bauchdecke hörte allmählich auf. Er ist ungewöhnlich passiv, dem Erleben unter meinen Händen staunend oder beunruhigt ausgeliefert. Deshalb rate ich ihm, meine Hand oder beide Hände auf der Brust zu halten, was einen Zugewinn an Aktivität und Kooperation bedeutet.

Es spricht die Kooperationsfähigkeit des Kleinkindes an, wenn es schon koordinierte Bewegungen machen und die Hand der Mutter führen kann, sie auch dort festhält, wo es sie braucht. Das Kind (der Patient) ist dann nicht mehr derart abhängig von den Entscheidungen der Mutter (des Therapeuten), etwa, wie lange die Hand auf dem Körper verharren wird. Es kommt eine klare Willensbekundung zum Ausdruck, das Kind strebt eine Wirkung an, übt Einfluß aus, spielt und gestaltet mit.

Eine Minute lang kommt keine Reaktion (mir war noch unklar, auf welche Ebene er regrediert ist); es scheint, als müsse er sich auf das Eingreifen und Wollen vorbereiten, mit Ängsten und Wünschen umgehen. Dann probiert er es und hält meine Hand mit beiden Händen relativ fest, verstärkt auch den Druck auf die Brust. Er schafft sich sein eigenes Haltegefäß, prüft sein Körpergefühl, unsere Kooperation, meine Bereitschaft mich führen zu lassen von seiner wiederentdeckten Kompetenz. Als er den Druck verstärkt und spürt, er kann etwas tun, selbst bestimmen, sich mit Hilfe eines Anderen Halt verschaffen, kommt er in eine Bewegung, als fange gleich heftiges Weinen an, aber nur für den Bruchteil einer Sekunde, zweimal – wir nennen es später den Mini-Weinkrampf. Als ich dann Stirn und Bauch in gleicher Weise anfasse, mit seinen Händen um meine Handgelenke, geschieht das gleiche noch einmal. Als ich das »Zehntel-Sekunden-Weinen« anspreche, ist er froh, daß ich es sehe und daß sich die lange verlorene Fähigkeit zum Weinen in ihm wieder vorbereitet.
Jahre später, bei der Durchsicht dieses Textes, sagt er vollkommen überzeugt: »Seit dem fünften Lebensjahr habe ich nur

noch aus ohnmächtiger Wut geheult, sonst nicht mehr!«, und erzählt eine für das Bild des Vaters typische Geschichte: der nahm ihn früh mit zur Jagd, seine Leidenschaft, ließ den Kleinen den schweren Rucksack tragen, wenn er hinter einem Wild her im Unterholz verschwand, und K. sei immer wieder in Wut und Verzweiflung geraten. Der Vater habe ihn oftmals aus der Entfernung mit dem Fernglas beobachtet, ob seine Erziehung zu »Strenge und Stählung« Wirkung zeige. *(Solche Stählung der Kinder durch Väter, die von ihrer Soldatenidentität nicht mehr loskamen nach dem 2. Weltkrieg, scheint häufiger gewesen zu sein, als man annimmt. Klaus spricht von Sadismus.)*

Nun ist es, auch angesichts der noch bevorstehenden Notoperation, ganz wünschenswert, die Stunde könnte ruhig ausklingen. Aber das aufgewühlte Unbewußte scheint sich nicht so schnell zu beruhigen. Ihm wird übel. Das bedeutet: Jetzt werden die Gefühle so stark, daß eine physische Abwehr eingeschaltet wird. Ich weiß noch nicht, in welche Richtung die Gefühle tendieren, wähle eine Verlegenheitslösung in der Annahme, eine willentliche Bewegung könne zum Ausstieg aus der Regression beitragen: Er legt seinen Ellenbogen auf die Couch, und ich halte mit beiden Händen seine Faust fest. Er solle mir seine Kraft zeigen. *(Das ist eine gute Erkundungs- und Abfuhrmöglichkeit für Wut und aggressive Energie; und zwar so, daß sie limitiert ist. Die Aktion hilft auch bei der Rückkehr zum willentlichen Gebrauch der Muskulatur nach einer tiefen Regression.)*

Er sagt aber, er sei viel zu schlapp, um Kraft anzuwenden. Damit wird klar, es geht weiter um Trauer, Schwachsein, vielleicht Trennung. Er will lieber, daß er seinen Arm ohne jede Anstrengung in meinen Händen hängen lassen kann. Dabei wird nun das extrem kurze Weinen ganz heftig, weil der Arm ein Symbol für sein geschwächtes Selbst ist. Der Patient fühlt: Ich kann mich völlig »hängen« lassen, mich meiner Trauer hingeben und werde gehalten. Nach diesem Weinen sieht sein Gesicht für wenige Minuten fast zerfallen aus vor lauter Traurigkeit.

Dann sagt er – und seine Miene hellt sich auf –, er möchte jetzt in ein solches Gelächter ausbrechen, daß die Scheiben zerspringen. (Ich denke: Wie bei einem kleinen Kind, bei dem

Lachen und Weinen ganz nah beieinander liegen.) Ich gehe nun spielerisch mit dem Arm um, er legt scheu den anderen Arm vors Gesicht, weil er das spontane Lachen nicht zeigen will, dieses Ausmaß von ungeschützter Heiterkeit. Nach einer Weile kann er die ausgelassene Heiterkeit tolerieren, nimmt mich mit humorvollem Spott auf den Arm und lächelt mich verstohlen an wie einen größeren Bruder, mit dem man grade einige Streiche verübt hat.

Schon jetzt habe ich das Gefühl, es sei enorm viel passiert in der Stunde, wenn auch in kleinen Dosen. Dann kommt mir aber der Arm als ein Symbol für das gesamte Selbst angesichts seines riesigen Körpers doch ein bißchen zu gering vor. Ich bin unsicher, ob die Geste, den Arm zu halten, groß genug war, um eine Botschaft an das ganze Körperselbst zu senden (obwohl, wie ich jetzt nachträglich denke, die Wirkung ganz dafür spricht). Während ich mir das gegen Ende der Stunde noch überlege, macht er ganz leichte Bewegungen mit den Beinen. *(Die Bewegung zeigt an, daß sich noch eine andere Szene, ein anderer Teil des Unbewußtsein meldet und anfragt, ob noch etwas ausgedrückt oder geklärt werden kann.)*

Ich spreche es an und er antwortet: Früher in der Studentenzeit, als es ihm noch gutgegangen sei, habe er oft die Beine, wenn er auf dem Bett lag, ausgestreckt und zusammengezogen (wie in einer Selbst-Stimulation). Ich tue dann das gleiche mit dem Bein wie vorher mit dem Arm: eine Hand in der Kniekehle und eine unter den Knöchel und führe leichte Schiebebewegungen aus. Meine Phantasie ist: Das Kind ist frisch gewickelt und Mutter und Kind spielen mit den Beinchen.

Das Bein hängt zunächst ganz schlaff. Wieder kommt für eine halbe Sekunde ein ganz starker Weinimpuls, der rasch in Lachen übergeht; also ein Gefühl zwischen extremem Schmerz und Jubel. Dann senke ich das Bein, es ist fünf Minuten vor Ende der Stunde. Er sagt, er fühle sich jetzt so, als habe er zwei verschiedene Beine (ich kenne das Gefühl aus der Eutonie, wenn die Therapeutin eine Weile mit einem Bein gearbeitet hatte, während das andere noch im leb- oder fühllosen »Urzustand« war.) Ich mache dann noch kurz das gleiche mit dem anderen Bein. Da passiert aber ein kurzer Zwischenfall: Beim Heben spüre ich Widerstand, wie eine Schranke. (Es

hängt möglicherweise mit dem Ende der Stunde zusammen.)
Ich frage, ob er alle Glieder bewegen könne, so daß er spüre,
wie alles zusammengehört. Er macht das dann ganz anders als
sonst:
Er räkelt sich genußvoll und dreht sich auf die Seite; nur das
Becken bleibt vollkommen ohne eigene Bewegung – also die
Verbindung zwischen Oben und Unten. Als ich es anspreche,
muß er lachen, weil ich ihn »erwischt« hatte. Er holt diese
Bewegung aber nach, windet und streckt sich wie eine Katze,
wenn auch mit scheuem Blick, denn so freizügige Bewegungen
hat er noch nie gemacht. Es folgt ein nachdenklich-fröhlicher
Abschied. Ich sage ihm noch, daß ich am Anfang der Stunde
sehr müde gewesen sei und überlegt hätte, es ihm zu sagen.
Jetzt fühlte auch ich mich wie gestärkt und erfrischt.
Neu war die Anwendung der »Doppelhand«: eine Extremität
an zwei Punkten so zu unterstützen, daß ihr ganzes Gewicht in
meinen Händen hing. Neu war auch, daß das Gefühl des Abschlaffens und der Geborgenheit, also der totalen Fürsorge im
Zustand der Regression, mit dem Halten des abgeschlafften
Arms oder Beins ausreichend symbolisiert sein kann. Meine
Unsicherheit kam wohl daher, daß der Körper noch keine Anzeichen einer »Übernahme« des Halts und seiner Wirkung auf
das körperliche Gesamt – Selbst gezeigt hatte, so daß ich schon
eingreifen wollte, als er sich mit den Beinen zu bewegen begann. Ein Teil seines lebendigen Selbst hatte in einer bestimmten Drehbewegung der Beine überlebt, die er in traurigen
Situationen zur Selbststimulierung wie zum Selbsttrost anwandte. Sie wird uns noch oft beschäftigen. *(Bei George
Downing, einem vorwiegend in der Schweiz und in Deutschland lehrenden amerikanischen Körpertherapeuten, der den
Patienten von hinten unter die Arme greift – wie beim Halten des
Kleinkindes durch die Mutter – habe ich gelernt, wieviel Sinn es
macht, frühe Gesten möglichst genau nachzuahmen, weil sie
sich in tiefen Spuren im Körpergedächtnis eingegraben haben.)*

Rückblick auf die Wochenendgruppe: Der Aufstand gegen den Vater

Nach etwa einem Jahr Einzelanalyse mit zwei Wochenstunden hatte ich ihn in eine Pessogruppe eingeladen, die einmal wöchentlich abends für drei Stunden tagte, mit zwei Wochenend-workshops im Jahr. Da das Gruppen-Wochenende, das der ersten protokollierten Einzelsitzung vorausging, möglicher-weise doch einen stärkeren Einfluß auf die Entwicklung der Übertragung wie auf die Mobilisierung von leib-seelischen Er-innerungen hatte, bin ich seine Sitzung anhand der Videoauf-zeichnung noch einmal durchgegangen und fasse das Wichtig-ste zusammen. Klaus ist knapp vierzig Jahre alt und hat voraussichtlich eine bedeutende ärztliche oder akademische Karriere vor sich. Er leistet auf seinem Gebiet anerkannte Pio-nierarbeit durch eine neue Operationsmethode. Für ihn ist sein Vater, der in einem ähnlichen Beruf tätig war, nach wie vor ein Monster, das ihn jederzeit auslöschen kann. Gegen ihn war kein direkter Widerstand möglich, ist es bis heute nicht.

Dieser Vater hat sich die Mutter völlig unterjocht. (Später wird Klaus das auch ganz anders sehen.) Es ging so weit, daß er die Mutter schon nach einer Stillzeit von zwei Wochen gezwungen hat, wieder in der Praxis zu arbeiten. Das Kind also trug mög-licherweise das Gefühl in sich: der Vater hat mir schon als Säugling die Mutter weggenommen. Dieser Raub der Mutter durch den Vater zieht sich durch sein ganzes Leben. Natürlich war sie immer da, abends, nach dem Arbeitstag, und mittags zum Essen, und an den Wochenenden; an denen aber hat sie ihn nie vor dem Vater schützen können. Sie war wie eine Skla-vin, hatte keine eigene Meinung, keinen individuellen Stand-punkt. (Jahre später schätzte er die »unterworfene« Mutter als die mächtigere ein.) So durchzieht ein tiefes Gefühl von Verrat seine Beziehung zur Mutter: »Die Mutter kann mich nicht schützen vor der tyrannischen Macht des Vaters, und sie setzt sich auch nicht ein für mich, weil sie Angst hat, er schneidet, er straft sie, weil sie ihm hörig ist.« Klaus erlebte die (vom Vater erzwungene?) Symbiose der Eltern lebenslang als »fugen-dicht«. Nach dem gewaltsamen Ende der Eltern einige Monate nach dem Abschluß der Therapie, so berichtet er – als Beweis für die Zweitrangigkeit der Kinder –, habe man zwar einen Abschiedsbrief an den Anwalt, nicht aber an die Kinder gefunden.

Heute, eineinhalb Jahre nach Beginn der Therapie, hat Klaus das Gefühl, er habe nicht die Kraft, die Mutter vor dem Vater zu schützen. Er weiß, daß sie an einer Krankheit leidet, die behandelt werden muß. Der Vater aber verweigert die Zustimmung, daß Klaus sie in die Klinik eines befreundeten Arztes zur Untersuchung bringt. Der Vater sträubt sich dagegen, sie auch nur für wenige Tage in der Nähe des Sohnes zu lassen. Potentiell werde der Vater dadurch zum Mörder der Mutter; obwohl er Arzt sei, scheine er die Symptome zu übersehen. Vater und Sohn sind in ein zähes, doch nicht offen geführtes Ringen um Gesundheit oder Krankheit der Mutter verstrickt.

Es gibt ein Mordthema in der Familie, seit Generationen. Es ist von Szenen die Rede, in denen der Vater und dessen Bruder mit Revolvern aufeinander losgegangen sind und sich des Mordes am Großvater verdächtigt und einander bedroht haben. Die negative Symbiose zwischen Vater und Mutter gehe sehr weit: bevor der Vater es akzeptiere, daß die Mutter in Therapie gehe, würde er es hinnehmen, daß sie zugrunde geht. In seiner Phantasie ginge dann der Vater auch bald zugrunde. *(Es scheint eine Art Barrikadenfamilie, die sozial isoliert lebt, nach außen aber ein völlig anderes Bild zeigt, als sie es im Innenraum lebt. Mit Horst Eberhard Richter könnte man vom »Modell Festung« sprechen.)*

Der Vater erscheint ihm während der ersten drei Jahre der Analyse noch als unangreifbar mächtig, ein gefährlicher Riese, der ihn vernichten könnte. Tatsächlich droht der Vater gelegentlich verdeckt mit Enterbung und übt Macht aus durch Geld und Darlehen für das Reihenhaus der Familie. Klaus erlebt sich ihm gegenüber noch immer als »gelähmt«.

In der Gruppensitzung will sich Klaus eben diese Lähmung genauer ansehen. Er berichtet: »Wenn ich heute vor meinem Vater sitze, um mit ihm zu reden, setzt es bei mir aus, ich bekomme einen totalen blackout, kann nichts mehr denken, es fallen mir keine Sätze mehr ein.«

Ich schlage ihm vor, er möge sich einen Stellvertreter auswählen, der größere innere Kraftreserven habe, um durch dessen Augen zu sehen: Was ist da los in dieser Familie?, und der in der Lage ist, dem Vater ein Widerpart zu sein, falls er ihn angreifen sollte. Die Spielphantasie ist: Klaus sitzt unsichtbar dabei und gibt, während der Konfrontation oder dem Kampf, seinem Stellvertreter Informationen und Anweisungen aus der Tarnkappe heraus.

Daraufhin wählt er das kleinste Mädchen aus der Gruppe, ein zerbrechliches Wesen. Wir sind alle überrascht, ja schockiert über die Wahl. Sie löst bei mir intensives Nachdenken aus. Mir dämmert als Motiv: Gerlinde, die er gewählt hat, ist so zierlich, daß er, Klaus, der eigentlich hätte ein Mädchen sein sollen, sich in ihr wiedererkennt. Er ist auch während der ersten fünf Jahre als Mädchen behandelt worden. Als wir eines Tages zusammen Kinderbilder anschauten, überfiel ihn starke Trauer. Seine Phantasie ist: als Mädchen hätte er beim Vater vermutlich einen besseren Stand gehabt. Jetzt war sein tiefer Wunsch: »Wäre doch noch neben mir eine Schwester aufgewachsen! Vielleicht hätte der Vater einen Teil seiner pädagogischen Wucht auf sie gelenkt, und ich wäre entlastet worden. Vielleicht wäre die Schwester nicht ausgelöscht worden wie ich (er hält Frauen für zäher, stärker und mutiger als Männer), sondern sie hätte ihm ein Widerpart sein können.«

Bei der Wahl eines Stellvertreters tritt also rasch dieser bisher unbewußte Wunsch nach einer Schwester zutage, der allerdings immer korreliert ist mit seinen weiblichen Anteilen. Die Schwester würde demnach die nach außen verlagerten eigenen weiblichen Teile seiner selbst repräsentieren.

Dann stellen wir uns vor, als die Szene klarer wird und er sich Gerlinde als eine »ideale jüngere Schwester« wählt, er sei sechzehn und seine Schwester fünfzehn Jahre alt und er habe zu Hause den phantasierten Beistand dieser idealen Schwester. *(Diese Figur stellt, wie die idealen Eltern bei Albert Pesso, eine »konkrete Abstraktion« dar: eine Figur, die den Bedürfnissen des Patienten in der damaligen Situation ideal entsprochen hätte.)*

Die vorgestellte Konflikt-Situation: Die beiden sagen den Eltern, sie gehen zum Sport, besuchen aber heimlich einen Liebesfilm. Der Film hat Überlänge und sie kommen zu spät nach Hause. Der Vater hört, wie sie ins Haus schleichen und macht einen Riesenkrach. An der Schlafzimmertür stellt er sie und schreit: »Was ist los, woher kommt ihr? Solltet ihr nicht schon lange da sein? Überhaupt! Wo wart ihr? Verarscht ihr mich? Lügt ihr?«

Es wird aufgedeckt, daß die beiden sich in heimlicher Rebellion gegen ihn auflehnen. Beide sind zuerst ganz betreten bei dem väterlichen Getöse, bis dann an der Schwester sichtbar wird, daß sie mit ihrer Körperhaltung etwas Freches ausdrückt. (Gerlinde selbst kommt diese Rolle entgegen: im Spiel traut sie sich in der Rolle als Stellvertreterin zum ersten Mal selbst eine Auflehnung zu spielen, die sie real nie gewagt hatte.) Sie steht einfach herausfordernd da. Klaus sieht: Da ist etwas fünfzehnjähriges Weibliches, das der Vater nicht mehr zerstören kann. Er kann sie prügeln, er kann sie enterben, er kann sie wegschicken, sie würde es überleben. Es erweist sich zunächst als schwierig, das in Worte zu fassen und in die Verständigung zwischen den beiden Geschwistern einzubringen. Ich lege ihr deshalb das, was sie sagen könnte, in den Mund. Klaus wirkt wie ein ungläubiger Zuschauer bei ihrer mutigen Haltung und kann die Unterstützung zunächst noch nicht fassen, bis er an ihrem Vorbild wächst und mutiger wird.

Sie sagt dann zum tobenden Vater: »Sag mal, manchmal wirkst du wie aus dem vergangenen Jahrhundert!«, oder »Wenn du so tobst oder uns so kontrollieren willst, dann sind wir doch in zwei Jahren aus dem Haus!«, oder »Selbst wenn du mich in ein Klosterinternat steckst, wie den älteren Bruder, mich brichst du nicht mehr!« Dem Patienten, der den Vater spielt, gelingt es hervorragend mit Schreien, Drohen, aber auch mit ängstlichem Griff zum angeblich schmerzenden oder brechenden Herzen auf die Angriffe zu reagieren.

Klaus kann später sagen: »Ich finde dein Gezeter blöd!«

Er bekommt allmählich eine so elementare Wut auf den negativen Vater, daß ich zwischen die beiden streitenden Parteien eine Matratze als Wand aufstelle, die von mehreren Männern gehalten wird. Ich merke: Jetzt geht etwas Mörderisches los; der reale Vater könnte in seiner Wut, weil ihm das nie passiert ist, zuschlagen. (Den älteren Bruder von Klaus hat er, wie schon erwähnt, weil er seine »Unarten« nicht mehr ertrug, als

Neunjährigen in ein Internat verbannt. Klaus schildert den Bruder nie anders als »gebrochen«. Diese Drohung der Verbannung hing auch ständig über Klaus. Später mutmaßt Klaus, daß seine eigene Entfernung den symbiotischen Besitzanspruch des Vaters auf die Mutter bekräftigt hätte.) Es herrscht nun im Spiel eine so angespannte Atmosphäre, daß man fürchten muß: jetzt schlägt der Alte die beiden zusammen. Alle spüren, daß Gerlinde das Ungeheuerliche ausgesprochen hat; spüren das Bedrohliche der frühen häuslichen Atmosphäre.

Der Angriff des Vaters wäre sicher in der Spielsituation nicht real geschehen. Aber ich wollte die Atmosphäre verdeutlichen und zeigen, daß es für Klaus nicht möglich war, sich allein gegen diesen Vater aufzulehnen, zumal die Mutter immer nur stumm und zitternd dabeisaß, wenn er in Rage geriet. Klaus ist blaß geworden, ich selbst bin von der Inszenierung der fast unerträglichen Spannung beeindruckt und ahne, wieviel Zeit, vielleicht Jahre, wir brauchen werden, bis Klaus' Kräfte nachgewachsen sein werden. In seinem Inneren herrscht Terror. Der Vater hat einen Teil seiner soldatischen Identität nie aufgeben können.

Die Schwester sagt gegen Ende fast schützend: »Du, wenn wir zusammenhalten, kann er uns nicht mehr brechen.« Klaus stellt sich hinter sie, in ihren Schutz oder Wind-, besser Sturmschatten.

Er kann ihr gerade noch sagen: »Ich spüre, daß er dich nicht brechen kann, aber mich kann er brechen.« Dabei kommen ihm nach mehr als einem Jahr Therapie zum ersten Mal Tränen. (Wir haben uns später in der Nachbesprechung der Sitzung in der Gruppe dann gefragt: »Warum ist die Tochter nicht mehr zu brechen und er ist zu brechen?« Das hängt mit der Mutterbeziehung zusammen. Bei dem Satz: »Du hast dich immer danach gesehnt, daß die Mutter einmal für dich Partei ergreift«, fängt er von neuem an zu weinen.)

Das Mädchen kann nachträglich sagen: »Ich habe von der Mutter genug bekommen. Als Tochter konnte ich mich identifizieren – das reicht für mein ganzes Leben.« Außerdem hätte Klaus ein Mädchen werden sollen. Da aber der Sohn in einem Spannungsverhältnis zur Mutter stand, weil sie sich nicht auf seine Seite zu stellen wagte aus Angst vor der Wut des Vaters, wuchs ihm von dort keine Kraft zu. Ihn hatte der Vater von vornherein als ein Stück seiner selbst betrachtet, das nur er allein beeinflussen durfte.

Die Tochter kann, noch im Spiel, um ihren verzweifelten Mut plausibel zu machen, äußern: »Ich gehe putzen, wenn du mich rausschmeißt. Auf jeden Fall werde ich mich durchschlagen!« Klaus kann das nicht: »Meine Sehnsucht, von der Mutter gesehen und verteidigt zu werden, ist ungestillt. Also ich würde verkümmern, weil ich eine Grundnahrung nicht bekommen habe.« Wiederum Weinen, zum ersten Mal ohne sofortiges, fast automatisches Abwürgen.

Nun ist in der Szene noch unklar: Wie kann er Schutz von einer Mutterfigur erhalten? Möglicherweise nur mit idealen Eltern, die ihm in einer ganz anderen Situation in der Regression zeigen: Das gibt es, daß die Mutter den Sohn verteidigt und stark genug ist, dem Vater entgegenzutreten. Wir nehmen uns dies für eine spätere Sitzung vor.

Es kommen ihm bei dieser Hoffnung auf seine nächste *Struktur* in der Gruppe noch einmal die Tränen. »Es war toll für mich, dieses Verschwörungsgefühl mit der Schwester zu erleben. Es war großartig, daß ich mit ihrem Beistand einmal die Sätze des Widerstandes formulieren konnte und daß es in der Schwester – aber möglicherweise auch in mir – Teile gibt, die durch den Alten nicht mehr zerstörbar wären«, sagt er am Schluß der Sitzung.

»Struktur« nennt Albert Pesso eine Spieleinheit in der Gruppe. Je nachdem, ob in einer wöchentlichen Sitzung eine oder zwei Strukturen stattfinden, kommt ein Patient alle vier bis zehn Wochen wieder an die Reihe.
Es könnte also ein Selbstkern in Klaus entstanden sein, in dem Widerstand oder Auflehnung und seelische Vernichtung nicht mehr automatisch und unmittelbar verknüpft sind. Man könnte die Rolle der Schwester auch als die eines geschwisterlichen Anwalts für den Bruder bezeichnen, eine Rolle, mit der Albert Pesso immer wieder arbeitet, wenn Verrat und Im-Stich-Gelassen-Sein durch die Eltern eine Rolle spielt und ideale Eltern noch gar nicht »ankommen« können als heilsame Alternative.

Möglicherweise hat das tiefe Berührtsein auch etwas mit der Mobilisierung weiblicher Seiten in Klaus zu tun, mit dem Gefühl: »Wenn ich ein Mädchen gewesen wäre, hätte mich der Vater nicht niedergewalzt«; er sieht aber in der idealen Schwester zum ersten Mal auch ein Bild von Weiblichkeit, das nicht durch die servile Rolle der Mutter entwertet ist: kämpferisch, selbstbewußt. Er macht Anleihen eigenen Mutes also gerade bei seinen weiblichen Seiten, bezieht, jungianisch ausgedrückt, ein Stück Männlichkeit aus der Übernahme von Kraft aus dem Animus der Schwester. Er hat immer nur diesen überstarken, tyrannischen Vater als Vorbild gehabt, und die Mutter blieb die unterdrückte Frau. Klaus erwähnt immer wieder, daß die Mutter selbst sich nie »von der Fuchtel« ihrer Mutter befreien konnte. Der Ehemann erbt also unmittelbar eine mütterliche Übertragung oder nutzt sie. Deshalb kann Klaus sich bisher auch mit seinen weiblichen Anteilen kaum identifizieren, die auch die Seite der Sensibilität enthalten. Das erklärt wenigstens partiell die provozierende Dumpfheit, in die er verfallen kann, wenn Gefühle in ihm aufsteigen wollen. Er ist ein sehr guter Arzt – da fließt die weibliche Intuition wohl hin, in Verantwortlichkeit, Zuverlässigkeit und Fürsorge, die aber affektiv nicht gezeigt werden müssen. Erst durch die Schwester kann er staunend sehen: Ich könnte ja auch weibliche Anteile mobilisieren, die durch diesen extrem phallischen (der Vater war leidenschaftlicher Jäger) Mann nicht mehr zu zerstören sind.

Zunächst ist noch unklar, ob die Schwester für ihn eine äußere Figur ist, die ihm Zutrauen gibt in die Überlebensfähigkeit einer Frau, was er bei der Mutter nicht erlebt hat, oder ob diese Figur sich für ihn verknüpfen läßt mit seinen eigenen weiblichen Anteilen. Er erlebte die Mutter ja als endgültig gebrochen und widerstandslos. Die Frage ist also, ob er den eigenen weiblichen Seiten vertrauen lernt.

Von außen gesehen ist sein Reichtum an widersprüchlichen Identifizierungen sichtbar, doch das Sichtbare gleicht eher einem Arbeitsprogramm, sozusagen eine Kartographierung der Richtung des therapeutischen Prozesses. Da er das Videoband mit nach Hause nimmt, ist ihm diese inszenatorische Orientierung immer zugänglich. *(Die Patienten bringen ihre eigenen Bänder mit, sie sind also ihr Besitz. Wenn ich selbst mit eine*

»Struktur« noch einmal ansehen will, leihe ich mir das Band aus. Manche Patienten betrachten die Sitzungen zusammen mit ihrem Partner am Bildschirm. Wenn unklar ist, wer das Band mit anschauen darf, wird die Gruppe um Erlaubnis gefragt.)

Das Leben fließt in den Körper zurück

Zwei Wochen später, Einzelstunde

Klaus ist in einer Phase, wo er immer wieder sehr schwierige und ängstigende Auseinandersetzungen mit seinem Direktor hat, bei denen es darum geht, daß der renommierte Chef ihn nicht als gleichwertigen Partner anerkennt. Er kommt in die Stunde und sagt, er fühle seine Füße wie abgestorben bis zum Knie. Gleichzeitig berichtet er von einem Wochenendbesuch bei seinen Eltern, bei dem der Anblick des alternden Vaters ihn völlig stumm gemacht habe, es sei gewesen »wie ein Schlag mit dem Holzhammer auf den Kopf«. Er habe außer »guten Tag« oder »auf Wiedersehen« nichts sagen können.

Ich biete ihm an, mit dem symbolisch präsent gemachten Vater zu sprechen, und zwar wählen wir als Sinnbild des erstarrten Vaters (der selbst im hohen Alter nicht zulassen oder ertragen kann, daß der Sohn wächst und auch beruflich über ihn hinauswächst) den Heizkörper am Fußende der Couch. Als Klaus sich dem Heizkörper zuwendet, sagt er noch einmal, und jetzt deutlich bezogen auf die Begegnung mit dem Vater, seine Füße seien wie abgestorben. Er kann nichts verbalisieren, ist ganz auf diese »psychosomatische« Beziehung zum Vater reduziert. Daraufhin stelle ich ein dickes Polster vor den Heizkörper und bitte ihn, sich auf die Couch zu legen. Das Polster verdeckt zwar den Heizkörper, lehnt aber daran, so daß der Heizkörper sozusagen zum Knochengerüst des Vaters wird. Nun nimmt Klaus mit den Füßen Kontakt auf. *(Meine Phantasie, die ich inszenierend überprüfen will, ist die: Beim Ausmaß der Wut auf den Tyrannen bedeutet die »Dekarnation« der Beine [ein Ausdruck von Hilarion Petzold], also die Fühllosigkeit, ein physiologisches Erkalten, um die Lust am Treten nicht zu spüren.)*

Ich bin also probeweise darauf eingestellt, daß er mit den abgestorbenen Füßen aggressiv treten wird, bezeichnenderweise aber nimmt er mit den Sohlen liebevoll fühlend Kontakt auf.

51

Er stößt sich gar nicht ab, sondern erkundet sein Gefühl in den Sohlen, in den Knöcheln. Er macht den Eindruck eines kleinen Kindes, das sowohl Kraft als auch Berührungssehnsucht am liebevollen Vater ausprobiert. Deshalb ändere ich die Rolle des symbolischen Vaters: Es sind Berührungsflächen des idealen Vaters, mit denen Klaus in Kontakt tritt. Er gerät bei diesen Worten ins Halbsekunden-Weinen, deckt das Gesicht mit einem Arm zu, weil er ein scheues Glück aufsteigen fühlt, das er noch verbergen muß. Er fühlt sich sehr erkannt und verstanden, als ich sage, in seinen Füßen sei so viel Sehnsucht, Kontaktsuche und Berührungsangebot, gleichzeitig aber auch der Wunsch, die eigene Kraft und die Verbindungsfähigkeit mit den Füßen zu erproben.

Wenig später sagt er, die Füße seien nun warm bis zu den Knien, vom Knie an aufwärts aber spüre er jetzt, daß die Beine tot seien. Daraufhin schlage ich ihm vor, daß er die ganze Couch als den Rücken des idealen Vaters annimmt, sich auf ihn kniet und mit den Beinen, Armen und der Brust mit dem Rücken des Vaters Kontakt aufnimmt. Er ist verschämt, glücklich und gluckst wie ein kleiner Junge. Es wird jubelnd, als ich ihm vorschlage, er solle auf den Knien und Armen hüpfen. Er kauert auf Knien und hat die Arme ausgestreckt; er hüpft und tobt wild auf dem Vater herum. Dann erzählt er, wie intensiv sein kleiner siebenjähriger Sohn mit ihm eben diese Form von tobendem und raufendem Kontakt suche. Ich schlage ihm vor, er möge sich doch einfach platt mit dem Bauch auf den Vater fallen lassen. Das tut er, und wieder kommt das Halbsekunden-Weinen. Er reibt sich mit dem ganzen Bauch am Körper des Vaters. Schließlich sage ich: »Wir können ja einen Doppeldecker bauen« und setze ihm den großen Spiel-Bären auf den Rücken – das ist nun sein Sohn. Der Sohn sagt: »Auf wem liegst du denn?« Klaus: »Ich liege auf meinem Vater.« Es wird ihm deutlich, wie wenig Körperkontakt er von seinem Vater bekommen hat. Er meint sogar, er habe seinen Vater überhaupt nur bei seltenen Abschieden und Begrüßungen mit den Händen anfassen können. (Dabei hielt sich der Vater viel auf seine »kinderliebe« liberale Haltung zugute: Er erzählte stolz, daß er auf Urlauben von der Front ›sogar in Uniform‹ den Kinderwagen geschoben habe, ›wenn es keiner sehen konnte‹.) Klaus strahlt inzwischen etwas aus, was mir den Eindruck gibt, er habe verstanden, daß symbolisch und in regrediertem Zustand etwas von dieser Entbehrung des Vaters wiedergutzumachen sei, neben der notwendigen Trauer.

Schüttelfrost
Vier Monate später, nach Sommerferien, Herbstferien und seiner großen Kongreßreise

Klaus war nach meinen Herbstferien noch einmal zehn Tage verreist. Auf dieser beruflichen Reise, auf der er in ausländischen Kliniken eine von ihm entwickelte Operationsmethode vorführt, begleitete ihn eine Mitarbeiterin, zu der er sich stark hingezogen fühlt, mit der er keinen sexuellen Kontakt will, mit der er aber reden kann »wie sonst mit keiner Frau«, vor allem über Beziehungen und Gefühle. Das habe dazu geführt, daß er auch mit seiner Frau zum ersten Mal über ihrer beider sexuelle Beziehung sprechen konnte. Es sei wie eine Explosion des Sprechens gewesen. Sie hätten eine ganze Nacht lang geredet. Außer bei drei Anlässen (er sagt es so, als habe er Eintragungen in seinem Kalender oder in seinem Gedächtnisspeicher nachgeschaut) sei die sexuelle Beziehung immer unbefriedigend für beide gewesen.

Das Onanieren habe er mit siebzehn aufgegeben, nachdem sein Vater ihn gewarnt hatte, davon werde man krank: der Penis bleibe steif. Da er seinen Vater als medizinische Autorität betrachtete und das Gespräch eines der wenigen war, bei dem Klaus überhaupt ein Interesse des Vaters an ihm wahrnahm, hatte diese Warnung eine tiefe Wirkung. Es ist also klar, daß Sexualität unter dem Einfluß dieser Drohung aufgegeben wurde, mit der Folge, daß der Sinn für den Zusammenhang zwischen Onanie, Autonomie, Widerstand und phantasierten sexuellen Beziehungen vermutlich verlorenging.

Die Vorstellung, seine Frau zu fragen, welche sexuellen Beziehungen sie vor ihm gehabt habe (sie haben darüber nie gesprochen), erregt ihn »wahnsinnig«. Nach knapp fünfzehn Jahren Ehe ist also durch die Therapie und die »Gespräche über Gefühle« mit seiner Mitarbeiterin und die erste durchredete Nacht mit seiner Frau eine enorme Hoffnung entstanden: Beziehung, Gefühle, Sexualität könnten vielleicht bewußt erlebt und das gemeinsame Erleben in Worte gefaßt werden. Der Zusammenhang von Sexualität und Sprache wird also dort wieder aufgegriffen, wo er in der Spätpubertät durch das erschreckende Vaterwort zerstört wurde. Denn Klaus hatte sich nach dem Onanieverzicht auch weitgehend aus Gesprächen über Sexualität mit seinen Freunden zurückgezogen, obwohl er durch den Sport, ja Hochleistungssport, sehr intensiv in einer Clique integriert war. Anderes als Halbstarkensprüche habe er seither nicht mehr ausgetauscht. In den Jahren danach galten dann Mädchen oder Frauen eher als Objekte reiner Begierde oder als Beutetiere.

Die Neuaufnahme eines sexuellen Interesses an seiner Frau erfolgt also über das Sprechen über Sexualität, bei dem er als leicht erregbarer »Teilhaber durch sprechendes Zuschauen« partizipiert. Der voyeuristische Zug ist sehr stark spürbar. Als er seine Frau kennenlernte, habe er ihr am ersten Abend schon bald und wie im Traum an den Busen gegriffen. (Sie sei wahrscheinlich vom Vater mißbraucht worden. Wenn sie nur einen Penis sehe, »macht sie schon dicht!« Wahrscheinlich sei sie auch früh einem Exhibitionisten begegnet, so daß vielleicht deshalb der Penis eine so erschreckende Wirkung auf sie habe.) Er muß gleichzeitig lachen und weinen bei der Erkenntnis, daß das Baby in ihm sozusagen die Mutter geheiratet hat, der er vollkommen selbstvergessen und ebenso gierig wie träumerisch an die Brust greift. Seine Frau habe auch die gleiche Stimme und die gleiche Figur wie die Mutter.

Das eigentlich Wichtige in bezug auf den Körper ist, daß er sagt: Wenn er an diese Dinge denke, an seine Frau, im warmen Bett, bei den Unterhaltungen, und wenn er mir davon erzähle, dann bekomme er Schüttelfrost. Ich sage, es seien vermutlich Ängste, was mit ihm affektiv passiere, wenn Sexualität in Verbindung mit einer liebenden Beziehung zum Thema werde. Er möge das Körpergefühl so weit wie möglich zulassen. Sofort reagiert er wie von Kälte geschüttelt. Ich lege ihm die Hand auf die Brust, und er spricht ganz verschämt, wie in der Beichte, stockend, zögernd, vor allem über die unzähligen, oft für beide Partner demütigenden sexuellen Versuche in der Ehe. Sein Weinen geht immer in Lachen über, wenn er neue Zusammenhänge begreift.

Dann geht es direkt um den Voyeurismus und seine Quellen. Seine Mutter hatte vor der Ehe ein erotisches Erlebnis. Ein angesehener·südländischer Geschäftsmann habe um sie geworben. Ihre Familie war gegen die Verbindung. Resignierend habe sie den Vater aus der Kleinstadt genommen. Der Sohn, dem die Mutter dies einmal erzählte – wer weiß, in welcher Stimmung –, wußte also, daß der Vater die »zweite Wahl« war. Dies veränderte die Bindung an die Mutter, machte sie durch das Geheimnis sehr eng und verstärkte gegenüber dem Vater die Ambivalenz, die neben Haß und Zuneigung auch durch die Beimischung von Triumph und Mitleid, Verachtung und Angst vor der Rache des Gekränkten geprägt wurde.

(Sehr viel später erzählt mir Klaus, die Muter, die aus einer weltoffenen Familie stamme, sei mit achtzehn Jahren als au-pair-Mädchen in Rom bei einer angesehenen Familie gewesen und habe gelegentlich auch bei wichtigen geschäftlichen oder diplomatischen Gelegenheiten gedolmetscht.)

Es fällt ihm auch ein, daß bis zum Alter von fünfzehn Jahren die Mutter ihn ins Ehebett holte, wenn der Vater auf der Jagd war. Bei der Suche nach den Quellen der Angst vor der Sexualität spielt Überwältigung durch voyeuristische Bedürfnisse eine Rolle; er denkt, ein *anderer Mann* kann seine Frau so stimulieren, daß Erregung und Vereinigung möglich werden. Frauen sind ihm generell ein Rätsel. Er wundert sich, daß er während der langen Vorbeziehung und kurzen Verlobungszeit mit seiner Frau, als sexuell »sehr wenig lief«, mit vielen Frauen wahllos geschlafen habe – und es habe immer wunderbar geklappt. Er heiratete seine Frau dann trotzdem, denn sie war ja eigentlich seine Mutter. Mit anderen Frauen, die nicht seine Mutter waren, sondern Gespielinnen, Geliebte und Beutetiere, ging es gut. Es bestand ein kategorialer Unterschied zwischen »den Frauen« und der Verlobten, der sich später fortsetzt. Allerdings hatte die Eheschließung für ihn eine hohe Verbindlichkeit, und er bleibt weitgehend treu. Er und seine Frau seien sehr glücklich gewesen nach dieser durchredeten Nacht. Der Schüttelfrost war in seiner Heftigkeit und dem abrupten Beginn und Ende ganz ähnlich wie sein Sekundenweinen. Möglicherweise ist er sogar ein Äquivalent für einen Weinkrampf, allerdings stark durchmischt mit Angst.

Die Aneignung des Penis und der Segen des Vaters
Drei Wochen später. Bericht über eine weitere Gruppensitzung mit ihm als Protagonisten
Seine »Struktur« hat seine überenge Beziehung zu seiner Mutter zum Inhalt. Zu Beginn der Sitzung hält er die Mutter, die von einer Teilnehmerin gespielt wird, am Fuß fest und will sie nicht wieder loslassen. Das wirkt sehr sexualisiert. Erst als der ideale Vater, der ihm seine Hilfe im Umgang mit der Bindung und dem latenten Mißbrauch durch die Mutter anbietet, lange seine Hand auf die seine legt, lockert sich der Griff, und er kann die Hand der Mutter ergreifen. Die Hypothese dazu ist, als kleines Kind habe er phantasiert, daß auch die Mutter einen Penis hat. Dies ist verknüpft mit seiner Phantasie, ein Mädchen zu sein. Sie soll auch nicht weglaufen können.
Der ideale Vater sagt ihm, daß er ein Junge ist und er, der Vater, freue sich, daß er ein Junge sei. Die Mutter sei eine Frau und habe keinen Penis, aber sie habe ihn in sich getragen und geboren. Um zu erkunden, wie ein Penis imaginativ ins Körperbild von Klaus eingepaßt ist, oder ob er überhaupt dazugehört, gebe ich ihm einen sogenannten counter-bat, also einen roten Schaumstoffschläger, der zu vielen Zwecken dient, manchmal als Waffe, manchmal als Symbol des lebendigen Selbst, manchmal als Riesenpenis.
Er kann sich den penisförmigen roten Zylinder nicht als Penis zwischen die Beine stecken, weil er dem eigenen noch so fremd gegenübersteht. Es ist nicht Scham, sondern eine Art Zurückschrecken, Fremdheit, Angst, fast Horror. Er kann ihn nur nehmen, scheu vor sich hinlegen. Erst nach der Struktur kann er ihn mit den Füßen, wie mit einem Greifer, nehmen und näher zu sich holen. Er fühlt sich unvollständig, ja kastriert, danach aber durch die Aussicht auf seine eigene Männlichkeit regelrecht belohnt. Er spricht verschämt von seiner jahrelangen Angst, homosexuell zu sein.

Einige Tage später, Einzelsitzung
Nachdem er fünf Minuten mir gegenüber im Sessel saß, steht er auf: er müsse sich hinlegen, weil er so unruhig sei. Er macht auf der Couch Rollbewegungen mit den Beinen. Die habe er jahrelang zum Einschlafen gemacht. Er wird immer unruhiger,

beginnt aber dann stockend zu erzählen. Seine Mutter mußte ihn zwei Wochen nach der Geburt an eine Kinderschwester abgeben, weil der Vater sie zwang, wieder in der Praxis mitzuarbeiten. Immer wenn der Vater die Mutter rief, mußte sie ihn ihr überlassen.

Das Thema Sexualität ist noch vom Wochenende her sehr virulent in ihm. Sein Zappeln führt mich zu dem Bild: Er liege auf dem Wickeltisch; die Mutter packe ihn aus und säubere ihn. Ich sei in der Rolle der idealen Eltern. Ich schildere ihm meine Phantasie: Idealerweise wäre es so, daß der Vater die Praxis für fünf Minuten unterbricht und dazukommt; er stellt sich neben Mutter und Kind und sagt: »Das ist aber schön, euch zuzugucken. Und der Junge, der hat ja da richtige Kronjuwelen.« Als ich das sagte, kann Klaus sich vor Zappeln fast nicht mehr halten. Ich empfehle ihm, die Pobacken zusammenzukneifen und die Genitalien dem Vater zu zeigen, damit der auch gut sehe, was er habe. Er reagiert sehr verschämt und bedeckt das Gesicht mit einer Hand, während er durchaus lustvoll sein »Patengeschenk« präsentiert. Es ist umwerfend rührend, wie er dann seinen Penis in Besitz nimmt: Er gluckst und faßt vorsichtig und mit scheuem Stolz danach, nachdem der ideale Vater seinen Besitz anerkennend validiert und mit Blikken gesegnet hat.

Ich sage dann weiterhin in der Rolle des idealen Vaters: »Oh, das sieht schon aus wie ein kleiner Marschallstab im Tornister.« Das läßt ihn wieder freudig erröten. Aber er ist über die Aneignung auch sehr zufrieden.

Weil er ein Mädchen hat werden sollen, habe er in der Pubertät lange Zeit Angst gehabt, daß er einen Busen bekomme, aber mit niemandem über diese Angst sprechen können. Als die Angst unerträglich wurde, weil er auch dicklich war, habe er sich endlich an seinen Vater gewandt. Der habe ihn »medizinisch« beruhigt, aber eine große Unsicherheit sei geblieben. Der Großkonsum an Freundinnen, so sage ich, könne durchaus mit dieser Angst zusammenhängen. Das beruhigt ihn, weil er sich immer auch beunruhigt für einen sexuellen Vielfraß hielt und fast abnorm süchtig nach solcher Bestätigung fühlte.

Drei Wochen später, nach der Weihnachtspause

In der ersten Einzelstunde, die der Gruppensitzung vorausging, hatte er wegen einer Auseinandersetzung mit seinem Chef gefehlt. Er war eine Woche beim Skifahren gewesen mit der Familie, was gutgegangen war. Einer meiner ersten Eindrücke, den ich ihm beim Hereinkommen auch mitteile, ist der, daß er fünf Jahre jünger aussehe als vor der Pause, »wie ein Jüngling«.

Er erzählt von der Auseinandersetzung mit seinem Chef, der ihn bescheiße durch unkorrekte Abrechnungen. Dieses Mal sei es dem Chef wieder gelungen, ihn und das ganze Team auszutricksen durch heimliche Abbuchungen. Klaus wußte das, konnte es ihm aber nicht sagen, weil er Angst hatte, der Chef würde toben oder zusammenbrechen. Er hat also noch einmal eine Niederlage eingesteckt und nicht gewagt, dem Chef ins Gesicht zu sagen, daß er falsche Buchführung macht. Der Betriebsfrieden ist vorerst noch einmal gerettet; aber eine Lösung ist es nicht. Er sagt, er fühle sich jünger, aber auch, daß er noch einmal eine Niederlage kassiert habe zugunsten des Betriebsklimas. Die sein Aussehen verändernde Regression im Lebensalter ist jetzt besser zu verstehen: Er hat erneut kuschen müssen vor dem Chef, und dies scheint ihn um Jahre zurückgeworfen zu haben. Er hatte sich wohl durch die Stärkung der Therapie erhofft, daß er schon früher Widerstand leisten könne. Ich erinnere ihn aber an die Gruppensitzung vor Monaten, wo nur die Verbindung mit der idealen Schwester ihn mehr Mut in sich spüren ließ. Wir hätten damals auch gesagt, daß angesichts seiner Vernichtungsängste vor dem Vater – die aber gleichzeitig auch Ängste vor einem Dekompensieren oder einem Wutanfall des Vaters enthielten – nur ein langsames Wachsen hin zu allmählichem und gezieltem Widerstand fähig machen werde.

Er sagt dann: Seit ein paar Tagen könne er seinen Bewegungsdrang nicht mehr kontrollieren. Er habe nicht operieren können, weil er in Händen und Beinen unbeherrschbare Zuckungen gehabt habe. Nach etwa zehn Minuten probieren wir auf der Couch mit den Beinen aus, ob die Bewegung in den Beinen angestaute Wut enthält. So scheint es zunächst auch zu sein. Ich halte vom Fußende der Couch her einen Sitzsack hin. Er fängt rasch an zu treten und bekommt wieder das Zehntel-Sekunden-Weinen, hört aber auf und wird traurig: Treten sei es nicht. Dann fängt er intensiv und aggressiv bohrend an, sich die Augen zu reiben. *(Dies spricht, wie ich von Albert Pesso gelernt habe, für eine inhaltlich noch ungeklärte phallische Energie, die entweder als Selbstaggression oder Aggression gegen einen noch nicht bewußt erlebten Feind gerichtet ist.)*

Klaus sagt, als ich ihn darauf aufmerksam mache, ihn aber auch auf den Unterschied zum kindlich-müden Augenreiben hinweise, das tue er seit seiner Kindheit so, zum Einschlafen. Darauf halte ich ihm meine Hand hin zum Bohren. Er fängt an mit dem Daumen gegen meine Handfläche zu drücken und zu drehen. Plötzlich beginnt er, wie ein kleines Kind ganz unkontrolliert zu lachen und sich unbändig zu freuen, einerseits wie ertappt, dann lustvoll, erfreut, andererseits erlöst, weil eine unklare und oft auch quälende Energie einen angemessenen Ausdruck gefunden hat. Es ist wirklich phallische Kraft – jetzt aber limitiert und gehalten. Es schüttelt ihn zwischen Lachen und Weinen. Er bekommt ein ganz glattes Kindergesicht. Er will dann auch mit der linken Hand »bohren«, weil sie sich plötzlich ganz anders anfühle (»Bohren« war übrigens ein halbunanständiger Kinderausdruck in unserer Gegend für vögeln, ich erinnere mich an eine Sextanergeschichte, als ein Klassenkamerad in tiefem Ernst sagte: Unsere Wellensittiche bekommen bald Junge, »sie henn scho bohret«. Aber es gibt für den Jungen auch ein »Bohren« am Vater, als eine Form liebevoller Gewaltsamkeit, etwa mit dem Finger gegen die Wange oder gegen den Arm, wie um die Festigkeit, die Form und die Wirkung zu prüfen. Noch sind Klaus' Gefühle und Impulse aber nicht klar.)

Als er ausgeruht hat, gucken wir, was mit den Beinen los ist. Inzwischen weiß ich ja, daß er nicht einfach treten kann aus purer, unvermischter Wut, sondern daß Zorn und Berührungssehnsucht sich auf die gleiche Person richten, oder auf widersprüchliche Fragmente des Vaters. Ich nehme in der idealen Vaterrolle das Bein, halte es am Knie und am Fuß hoch, so daß es in meinen Armen hängt. (Er hatte wenige Stunden zuvor gesagt, seine Beine fühlten sich manchmal so schwach an, daß er fürchte, er knicke ein vor Schwäche.) Er läßt das Bein aufatmend in meinen Armen hängen und wischt einige Tränen weg, ruht in diesem Halt aus. Dann kann er auch treten, nachdem er mich gebeten hatte, noch einmal den Sitzsack zu halten, und sagt ganz omnipotent: »So stark, wie ich jetzt bin, hättest du ja keine Chance.« Wieder gibt es Jubel zwischen Lachen und Weinen. Für ihn brachte die Stunde ein Gefühl von Wiederbelebung der Energien im Körper, mit dem Schwanken zwischen Glück, Halt, Kraft, Wut und Trauer darüber, daß es das nie gab für ihn.

Anschließend werden seine Hüften so lebendig, so daß ich ihn dort noch limitiere, also ihm mit meinen Händen und aufgestützten Armen zeige, daß mich seine Körperkraft und phallische Energie nicht bedrohen, sondern daß ich ihm helfe, damit umzugehen. Er drückt mich mit den Hüften fast spielend nach oben, triumphierend und dennoch limitiert und gehalten.

Gegen Ende der Stunde sagt er, er fürchte, einen Wadenkrampf zu bekommen. Aber es sei gleichzeitig Ver- und Entkrampfung. Darauf macht er noch eine Tretbewegung (Käfer zertreten mit der Ferse) im Liegen. Dabei fängt er wieder an zu weinen – intensiv und ohne die abrupten Unterbrechungen.

Es scheint, daß der Haß, der sich im Auslöschen von Ungeziefer zeigt, wenn er gegen Personen gerichtet ist, sehr ängstigend ist und viel Gegenbesetzungsenergie verschlingt. Wenn er gezeigt werden darf, ohne daß Schaden oder Schuld entsteht, strömen gleichzeitig Erleichterung und Trauer. Dies ist eine extreme Form der Aggression, bei der der »Gegner« kein Gesicht bekommt, sondern ausgelöscht wird wie Ungeziefer; sie enthält also von Haß über Demütigung und Dehumanisierung eine breite Palette von Aggression, deren Stärke meist mit Ohnmacht und Demütigung zu tun hat.

Einbrüche überwinden

Eine Woche später. Einzelstunde

Klaus sieht wieder ein bißchen älter aus. Er erzählt, wie sein Chef wieder um ihn wirbt und »gut Wetter macht«, einen wissenschaftlichen Aufsatz von Klaus gemeinsam korrigieren will. Aber es ist Klaus unheimlich, daß er wirbt, obwohl der Grundkonflikt nicht gelöst ist. Deshalb stimme für ihn auch die neue

Nähe nicht. Er fühle sich betrogen, verarscht, korrumpiert. Es ist schwer zu fassen für ihn, daß der Chef ihn gleichzeitig schätzt, sympathisch findet, auch bedrohlich, mit ihm rivalisiert, ihn fördert und vielleicht sabotiert, ausnutzt, mit ihm angibt, ihn betrügt und manchmal Klaus' Entdeckungen als die seinen ausgibt.

Zu Hause, so berichtet er, gebe es große Fortschritte. Seine Frau sei allmählich sehr verändert und könne mit ihm und auch mit den Kindern besser umgehen. Er schenkt mir also einen positiven Bericht, das erleben wir beide so. Dann wundert er sich aber, warum sein Chef wieder so wichtig wird und er nicht genug Kraft hat, ihm entgegenzutreten. Mir dämmert, daß das Ausmaß des Einbruchs etwas mit der Weihnachtspause zu tun haben muß. Als ich ihn frage, sagt er: Ja, am Anfang habe er mich vermißt und gedacht, er brauche dringend eine Stunde als Überbrückung (mit aggressivem Ton gesagt), und dann sei ich ihm immer gleichgültiger geworden. Er hat mich also in den Keller gesteckt und den negativen Anteil wieder ersetzt durch den Chef. Das ist ihm sehr plausibel. Trotzdem faßt er rasch wieder Tritt in der Therapie: bald nach dieser Erklärung wird er todmüde, fängt an zu gähnen und schaut sehnsüchtig zur Couch. Wir müssen beide lachen, weil er eigentlich erwachsen sein möchte, aber der Fahrstuhl der Regression saugt ihn mit solcher Macht an, daß auch die Fähigkeit zu verbalisieren verschwindet.

Er liegt auf der Couch, reibt wieder die Augen und bleibt liegen mit beiden Händen auf den Augen. Nach einer Minute ersetze ich nach Anfrage und Ankündigung seine Hände durch meine. Das ist eine neue Art von Intimität; ich muß mich dazu neben ihn setzen und mit beiden Händen das Gesicht abdecken. Es ist ein starker Eingriff. Er wird dabei ganz regungslos, sagt, er habe gar kein Gefühl mehr im Gesicht, sondern einen Kloß im Hals. Ich sage, es klinge nach Weinen. Ja, so sei ihm auch zumute, aber es gehe noch nicht. Trotzdem fühle er sich sehr geschützt.

Dann werden die Beine wieder sehr unruhig, und er stemmt sie gegen die Heizung als dem Gerüst des idealen Vaters. Ich setze mich darauf so vor die Heizung, daß er sich mit den Füßen an meinen Oberschenkeln abstützen kann. Es ist ein ganz starkes Erlebnis für ihn, den Kontakt zu mir mit den Fußsohlen aufzunehmen, nur sind die Gefühle noch gebremst. Ich spüre einen ganz feinen, vorsichtig tastenden Druck. Es schüttelt ihn wieder das kurze Weinen und es wird ihm schlecht. Er bekomme Bauchweh! Die Gefühle werden sehr stark, und zwar in dem Moment, als er durch stärkeren Druck Grund findet mit Beinen und Füßen beim idealen Vater. Dabei ist immer wieder erstaunlich, wie lebendig, unterschiedlich, tastend und forschend, zärtlich und abweisend Fußsohlen sein können. Die halbe Diagnostik ließe sich auf den Fußsohlenkontakt gründen!

Es gibt eine ganz starke Nähe in dieser Stunde. Er hat bisher seine große Zuneigung zu mir noch nicht direkt ausdrücken können. Er versucht es indirekt: Er schreibt als Gynäkologe Arbeiten über psychosomatische Themen, Entwicklungsstadien des Fötus und Versorgungsmängel sowie psychische Zusammenhänge zwischen dem leibseelischen Zustand der Mutter und den Beschädigungen des Ungeborenen. Da sieht er erfreut auch den Zusammenhang mit unserer Arbeit: Auch wir betreiben peri- und postnatale Seelenchirurgie und sind ein Forscherteam.

Am Schluß sage ich ihm dann noch, daß wir zusammen herausfinden müßten, wie wir das Auftauchen der Affekte dosieren könnten, da das plötzliche Auftauchen von Übelkeit sehr heftige Gefühle anzeige, manchmal auch ganz unerwartet gegen Ende der Stunde. Er meint aber, bisher habe er mit allem, was da hochkam, umgehen können, wenn es auch gelegentlich stark in sein Leben eingreife. Das bedeutet eine Ermutigung für mich, ihm die heftigen Gefühle, die manche Szenen auslösen, zuzutrauen, und ein Nachlassen der Angst, ich könnte mich massiv in der Dosierung der Szenen verschätzen.

Mundraub am Familientisch
Eine Woche, zwei Stunden später
Klaus kommt zehn Minuten zu spät, ist außer Atem und fragt, ob ich nicht doch die Montagsstunde auf sechs Uhr abends verlegen könne. Der Chef mache immer Zirkus, wenn er gehen wolle, obwohl er ihm mehrfach gesagt habe, daß er montags um fünf einen Termin habe. Dennoch bittet ihn der

Chef oftmals, mit ihm Privatvisite zu machen. Er will nicht akzeptieren, daß Klaus einen eigenständigen Termin hat. Klaus kann den Vaterkampf wiedererkennen und lokalisieren, aber er ist zur Zeit so verängstigt, daß er mich erneut bittet, den Termin zu verlegen, weil er sich einfach nicht wehren und seine Interessen durchsetzen könne. Ich bleibe aber fest und sage ihm, ich möchte den Termin nicht verlegen, weil ich glaubte, daß der Kampf um den Termin seine Bewährungsfront sei, um die es gehe.

Manche Patienten sind verzweifelt, wenn sich in ihrem Leben eine Szene konstelliert, bei der sie, zunächst hoffnungslos, sich in eine tiefe Wiederholung früherer Verhältnisse geworfen fühlen. Oft sehen sie das Ausmaß der Wiederholung zuerst nicht einmal. Sie sind dann erstaunt, wenn ich sage: »Das hat Ihnen (oder uns) wieder einmal der Weihnachtsmann beschert: Eine Wiederholung, die Ihnen den Ausstieg aus dem Immergleichen anbietet.« *Das Arbeitsbündnis wird auf diese Weise vertieft, indem die neuerliche Verstrickung als eine vom Leben angebotene Chance gesehen wird, das undurchdringlich erscheinende Labyrinth durch einen anderen Ausgang zu verlassen, oder es geradezu umzubauen zu einer wohnlichen Behausung in eigener Regie und eigenem Besitz. Das weckt den Ehrgeiz, auch weil die gemeinsame Diagnose der Wiederholung Art und Umfang der therapeutischen Hilfe klarer erkennen läßt.*

Klaus hat seinen Chef inzwischen wissenschaftlich überholt. Der bestaunt ihn auch, wenn er die Abteilungsleitung mit seinem Organisationstalent besser in der Hand hat als der gerne kongreß- und weltreisende Chef.

Als Klaus dann von zu Hause erzählen will, muß er sich hinlegen. Die Atmosphäre sei wunderbar zu Hause. Aber seine Frau sei ihm total fremd. Auf dieses Paradox waren wir allerdings durch ähnliche Empfindungen vorbereitet. Ich sagte ihm: Da sie sich nahezu vollständig in den Übertragungen gefunden und verfangen hätten, sei die Entdeckung der realen Person hinter den Projektionen und Rollenzuschreibungen wie ein Neuanfang. Sie staunen sich an und sagen: »Was, das bist du? Ich hab doch immer gewußt, du bist das und das! Aber du warst immer wie meine Mutter«, etc. Also: Entzerrung findet statt, konkrete Entdeckung. So haben sie Momente von großem Glück und von großer Befremdung, auch von Angst, daß das Neue wieder verschwindet.

Die Kinder übernehmen inzwischen seine Symptome. Er hatte zeit seines Lebens Probleme mit dem Essen. Er ist gierig und verschlingt meist bei den Mahlzeiten zuviel. Und am Sonntagabend wird er immer depressiv beim Essen. Das war früher zu Hause schon so. Und jetzt hat die Tochter das Symptom: Sie ißt, rennt weg und kotzt.

Er eröffnete übrigens die Stunde damit zu sagen, daß er sehr traurig sei, weil seine Mutter angerufen habe und ihm das Gefühl gab, sie werde bald sterben. Als er von der Situation beim Abendessen berichtet und von der kotzenden Tochter, fange ich plötzlich an, Bäuerchen zu machen, dann regelrecht zu rülpsen und zu gähnen. Er sieht es lachend: »Jetzt kriegst ja du Magenweh!« Damit sind die Eßstörungen und Magenbeschwerden plötzlich in Übertragung und Gegenübertragung präsent. Plötzlich muß er lachen, als ihm ein familiärer Zusammenhang aufgeht: Sein Vater, sein Bruder und er haben ein gleiches Thema: die Furcht, nie genug zu essen zu kriegen! Der Vater konnte dies ungeniert agieren als Familienoberhaupt in immerhin noch hungriger Zeit nach dem Krieg, obwohl die Familie rasch in auskömmlichen Verhältnissen lebte: »Er bekam immer das größte Stück Fleisch, aß zwei bis drei Stunden lang, und die anderen mußten dabeibleiben und zugucken.« Er habe dem Vater diese Position wohl immer geneidet.

Gelegentlich fechte er, Klaus, Kämpfe mit seinem Sohn aus um Wurststückchen am Tisch, worüber er sich hinterher schäme, weil sie ja gar nicht knapp bei Kasse seien. Plötzlich muß ich lachen, obwohl er bedrückt sagt, beim Abendessen, früher zu Hause und jetzt in seiner Familie, herrsche manchmal lähmende Stille. Ich hatte, vermutlich um der Lähmung, die auch mich mit zu erfassen drohte, entgegenzuwirken, die Vorstellung, daß ich, wenn ich dabei säße, sagen könnte: »Jetzt seid doch mal ganz locker!« Die Wirkung meiner voll aus eigener Abwehr kommenden Phantasie ist verblüffend: »Dann würde ein Riesenchaos losgehen«, meint er, und nach dieser Erlaubnis würde er mit großen Armbewegungen alles

Eßbare gierig an sich heranziehen und verteidigen. Darauf muß er unglaublich lachen, so, als habe er eine spannende und lustige Geschichte über einen gierigen Riesen gehört, der zugleich er selbst ist und ein Kind und sein eigener Vater.

(Das Essensthema ist natürlich tief verflochten mit latenter Wut, mit der Gewalt der Rollenverteilung, mit unausgetragenem Streit über die Erziehung der Kinder, mit Übertragungen auf die Kinder, mit den alten, von beiden Partnern mitgeschleppten, Phantasien über die untergründige Aneignung der Kinder durch jeweils einen Partner zur Stärkung der eigenen Position im ehelichen Kampf, soweit er als Ringen um Macht und Einfluß erlebt wird. Außerdem spielte eine voller Scham abgewehrte Identifizierung mit dem gierigen Vater-Patriarchen eine Rolle.)

Wenn seine Frau aggressiv sei, erschrecke er, genieße es aber auch. Sie habe gelegentlich Tobsuchtanfälle. Hinterher sei das wie eine Befreiung. Seine Großmutter väterlicherseits habe ihn vollgestopft und seinen Eltern vorgeworfen, er bekomme nicht genug zu essen, obwohl immer genug zu essen da war. Der Kampf ums Essen und die damit verbundenen Beschuldigungen reichen also mindestens eine Generation zurück, allerdings mit viel tieferen feindlichen Spaltungen der beiden Familien-Clans.

Klaus hat immer gekocht, wenn es etwas Besonderes geben sollte, also meist an den Wochenenden. Alltags tut es seine Frau. Jetzt wünscht er sich, daß einmal vor ihm so richtig alle feinen Speisen aufgehäuft werden, wie früher vor dem Vater. Er schämt sich fürchterlich für diese Phantasie: daß er der King sein will, dem alles dienend hingestellt wird.

Genau darum gehe es auch mit seinem Chef. Der halte die Deckel auf allen Geldtöpfen. Er erweise sich zwar in vielen Dingen als kooperativ, aber um das Geld bescheiße er ihn. In bezug auf den Chef fühle er sich noch so schwach, daß er sich nicht traue zu kämpfen, weil er Angst habe: »Der wird dich doch noch vernichten, wenn du dieses Freßprivileg angreifst.« Die halblegalen Abrechnungsformen mancher Chefärzte mit den halbfreiwilligen Verpflichtungen zu Abgaben an einen Pool für die Mitarbeiter passen exakt in die Struktur der familiären Neurose, erst recht, weil sein Chef auch das, was an

Abgaben und Teilungen vorgeschrieben ist, noch pompös als ein generöses Geschenk verkauft, das Dankbarkeit und Unterordnung verdiene. Aber es dämmert Klaus jetzt, wie die Zusammenhänge liegen.

Ein Stausee von Zuneigung

Sechs Wochen später

Klaus erzählt gleich zu Beginn, er habe ein Problem: Er könne kaum jemandem wirklich in die Augen schauen. Am Vormittag habe er nach dem Frühstück seine Frau angeguckt, ihr für ein paar Sekunden in die Augen geblickt und gemerkt, daß ihm die Tränen kommen. Er sitzt dann in einem Wust von Gefühlen, die ihn wegzuschwemmen drohen und die er nicht mitteilen kann. Auch mir gegenüber hat er einen Blick, an dem ich merke, daß er vor Zuneigung fast überfließt, sie aber nicht äußern kann. Ich spreche aus, daß ja so etwas Ähnliches sich zwischen uns in eben diesem Augenblick abspielen könne. Als er sichtlich um Fassung ringt, frage ich noch, um das Thema besser einzubetten in seine Geschichte, ob es früher überhaupt Äußerungen von Sympathie oder Liebe in der Familie gegeben habe. »Das gab es natürlich nicht.« Ich sage, es sei für ein Kind wichtig, seine Zuneigung (wie seine Wut usw.) ausdrücken zu können, weil es sonst auf zu viel affektiver Energie sitzen bleibt. Man könne sich das wie einen Stau mit desorientierenden Wirkungen vorstellen. Trotz meiner klugen Worte bin ich befangen, weil ich wohl eine starke eigene emotionale Reaktion befürchte, wenn der Schub der Nähe kommt.

Ich denke dabei an eine These von H. F. Searles, der viele psychische Störungen, auch Psychosen, aus dem Nicht-abfließen-können von Affekten erklärt, die ihre expressive Einbindung in Beziehungen verloren oder nie gefunden haben, also eine affekttheoretische statt einer triebmechanischen Erklärung. »Gestaute Libido« müßte dann rückübersetzt werden in »gestaute Gefühle« oder »gestauter Ausdruck von Gefühlen«. Die Erfahrungen des ersten Jahres mit ihm, die strömend-warmen, sehnsüchtigen, nach Verschmelzung heischenden Blicke verursachen einen gewissen »Druck der Liebe«, der mich veranlaßt, das Ventil zu öffnen, obwohl der Ausdruck viel zu technisch klingt: Es

strömt zurückgehaltenes Gefühl und umfließt mich mit Zunei-
gung.
Deshalb meine Befangenheit, an der ich merke, daß ich das
Thema schon eine Weile vor mir her geschoben habe. Dann
frage ich ihn, ob er mir sagen könne, was er für mich empfinde.
Er antwortet, daß ihm das schwerfiele, und er könne mich in
diesem Moment schon nicht mehr anschauen. Aber es gehe
wohl in Richtung seines väterlichen Freundes und erfahrenen
Kollegen in England, bei dem er einige Zeit das Operieren
gelernt habe und der ein paar Jahre älter sei als er. Diese Begegnung war für ihn eine Lebenswende: nicht nur, weil er sich
mit der Wahl dieses Lehrmeisters der väterlichen Karrierepla-
nung entzogen hatte – der Vater wollte ihn nach Amerika
schicken –, sondern weil sie ihn mit Methoden vertraut
machte, die die psychischen wie physiologischen Bewegungs-
und Reaktionsgesetze des Körpers einbezog. Mit ihm verbin-
det ihn noch heute jene glückliche Mischung aus Liebe und
Bewunderung, die mit Förderung für ihn verbunden war, die
zu Höchstleistungen stimulieren kann. *(Als er seine Beziehung*
zu mir in diesen Vergleich kleidet, merke ich, wie intensiv seine
Gefühle sind. Deshalb belasse ich es dabei, mit einem Gefühl
dankbarer Andacht, ohne ihm um weitere Worte zu bitten, ob-
wohl die genaue Bezeichnung bei anderen Patienten gerade eine
wichtige Erhellung wie ein wichtiges Bekenntnis sein kann.)
Um ihm die Situation zu erleichtern, sage ich sogar, in der
Absicht, von dem Höhepunkt verdichteten Fühlens wieder in
lebbare Zonen der Interaktion herunterzusteigen: Manchmal
mache es die Situation einfacher, wenn man spüre, daß der
Andere, den man schätzt, in der Nähe sei.
Dies ist auch ein Angebot, die Nähe auf Berührung auszuweiten. Er weiß, daß er selbst dosieren kann, wieviel er davon
braucht, ist eher erleichtert, wenn ich sie anbiete, weil angesichts seiner Geschichte schon das Fragen nach Berührung
durch ein Gelände demütigender Abhängigkeit und Vergeblichkeit führt. Er ist sofort bereit, legt sich seitlich auf die
Couch, und wir sitzen Kreuz an Kreuz. Diesen *idealväterlichen*
Rückhalt haben wir schon einige Male erlebt, er ist meist
mit intensiven seelischem und körperlichem Empfinden verbunden.

Diesmal geht es, in Fortsetzung der Szenen im Sitzen, um eine Art Liebesgeständnis, das in der Berührung viel leichter zu vollziehen ist. Nach etwa fünfzehn Minuten, in denen er angelehnt noch einiges erzählt, will er sich umdrehen und meine Knie umfassen. Es ist ein langer Augenblick sehr großer Nähe. Er versucht vorsichtig, Sätze zu formulieren: Seit längerem habe er das Gefühl, er hoffe, später mit mir befreundet zu sein. Er bekommt zunehmend Schnupfen in der Stunde – es ist seine Form des Weinens durch die Nase. Er spricht von seiner Riesenfreude über deutliche Zeichen eines Rufes als Abteilungsleiter an eine auswärtige Klinik. Er zittert vor Stolz und Begeisterung und schämt sich gleichzeitig über das Ausmaß der Freude. Wir sprechen kurz darüber, warum es für ihn so schwer ist, diese Gefühle zu äußern. Zu Hause wurde über Gefühle nicht gesprochen. Er habe Angst gehabt, lächerlich gemacht zu werden, wenn er so stark fühlte, vor allem, wenn es sich um Zuneigung, Freude oder gar Begeisterung handelte. Und diese Gefühle wurden benutzt, um ihn zum Gehorsam zu zwingen: Wenn du mich magst, dann sei so und so.

Ich sage ihm, ich würde ihn nicht festnageln, binden oder zu etwas drängen wollen, wenn er jetzt starke Gefühle zu mir hätte und sie zeigte. Ich würde sie dankbar akzeptieren, aber ihn nicht auf etwas verpflichten. Sie seien eine kostbare Leihgabe für mich. Er strahlt, zuerst mit verstecktem, dann mit kindhaft offenem Gesicht: »Ich finde dich einfach toll!« Da er für mein Gefühl den Ausdruck von so viel Zuneigung dann rasch abbrechen möchte, trage ich noch einen Satz bei, der mir in der Szene, die mich tief berührt, durch den Kopf gegangen ist, und den ich ihm quasi in den Mund lege: »Ich bin froh, daß ich dich gefunden habe.« Das sagt er mir schwerem Atem nach, aber auch mit aufblühendem Gesicht. Wir haben beide das Gefühl: Endlich ist es heraus, und die Liebeserklärung war keine Katastrophe, sondern eine Erleichterung und ein Gewinn an Nähe und Vertrauen. Er zieht ganz zufrieden ab.

Der Bruder in der Verbannung
Drei Tage später

Nach dem Wochenende kommt er wieder, setzt sich auf den Stuhl und erzählt von zu Hause. Seit der letzten Stunde am

Freitag habe er einen intensiven Schnupfen gehabt. Wir wissen, ohne es auszusprechen, daß dies seine Weise von Liebe und Weinen ist. Er berichtet von einer erheblichen Verstimmung mit seiner Frau, die aber für beide nachträglich verstehbar wurde: Er sei nach Hause gekommen und seine Frau sei mit den Kindern beim Lernen gesessen. Beim anschließenden Essen sei er, wie so oft, »abgesackt«, während der Mahlzeit aufgestanden, weil ihm vor Stummheit fast schlecht geworden sei. Er habe gesagt, er könne nicht mehr und sei nach oben gegangen, um zu lesen. Da habe er von oben gehört, wie die anderen später weitergelernt und gelacht und gescherzt hätten. Da wurde ihm noch einmal elend, weil er sich ausgeschlossen fühlte. Ich frage ihn, wodurch früher die Gefühle des Ausgeschlossenseins gegenüber den Eltern und dem Bruder, der in ein Internat gesteckt wurde, geprägt waren. Er sei früher, nach dessen strafweiser Entfernung oder besser Verbannung nachts immer heimlich ins verwaiste Bett des Bruders geschlichen und habe dort weitergeschlafen – vor Sehnsucht. Und die Mutter habe ihn morgens immer ausgeschimpft, weil das Bett nicht bezogen war. Oft sei er am Morgen aufgewacht und habe auf dem Teppich gelegen, weil er aus dem offenen Bett des Bruders gefallen sei. Seines war damals wohl noch »vergittert«. Am Schluß der Stunde schlage ich ihm vor, »aus dem Bett des Bruders zu fallen«. Ich sitze zuerst eine Weile daneben und signalisiere in der Rolle des idealen Vaters, daß ich seine Sehnsucht und seine Identifizierung mit dem entfernten Bruder spüre und annehme. Als er dann versucht herauszufallen, halte ich ihn relativ fest und bewahre ihn vor dem Fall. Der Bruder galt als abgeschrieben, und auch die Mutter mußte, im Auftrag des Vaters, diese Zeichen seiner Nähe zum Bruder unterbinden. Deshalb blieb wohl auch das Bett unbezogen. Während aller Berichte über die Verbannung des Bruders wurde bisher spürbar, daß sich zwischen ihm und dem Vater, oder umgekehrt, Vorgänge von archaischer Brutalität, Fremdheit und verzweifelten Machtkämpfen abgespielt haben müssen. Ein Teil der Einschüchterung von Klaus hängt unmittelbar mit diesem jahrelangen Erleben einer langsamen Zerstörung des Bruders zusammen, der bis heute beruflich und familiär nicht auf einen grünen Zweig zu kommen scheint.

Und nun taucht beim Thema Zuneigung plötzlich dieses Ausmaß von Bindung, Sehnsucht und Liebe zum Bruder auf, dessen leeres und abgezogenes Bett er heimlich aufsucht und oft Strafe dafür in Kauf nimmt. Oder er bestraft sich selbst, indem er aus dem Bett fällt. Und er mußte leiden unter dem Verbot der Liebe zum verbannten Bruder, also auch hier ein Stau der Gefühle, die gar nicht mehr erlebt werden durften.

Die Ambivalenz, den Triumph des überlebenden kleinen Bruders, die Schuldgefühle, die Angst vor der Feindschaft spreche ich in dieser Phase noch nicht an. Aber es wird bald deutlich, daß es in Klaus' Leben ein Thema des Überholens, den Triumph des erfolgreichen Nachgeborenen gibt, der freilich um einen hohen Preis einen Platz einnimmt, auf dem ein älterer Rivale in einem grausamen Ritual beseitigt worden ist.

Sobald wir wieder auf die nicht ausgedrückten Gefühle und auf den Schnupfen zu sprechen kommen, fängt Klaus intensiv an, sich die Augen zu reiben und dann das ganze Gesicht, als brenne alles. Ich sage, obwohl wir wüßten, daß sein Vater schrecklich sein konnte, zu ihm wie zum Bruder, könne ein Kind ja gar nicht anders, als seinen Vater auch zu lieben, trotz Angst und Terror, Haß und Mißtrauen. Er habe sich sicher oft danach gesehnt, der Vater käme abends einmal zu ihm ans Bett. Darauf sagt er spontan, es sei nie jemand ans Bett gekommen. Der Vater habe dies, in seiner militärisch-autoritären Haltung, auch der Mutter untersagt, weil das den Jungen verweichliche. Heute meint Klaus, daß das auch mit der immer wachen Eifersucht des Vaters zusammenhing.

Er wird traurig, aber auch sehr wütend, abwechselnd. Er macht mir vor, wie er früher als Kind im Bett auf Kopf und Knien hin und her geruckt sei und vor Wut geweint habe – über Jahre. Inzwischen liegt er auf dem Rücken, mit meiner Hand auf seiner Brust. Ich lasse ihn zum Vater sagen, daß er ihn trotz allem sehr gemocht habe und Zeichen der Zuneigung sehr vermißte. Das kommt relativ qualvoll, aber deutlich fühlbar heraus. Er fürchtet noch immer, sich dem Vater durch ein Geständnis der Zuneigung erneut und viel tiefer zu unterwerfen. Dann wendet er sich wieder mir zu.

Als die Stirn, an der er sich immer wieder kratzt, Thema wird, schlage ich vor, mit der Stirn Kontakt mit mir aufzunehmen. Er drückt sie gegen mein Bein, zunächst stark, aber als er die weiche Festigkeit spürt, drückt er nicht mehr, sondern lehnt sich nur noch an. Dann fängt die Nase heftig an zu jucken, er reibt sie kräftig, fast brutal an mir, weil sich die gestaute Intensität der Zuneigung zu einer väterlichen Person wie an einer einzigen Körperstelle konzentriert. Dann sieht es so aus, als wolle er sein Gesicht in mir vergraben. Er drückt seinen Kopf sehr fest in meinen Bauch und wird von einer Serie von Niesanfällen geschüttelt, die laut und elementar sind. Es ist wie ein Sturm aus dem Organismus durch die Nase.

Als er davon erzählt, wie er abends im Bett alleine hin- und hergeruckt sei, kommen wir auch an seine enormen Größenphantasien, denen er sich zum Trost in der Einsamkeit und Wut überließ. Es sind Rache- und Heldenphantasien, denen er auch gelegentlich am Tag nachhing, wo er alles in der Welt steuerte, manchmal zerstörte, manchmal auch als großer Reformer in Politik oder Wissenschaft auftrat.

Den Vater übertreffen
Drei Wochen später, nach der Osterpause
Klaus hatte dringend um eine Stunde vor seiner Abreise zum Vorbereiten seines »Vorsingens« bei der Bewerbung gebeten, die mit einer Probeoperation verbunden sei. Er kommt morgens um 7.30. Er sagt, er habe wieder Krach mit seinem Chef. Er würde am liebsten alles hinschmeißen. Er fürchtet auch, daß der Chef ihm seine Aussicht auf die neue Stelle kaputtmachen könnte. Er kommt von selbst darauf, daß der neuerliche Krach mit dem Chef ausgelöst worden war, weil sein Vater zur Kommunion des Sohnes zu Besuch bei ihnen war. Dadurch seien die Gefühle gegen den Chef wieder aufgeheizt worden, auf den er vieles, was ursprünglich dem Vater galt, überträgt.

Es ist in manchen Fällen sogar erstaunlich, in welchem Ausmaß die Neuauflage einer Elternbeziehung in neuen sozialen Konstellationen die Summe der Affekte auf sich zieht. Eine mögliche Erklärung, neben der Dynamik der Übertragungsverschiebung aufgrund der Wiederholung von Besetzungen sind die

zusätzlichen Funktionen der Verschiebung: ein Teil des Unbe-
wußten will nicht nur die Schonung der Eltern, sondern auch
die »Befreiung« von der demütigenden Bindungsform, die dann
auf andere übertragen wird. Die erneute Inszenierung weckt
dann leicht den Eindruck, die Ablösung von den Eltern sei be-
reits geglückt. Der Eindruck kommt dadurch zustande, daß
Bindungspotentiale nicht durch Reifung »erledigt«, sondern nur
stillgelegt und abgespalten werden. Sie den Eltern erneut »anzu-
hängen«, wäre befremdlich, da die Beziehung zu ihnen im
Zusammenleben sich partiell weiterentwickelt. Deshalb kann es
bei der Arbeit mit Rollenspiel vorkommen, wenn man eine mas-
sive offensichtliche Übertragungsbeziehung etwa zu einem Chef
rückbeziehen will auf die Ursprungsbeziehung zu den Eltern,
daß sich diese beinahe als affektneutral erweisen. Im Falle von
Klaus ist der Austausch der Affektquanten noch im Gange: die
Beziehung zu Vater und Chef können sich gegenseitig aufladen,
aber auch Potentiale aneinander abtreten.

Alles fühle sich wie tot an und nichts sei greifbar. Es sind sozusagen *berufliche Mordphantasien* zwischen ihm und seinem
Chef vorhanden. Ich habe aber das Gefühl, daß irgend etwas
nicht stimmt. Wir reden wie immer, aber ich fühle mich hilflos.
Ich frage ihn, was ihn denn bewege, wenn er in die weit ent-
fernte Stadt fahre. Es kommt heraus, daß er sich vom Vater
und den Eltern nie als er selbst gesehen fühlte, weder als Schüler, noch als Sportler, noch im Studium. Er habe den Eindruck, er sei weder wahrgenommen noch akzeptiert worden,
sondern mußte nur immer Bedingungen erfüllen, Wunschfrag-
mente des Vaters nach Leistung oder Selbstaspekte der Mutter
darstellen.
Er formuliert dann sehr vorsichtig und mit zitternder Stimme,
was die erhoffte neue Stelle für ihn bedeute. Er sei sehr aufge-
regt.
Das Voroperieren macht er ganz alleine ohne seine eigenen
vertrauten Mitarbeiter. Er kann nur sagen, daß sowohl sein
relativ junges Alter wie der Ruf der Klinik ihn unter einen
gewissen Druck setzten, außerdem die Tatsache, daß er dort
wegen einer neuen Operationstechnik als Pionier gehandelt
werde; aber sein Chef sehe das nicht, auch nicht, welches Ri-

siko er eingehe, weil an jener Klinik vorzuoperieren etwas absolut Ungewöhnliches sei. Als ich das kapiert habe und er sich verstanden fühlt, nachdem ich es nochmals formuliert hatte: daß er auch Angst habe, vor der Prüfung, der Aufregung, auch Angst vor seinen Größenphantasien, da überfällt ihn sein Halbsekundenweinen wieder. Sein Gesichtsausdruck verändert sich. Ich sage ihm: »Ich werde an dich denken« und frage, ob er das wolle und ob er sich gesehen fühle. Das bringt eine totale Entspannung. Ich bin ein schauender und mitfühlender Zeuge, der ihn über ein paar hundert Kilometer weg bei seinem aufwühlenden Auftritt begleitet und seine Aufregung mit einer »Ichhülle« umgibt.

Für die letzten zehn Minuten nach dieser auch anstrengenden Suche nach seinen Gefühlen frage ich, ob er sich noch einmal hinlegen und auftanken wolle. Er meint, darauf habe er eigentlich die ganze Zeit gewartet und sich gesehnt, aber weil es so früh am Morgen sei, hätte er sich nicht getraut, um etwas so Regressives, in gewissem Sinne »Abendliches« zu bitten. Als er sich hinlegt mit meiner Hand auf seiner Brust, folgt ein ganz tiefes Abschlaffen. Ich spüre sein Herz klopfen, seinen Atem und das Schluckweinen. Es ist eine Empfindung, als habe er sich inmitten der Aufregung, ja der Qual auf der Welt neu verankert. Er geht völlig ruhig weg. Mir bleibt das Gefühl, daß ich ihn wie durch einen Zufall gefunden hatte bei ganz wichtigen, verborgenen Emotionen. Er hat im Grunde die Angst, er verbreite Zerstörung, wenn er seine Talente ausschöpft und zeigt, oder er werde bestraft. Der *ideale Vater* vermittelt ihm durch das Erkennen und Validieren seiner Ängste wie seiner Freude und seines Stolzes ein Gefühl für die Berechtigung seiner Bewerbung wie seiner Selbsteinschätzung.

Der Vater scheint ihm bisher nicht verziehen zu haben, daß Klaus es weitergebracht hat als er. Wenn er, was selten ist, zu Hause ist zu Besuch, plagt ihn der Vater mit Wissen aus uralten Lehrbüchern und schwärmt von den großen Kapazitäten seiner damaligen Lehrer. »Er will immer alles besser wissen.« Das führt dazu, daß die Größenphantasien wie auch die realistischeren Teile seiner Selbsteinschätzung und seines Ehrgeizes so abgespalten sind, daß sie wie ein Fesselballon wirken, von dem er nie weiß, wann er ihn vom Boden abhebt. (Erst bei der gemeinsamen Durchsicht dieses Textes erzählt mir Klaus, daß sein Vater eine akademische Karriere erwog und dazu auch von Professoren ermutigt wurde. Es habe ihm aber, seiner familiären Herkunft wegen, an Motivation und an Sicherheit gefehlt. Dieser Bruch von Hoffnungen im Leben des Vaters erklärt aber auch, warum er einerseits viel tut, um dem Sohn diesen Weg zu ermöglichen, sich andererseits schroff abwendet, als der nicht dem vom Vater vorgeplanten Weg folgt und sich nicht als seine verspätete oder um eine Generation verschobene Selbstverwirklichung von seinen Gnaden erweist. Der Vater gratuliert ihm weder zu seiner Habilitation noch erscheint er zu seiner Antrittsvorlesung noch schickt er einen Glückwunsch zu seiner späteren Ernennung zum Chefarzt. Die Kränkung des Vaters verwandelt seine frühere Identifikation mit dem Sohn in das Erleben einer beruflichen Vernichtung durch dessen Erfolg).

Ein Ausflug in die Freiheit
Drei Wochen später

Klaus kommt herein und sagt: »So, da bin ich. Du weißt ja nicht, woher ich komme. Ich bin weit weg gewesen.« Er war zum Wochenende zu einem Kongreß gefahren. Dort wurde es ihm langweilig, aber er hatte auch keine Lust, nach Hause zurückzukehren. Da ist er mit drei Freunden an einen italienischen See gefahren zum Surfen. Er habe weder zu Hause noch in der Klinik Bescheid gesagt. Er habe nur am Montag früh ohne weiteren Kommentar in der Klinik angerufen, er könne nicht kommen, er sei weit weg, zum ersten Mal in seinem Leben. Die mitfahrenden befreundeten Kollegen seien im Hintergrund hilfreich gewesen, unterstützend, ermutigend. Allein hätte er es nicht geschafft.

Dann ist er schon den Tränen nahe. Er sei sich zeitweise völlig gespalten vorgekommen: Schuldgefühle, Strafängste, immer wieder sei er schon mit der Hand am Hörer gewesen, um zu Hause anzurufen – was er dann aber nicht getan habe. Er sei völlig gespalten in seiner Existenz zwischen dem seelischen Zustand, den er dort in Italien (dem Jungmädchen-Land der Mutter) entdeckt habe, und dem Leben, das er zu Hause führe. Ich frage nach dem Lebensgefühl in Italien, und er sagte: »Das ist der Klaus, der abhaut und nicht der Kontrolle zu Hause unterliegt.« Er sei immer schwer gestraft worden für Zeitüberschreitungen. Er war früher schon mit »Kumpeln« in Discos, aber er fühlte sich seelisch allein dabei. Jetzt spürte er die verschworene Nähe von Freunden, die ihn trug.

Dann fängt er an zu weinen, ohne die plötzlichen Abbrüche, und immer wieder scheint es das erste Mal. Er sagt auch, er habe immer wieder auf der ganzen Reise hemmungslos geheult. Das müsse mit der letzten Gruppensitzung zusammenhängen. Er wisse aber nicht mehr, was dort gewesen sei. Da erinnere ich ihn daran, daß eine Begegnung mit der tiefen Hoffnungslosigkeit seiner Jugend das zentrale Thema gewesen sei. Darauf fängt er wieder an zu schluchzen und muß sich hinlegen.

Sobald er liegt, sagt er, jetzt breche ihm wieder fast das Kreuz vor Schmerz. Er hat öfter das Gefühl, sein Kreuz sei nach innen durchgebogen, wie überlastet und verkrümmt. Er bittet mich, meine Hand daraufzulegen, dreht sich dazu auf den Bauch. Er bekommt plötzlich Hungergefühle. Das geht alles sehr rasch, er durcheilt verschiedene Körperempfindungen, so daß ich mit meinen Bildern, mit einem ruhigen Hinhören und Hinschauen kaum nachkomme. Ich habe aber den Vaterkonflikt im Hinterkopf, das Thema Strafe, das Abhauen, die Schuldgefühle, die Angst beim Zuspät-Kommen, und frage nach den Strafen für früheren Ungehorsam. Es sei vor allem Einsperren mit Essensentzug gewesen, sagt er ohne Zögern. Und der Bauchnabel tue ihm jetzt weh. Also: Er sei wochenlang mit Essensentzug und mit Stubenarrest bestraft worden. Ich erinnere daran, daß er im Alter von drei Wochen eine Nabelentzündung hatte, an der er fast gestorben wäre. Der Vater mußte blind gewesen sein. *Erst im letzten Moment, so erzählt Klaus immer wieder*, zog er eine befreundete Kollegin zu Rate, um, wie er Klaus später selbst erzählte, einen Zeugen zu haben, *daß er ihn nicht umgebracht habe als Säugling*. Der Vater muß sich also der durch ihn verschuldeten Todesnähe des Kindes nahezu voll bewußt gewesen sein. Klaus kommt immer wieder auf diese Geschichte zurück wie auf eine Variante der Ödipussage, die ihn in den ersten Lebenswochen fast hätte sterben lassen.

Klaus lebt mit dem Gefühl, sein Vater hätte ihn fast verrecken lassen. Ich biete ihm als Deutung an, es könne sein, daß sein Sich-Abnabeln und Loslösen die Bauch- oder Nabelschmerzen wieder hervorrufe, als Symbol einer unerträglichen Trennung von der Mutter und einer damit verbundenen Lebensgefahr durch die Krankheit. Daraufhin fängt er wieder an zu weinen. Ja, sein Abhauen sei ja eine Art Abseilen oder Abnabeln gewesen. Er habe, inmitten des Hochgenusses, Höllenqualen wegen der befürchteten Folgen ausgestanden.

Ich sage ihm, im Kreuz hätte er statt der stützenden väterlichen Hand das väterliche Korsett der Kontrolle gehabt. Dabei habe sich sein eigenes haltendes Kreuz gar nicht voll ausgebildet als verläßliches Körpergefühl, sondern da sei immer die Eisenklammer der Kontrolle und der erzwungenen Haltung anstelle der Autonomie gewesen. Das alles ergibt viel Sinn für ihn. Seine Emanzipationsversuche haben nicht nur Strafe nach sich gezogen, sondern sie waren immer gleich eine Familienkatastrophe, an der auch die Mutter und der Bruder mitzuleiden hatten. (Ich gebe also Deutungen in Form von »psychosomatischen« Bildern, die ihm aber angesichts seiner vorwiegend somatisch erlebten Affekt-»Landschaft« in und auf dem Körper viel bedeuten.)

Dann bringt er noch einmal entsetzliche Details aus der Familie: die Großmutter väterlicherseits habe den Vater nach einem Krach nie mehr besucht, obwohl sie nur 500 Meter weit weg wohnte. Es gab also eine täglich spürbare Spaltung im Clan, und dies, obwohl Klaus die Großmutter mochte. Dann erinnert er sich, daß der Vater, noch als er studierte, mit Mordabsichten und Pistole ins Haus des Bruders gegangen war. Der Vater habe auch später immer die Pistole im Nachttisch liegen gehabt. (Bei der Besprechung des Textes ergänzt Klaus als Grund für den Haß: der Bruder des Vaters habe den Vater verdächtigt, den Großvater umgebracht zu haben.)

Die Großmutter väterlicherseits sei eine sehr hilfreiche Person gewesen. Sie habe eine Metzgerei geführt und ihn immer gefragt, ob er zu Hause auch genug zu essen bekomme, worüber er immer erstaunt gewesen sei. Denn es habe nur zu Strafzeiten nichts zu essen gegeben. Sonst sei das Essen eher ein Vollstopfen gewesen. Aber die Großmutter muß irgendwie gespürt haben, daß es eine untergründige, verborgene Familiengeschichte gab in Zusammenhang mit dem Essen, der Gier des Vaters und dem Essensentzug als Strafe. Als er das erzählt, kommen ihm die Tränen, weil die Großmutter etwas geahnt hatte, aber mit den Eltern so verfeindet war, daß sie nicht mehr ins Haus kam.

Das Weinen kommt aus dem Gefühl, wie schmerzhaft es war, in der Großmutter eine ahnungsvolle Zeugin zu haben, deren Einfühlung aber nichts nützte, weil sie gemieden wurde oder selbst die Familie mied, und weil er sich auf ihr Wissen nicht berufen konnte. Er war viel zu verängstigt oder zu loyal, um dort wirklich zu klagen oder auch nur ein Zeichen seines Elends zu geben. Daß die Großmutter trotzdem etwas fühlte, aber nichts tun konnte, berührt ihn tief, mit einem Gefühl für eine tragische Hilflosigkeit aller Menschen in seiner Umgebung, die »wissend verstrickt« waren, ohne sich befreien oder selbständig werden zu können.

Am Wochenende habe er sich sehr symbiotisch angebunden gefühlt an Frau und Kinder. Aber die Hälfte seiner Person sei wie weg gewesen, wie ein anderer Mensch. Und er wisse nicht, wie das zusammenhänge.

Nach einer Weile dreht er sich auf den Bauch und wir können beginnen, das vorher Gesagte zu integrieren. Und je mehr er versteht, desto mehr, sagt er, gehen die Kreuzschmerzen zurück. Sein Rücken werde ganz warm an der Stelle, wo ich ihn angefaßt hatte, obwohl meine Hand gar nicht mehr da war.

Zum Schluß versuchen wir noch, gemeinsam die Heimkehr zu seiner Familie vorauszuphantasieren (er war ja direkt vom italienischen Ausflug zu mir in die Stunde gekommen). Es geht darum, ob er das Gute dieses Ausbruchs für sich festhalten könne, oder ob es zu Hause eine Heimkehrkatastrophe geben werde. Er sagt, er habe vom Stadtrand Freiburgs schon nach Hause telefoniert: Sie hätten sein mehrtägiges Verschwinden, das er nur vage mitgeteilt hatte, ohne Katastrophe überstanden.

Wir sprechen noch darüber, daß seine Frau die Exkursion mit der Zeit verstehen werde. Ich schlage vor, daß er seine Frau in eine Kneipe einlädt und ihr dort ausführlich berichtet, weil zu Hause in der oft verhangenen Atmosphäre die Wucht der Wiederholung ihn oder beide treffen könnte. Dieser Gedanke erleichtert ihn sehr. Er geht sehr munter davon. Er sagt vorher noch, das ganze Thema kreise um Unabhängigkeit. Ich stutze kurz und sage ihm, daß, wenn er das so seiner Frau erkläre, sie diesen Begriff vielleicht für gefährlich halte, weil sie meinen könnte, so also (als Serie von Fluchten) sehe bei ihm in Zukunft eine größere Unabhängigkeit aus. Und sie werde womöglich in Panik geraten. *(Ich nenne seine Flucht oder Exkursion dann ein Stück Counterdependence, Gegenabhängigkeit, und erkläre ihm den Inhalt des Ausdrucks: ein mögliches Handeln um der Auflehnung willen, das immer noch von der Abhängigkeit geprägt sei, aber als ein Beweis gegen diese dienen solle. Wir kommen überein, daß der Begriff nicht ganz trägt, weil er es ja nicht gewohnheitsmäßig tue, im Gegenteil. Es sei ja ein erster Ausbruchsversuch gewesen aus seiner früh andressierten, von Angst getragenen Pünktlichkeit, der ihm auch neue Lebensmöglichkeiten erschlossen habe.)*

Darauf fängt er wieder an zu weinen, weil er sich verstanden fühlt, und weil ich meine These unter seinem vorsichtigen Widerspruch revidiere und mich entschuldige. Deshalb frage ich ihn noch, wie er mit dem Ausbruchserlebnis umgehen werde, und wie er es selbst einordne, soweit das jetzt schon zugänglich sei. Da sagt er rotzfrech, jungenhaft und strahlend: »Wieder machen!«, als habe er es so scheu genossen, daß er den vollen Genuß erst in der Wiederholung erfahren könnte.

Individuation als Weg aus der Verstrickung

Drei Tage und sieben Tage später, zusammengefaßt.

Klaus erzählt, er fühle sich wieder sehr verstrickt mit seiner Frau, und es gehe ihm nicht gut. Es gebe große Schwankungen in seiner Stimmung. Ich habe den Eindruck, die beiden leben in ihrem Reihenhaus so verbacken und verkämpft, daß ich frage, wie es wäre, wenn er auszöge und sich ein Zimmer nähme oder eine kleine Wohnung. Er bestätigt, daß er seit langem immer wieder darüber nachdenke: »Diese Idee hat eine lange Geschichte«, aber er könne es nicht tun wegen der Kinder und wegen der Klinik. In der Klinik wäre er unfähig, den Auszug zu begründen und Auskünfte über den Stand seiner Ehe zu geben. Die würden sofort denken, er lasse sich bald scheiden. Neben einigen möglichen realen Unannehmlichkeiten oder Rückfragen dort spüre ich vor allem, wie sehr er unter dem Bann der Frage einer christlichen Kleinstadt aus den fünfziger oder sechziger Jahren steht: »Was würden die Nachbarn denken!« Die würden denken, sagt er spontan, er wolle sich scheiden lassen, und Scheidung sei unmöglich, das letzte! Und die Kinder würden Angst haben, daß die Familie zerbricht. *(Bei der Nachbesprechung Jahre später bestätigt mir Klaus, er hätte die Chefarztstelle sicher nicht bekommen, wenn eine Scheidung bekannt gewesen wäre. Er nennt mich naiv, was die Härte der schein- oder doppelmoralischen Bräuche in diesen Kreisen angehe. Es ist eines der vielen Beispiele in seinem Leben, in der die analytische Trennung von neurotischen und realistischen Befürchtungen fast unmöglich ist, man könnte auch sagen, von individueller und gesellschaftlicher Neurose.)*

Ich empfinde die Folgen einer vorübergehenden Trennung aber als das geringere Problem gegenüber der täglichen Quälerei, vor allem, weil beide Partner ja um die Ehe kämpfen. Das müsse ja, so sage ich, auch den Kindern zu vermitteln sein angesichts der manchmal unerträglichen Stimmung, die die Kinder auch ansprächen. Dann kommen wir auf die untergründigen Zusammenhänge: daß über Generationen in der Familie die Konventionen das einzig Rettende waren angesichts von unüberbrückbaren, ja mörderischen Konflikten. Schon Eltern und Großeltern hatten eine Fassade zu wahren, besonders als Kleinstadthonoratioren. Der Großvater, und der wird wohl als abschreckendes Beispiel im Großclan gehandelt, ist immer wieder ins Hotel gezogen, wenn er es zu Hause unerträglich fand.

In der Ehe seiner Eltern gab es durchaus Scheidungsabsichten, wie ihm die Mutter einmal erzählte. Klaus wurde ebenfalls berichtet, daß der Vater bereits seinen älteren Bruder gefragt hatte, zu wem er wolle. Also: die Familie war mehrfach bedroht durch Auflösung, doch es wurde keiner der Konflikte je offen ausgetragen, und sie durften vor allem nicht nach außen durchscheinen. Deshalb ist die Konvention übermächtig als

Sicherung des Scheins, und Klaus fühlt sich noch ganz im Banne dieses Clangesetzes.

Wir phantasieren, wie man mit den Kindern über einen vorübergehenden Auszug sprechen könnte. Die Konvention schützt auch vor der ganz subjektiven, innerseelischen Angst, innerlich auseinanderzufallen. Ich frage ihn, was er denn »innerlich« befürchte, wenn er auszöge. Er gesteht zögernd, er habe noch nie allein gelebt. Er fürchte, daß er schon acht Tage später eine Freundin dorthin einlade, oder daß er wieder anfange zu saufen. Dabei wird deutlich, daß bei ihm wie bei seiner Frau elementare Individuationsschritte noch nicht geleistet sind. Trennungs- und Zerfallsängste verhindern eine entlastende Regelung, die Kräfte für eine wirkliche Auseinandersetzung freisetzen könnte.

Meine Haltung zum vorübergehenden Auszug aus dem täglichen Nahkampf ist zum Teil geprägt durch Erfahrungen aus Paarberatungen. Die Struktur einer solchen verstrickten Beziehung ist eingeflossen in meinen kleinen »psychosomatischen« Roman »Stufen der Nähe«, der aber ganz anders endet als die in manchen Passagen zugrundeliegende Beziehung. Ich habe mir damals lange Zeit übelgenommen, daß ich nicht viel stärker auf einer vorübergehenden Einflechtung und partiellen (räumlichen) Trennung insistiert habe, um zu verhindern, daß sich die Partner in ihrer Stacheldrahtbindung regelrecht zerfleischen. Die traurige Dialektik ist manchmal die, daß eine auch nur geringe räumliche Trennung (also etwa ein Zimmer oder eine kleine Wohnung für einen der Partner in der Nähe) vom stärker symbiotisch verstrickten Partner als die endgültige Trennungskatastrophe vorauserlitten und deshalb verhindert wird, wodurch die endgültige Trennung um so sicherer erfolgt.

Klaus strebt an diesem Freitagabend immer wieder auf die Couch, wird müde, reibt die Augen, sackt im Sessel zusammen. Und ich benenne zum ersten Mal das Thema Individuation, das wir als roten Faden mal festhalten sollten. Dabei bleibt er aber sitzen, erlebt mich »ein bißchen als streng«, wie jemand, der ihn konfrontiert, statt ihn zu trösten oder aufzufangen. Am Schluß findet er es doch ganz gut.

Der Auftrag, ein Goldkind zu sein

Drei Tage später

Heute legt er sich erst in den letzten zehn Minuten hin, folgt meinem Vorschlag. Das Wochenende sei zum Teil sehr gut gewesen, weil er mit den Kindern etwas unternommen habe. Seine Frau sei zu Hause geblieben. Er habe mit seiner Mutter telefoniert, am Muttertag, und gemerkt, wie sehr sie mit ihm flirte. Dazu habe der Alte im Hintergrund gebrummt.

Wir sprechen noch einmal über die Alternativen der Mutter zu ihrer düsteren Ehe, die Klaus in dieser Phase als ein vom Vater verschuldetes Unglück erlebt. Vor der Ehe habe ein weltläufiger Italiener sehr um die Mutter geworben. Von ihm habe er das Bild eines großen, schönen Mannes, vielleicht eines Diplomaten, im Hintergrund seine Familiengeschichte. Er ist sich nicht ganz sicher, ob er je ein Bild von ihm gesehen hat, oder ob seine Vorstellung aus Erzählungen der Mutter stammt. Dieser Mann sei nach seiner Geburt noch einmal gekommen, und die Haushälterin habe zu seiner Mutter wörtlich gesagt: »Da haben Sie eine falsche Entscheidung getroffen.« Es gibt also in Gestalt des jahrelangen Kindermädchens (die Bezeichnung schwankt zwischen Haushälterin und Kindermädchen, je nach Stimmung und Perspektive), das angesichts der Ganztagstätigkeit der Mutter in der Praxis seine zweite Mutter ist, die Tagesmutter, eine lebende Zeugin für den Traummann der Mutter und damit auch eine Person, die stumm und mitleidig-achselzuckend über Jahre hin die reale Ehe begleitet. Dann sprechen wir noch einmal von den Scheidungsplänen der Eltern, die wohl abwechselnd in den Köpfen spukten und sogar in vorbereitenden Handlungen der beiden zum Ausdruck kam, etwa als Konsultation von Anwälten.

Nach einer Pause, in der er mich betrachtet, reagiert er dann sehr stark auf meine Erschöpfung. Er sagt, er habe Mitleid mit mir. Ich bestätige ihm auch, an dem Tag mehr gearbeitet zu haben als sonst. Aber das Mitleid sei nicht alles. Er müsse dann auch zurückstehen, wenn ich erschöpft sei. Das knüpft sicher an die häufige abendliche Erschöpfung der Mutter an, die dann von ihm im Grunde Aufheiterung und Entspannung ersehnt, jedenfalls die Rolle eines Goldkindes, das ihr Freude macht. Seine ersten beiden Lebensjahre müssen zudem überschattet sein von dem Gefühl, daß die Ehe der Mutter mit ihrem Mann die falsche sei; seine Geburt hatte die Verbindung zum endgültigen Schicksal gemacht. Die schweren Verhaltensstörungen des Bruders, oder vielmehr der Erziehungsterror des Vaters, sind vielleicht auch Ausdruck des Klimas der Jahre vor seiner Geburt.

Am Wochenende sei es mit seiner Frau ganz gutgegangen. Aber dann sei er ein bißchen unfreundlich gewesen bei einer Auseinandersetzung über den kaputten Fernseher und sei in die Rolle des Vaters seiner Frau geraten. Seine Frau sei so »stinkig« geworden, daß der ganze Abend verdorben gewesen sei. Er konnte ihr aber später zeigen, daß er es nicht böse gemeint habe. Sie konnten den Streit in einem Gespräch beilegen, und er freut sich über meine Anerkennung dieses Brückenschlags.

Er berichtet dann davon, wie besorgt seine Frau auf die radioaktive Strahlung von Tschernobyl reagiert habe. Sie hatte ihn bedrängt, mit den Kindern nach Spanien zu fliegen. Da merkt er während des Erzählens, daß es ihn gelähmt oder bedrückt habe, weil sie unerreichbar für Argumente blieb, während er die Katastrophe des drohenden Niederschlags hier in Süddeutschland nicht als bedrohlich ansah. Jetzt erkennt er: Für diese tiefe Störung ihrer Stimmung wie ihrer Wahrnehmung ist er nicht verantwortlich. In der Regel neigt er dazu, Verantwortung übermäßig auf sich zu nehmen, vermutlich aus einem Schuldgefühl aus ganz anderer Tiefe heraus, und ab und zu nutzt nach seinem Empfinden seine Frau das auch aus, um ihn über Gebühr zu beschuldigen. Also: Die beiden entflechten sich jetzt gelegentlich sogar in ihren Grundstörungen, was er auch als Fortschritt erlebt.

Sie sei aufgeblüht, als er gesagt habe, vielleicht sei sie kränker als er. (Bisher galt immer er als der Kranke, obwohl doch sie zuerst in Therapie gegangen ist – zuallererst hatte sie ein Kind zur Kindertherapie gebracht. Das klingt zunächst negativ; seine Frau aber leide wohl ebenso unter Versagensgefühlen, so daß sie sein Angebot, vielleicht kränker zu sein als er, auch als Entlastung erlebt habe.)

Er zählt dann auf meine Anregung hin auf, was in seinem Leben positiv verlaufen war. Er ist überzeugt, daß die Schwangerschaft seiner Mutter mit ihm glücklich war und auch die ersten 14 Tage, in denen die Mutter das Geburts- und Kinderzimmer nicht verlassen habe. Dann zwang sie der Vater, in der Praxis wieder mitzuarbeiten. (Beim Überarbeiten des Textes spüre ich zum ersten Mal, wie sehr dieser totale Rückzug mit dem Kind auch eine Demonstration war, auf die der Vater wohl mit Angst und dringlichem Besitzanspruch reagiert hat.) Aber dann kam die jahrelange Haushälterin Klara, nach der jetzt sogar seine Tochter frage, weil er so viel von ihr erzählt.

Er fängt an, über sich selbst diagnostisch nachzudenken und sich zu entwirren, was mich freut. Er bringt den dumpfen Lebensstoff nicht mehr nur hilflos in die Therapie, sondern arbeitet, denkt, verknüpft und freut sich über die Aufhellung von Zusammenhängen wie über seine wachsende Stärke, aktuelles Erleben und biographischen Hintergrund kreativ und auch entlastend zu verknüpfen.

In den letzten zehn Minuten sackt er scheinbar erschöpft in sich zusammen. Ich lasse ihn sich hinlegen. Er räkelt sich wie auf dem Wickeltisch. Als ich ihn auffordere, es zu verstärken, kommt ein sehr intensives, werbendes, ja verführerisches Kleinkindlächeln, und zwar immer nur für Augenblicke, wenn er sich zur Seite dreht. Es muß einmal eine überschwengliche Mutter darauf geantwortet haben, weil das Lächeln mit vollkommener Sicherheit und trotz eines verschämten Schleiers über dem Glück fast traumwandlerisch aufleuchtet.

Zum Schluß hebt er die Arme und kommt mir an den Seiten absolut schutzlos vor wie ein Kleinkind. Ich frage, ob ich ihn dort anfassen könne. Darauf schüttelt ihn sofort wieder das ruckhafte Sekundenweinen. Er sagt, er habe nur meine rechte Hand an seiner linken Seite gespürt, die linke Hand an der rechten Seite gar nicht. So kommen wir auf seine weit ins Körpergefühl reichende Spaltung, auf seine zwei oder mehr Identitätsteile und auf stillgelegte, fühllose, fast tote Körperzonen zu sprechen. Das spüre er ganz stark, links sei es ganz warm und ziehe seine Seele herüber. Wir stehen staunend vor einer sehr eindrucksvoll differenzierten und sprechenden Körperlandschaft, die verbal vielleicht nie erreichbar gewesen wäre. Er bedauert, daß die Stunde zu Ende ist.

Überleben in der Hundehütte

Drei Wochen später

Klaus kommt rasch auf die Gruppensitzung der vergangenen Woche zu sprechen. Es habe ihn danach wieder dieses intensive Bauchweh überfallen und er habe kotzen müssen. Er machte sich Hoffnung auf eine Stunde am Dienstag, die aber ausfiel. Es war ein Schock für ihn am Mittwoch, daß die Gruppe jetzt in seinen Raum eindringt. (Wir tagten zum ersten Mal in meinem großen Behandlungszimmer, nicht mehr außerhalb in dem größeren Seminarraum einer Schule.) Dann steigt als Erinnerung auf, daß sein Vater immer plötzlich in sein Zimmer kam, um ihn zu kontrollieren. Sofort war sein Raum vom Vater überschwemmt. Dabei wird ihm schwindlig, und er hat Magenweh. Er sinkt förmlich in sich zusammen und erinnert sich, daß er als Kind oft in die Hundehütte mit einem Sack davor geflohen sei und sich dort für Stunden verkrochen habe. Dort fühlte er sich zwar sicher, aber eben traurig, von niemandem verstanden und von allen verlassen. Er wurde oft gesucht, ausgeschimpft und manchmal bestraft. Der Hund war zugleich Tröster und sein Konkurrent beim Vater: Der liebte ihn über alles, und Klaus sah eine väterliche Zärtlichkeit für den Hund, die er auf verzweifelte Weise vermißte.

Er legt sich auf den Bauch mit dem Nabel in meiner linken Hand und will die rechte auf seinem Kreuz spüren. Wir simulieren die Dunkelheit in der Hundehütte, indem er eine Decke über den Kopf zieht. Schon im Sitzen hatte er angefangen zu weinen und sich sehr geschämt, weil es zum ersten Mal so anhaltend hier geschieht. (Dies kann, wie ich beim Wiederlesen merke, gar nicht sein; doch wieder ist der Ausbruch des Weinens ein elementares Ereignis, so als vollziehe es sich zum ersten Mal. Es bereitet sich kaum vor, es explodiert, als ob Schleusen brächen.) In der Hundehütte weint er noch viel stärker. Er spricht dann von einer ganz intensiven Körperwahrnehmung: als nähere sich von hinten ein gefährlicher Gegner. Das ist der Vater, der plötzlich auftaucht und ihn sucht und herauszerrt und manchmal auch schlägt. Hinterher, als wir aus der Szene aussteigen, ist ihm sehr wohl. Dadurch, daß ich bei ihm bin und ihn halte, kann er die Flut der Gefühle überhaupt erst hochkommen lassen und aushalten.

Bevor wir das inszenieren, sagt er noch im Sitzen, ihm sinke der Kopf auf die Brust. Er könne ihn fast nicht halten. Es sei wie ein Genickschuß. Aber sterben könnte er heute leichter, während er als Kind und auch noch als Jugendlicher oft unter starker Todesangst gelitten habe. Er ist also sehr nahe seinem fast abgestorbenen Selbst oder den Teilen, die nicht mehr gefühlt werden durften. Wir stehen verwundert vor der Tatsache, daß das, was er und andere als Dumpfheit erleben, sowohl Selbstschutz ist als auch ein fast animalischer Zustand der Erstarrung, um nicht mehr zu fühlen. Dann sagt er aber, es fühle sich eher an, als werde er gehängt oder langsam stranguliert. Daraufhin erst legt er sich auf den Bauch, in Zusammenhang mit dem heftigen »Magenweh«.

Etwa drei Minuten vor Schluß dreht er sich auf den Rücken. Dann »vollzieht« er eine Handbewegung, bei der wir beide lachen müssen. Er sagt kommentierend: »Jetzt wollte ich dich glatt berühren. Aber das geht ja nicht.« Dabei wird deutlich, daß er mich von sich aus aktiv noch nie zu berühren wagte. Die Vorgeschichte: Er hat seinen Vater nie von sich aus anfassen dürfen. Nur einmal, als er mit ihm und Nachbarskindern im Auto ins Schwimmbad fuhr, habe er ihn plötzlich und wie in einem Anfall von Glück und Zuneigung von hinten heftig umarmt. Darauf habe der Vater furchtbar getobt und ihm vorgeworfen, er habe ihn während des Fahrens auf den Kopf gehauen; er war sehr böse und stellte es so dar, als habe Klaus alle in Lebensgefahr gebracht. Er will die Szene aber nicht mehr durchspielen, weil wir dafür mehr Zeit brauchten.

Die Ansteckung des Lächelns
Vier Tage später
Als Klaus hereinkommt, lächeln wir, wie es häufig vorkommt, beide. Er fragt, ob ich ihn auslache. Ich sage ihm, nach meinem Gefühl reagierte ich spontan auf sein Begrüßungslächeln. Er sagt: »Du hast aber zuerst gelächelt!« Ich: »Mir schien es, du hast angefangen.« Mir gehen Bilder durch den Sinn, in wie kleinen Zeiteinheiten zwischen Mutter und Kind Ausdrucksbewegungen hin und her gehen, und daß winzige Augenblicke genügen, um im Anderen Antwortbewegungen hervorzurufen. Schließlich könne man nicht mehr genau unterscheiden,

was Ursache und Wirkung und zeitliche Abfolge sei. Es sei eben ein gemeinsames Fest des Lächelns. Das leuchtet ihm ein. Das Gespenst des Auslachens ist verschwunden, und es fände an meiner Stimmung und an der wechselseitigen freudigen Ansteckung auch keine Nahrung.

Er habe ein schreckliches Wochenende gehabt. Er und seine Frau seien immer noch so verhakt. Aber Trennung, und sei es auch nur vorübergehend und räumlich, gehe nach wie vor nicht. Er könne noch nicht sagen, was er wolle. Manchmal möchte er gern weit weg sein. Er habe sich überlegt, ob er sich nach langer Zeit wieder einmal besaufen soll, um weit weg zu sein. Dann kommt er auf einen Großonkel in Südamerika zu sprechen. Er sei von einer Klinik in Brasilien eingeladen zum Voroperieren, habe auch angenommen, fürs nächste Frühjahr. Er habe überlegt, ob er dann dort einfach bleiben solle. Aber die Angst, daß er untergehen oder verschwinden oder sich auflösen könne, sei zu groß. Und die Ängste verlorenzugehen, wenn er auszieht aus der Familienwohnung drängen in den Vordergrund; Angst, daß er verwahrlost, in der Gosse landet. Nur die Konvention und die Tatsache, daß er der Arztsohn ist, den alle kennen, bietet eine rettende soziale Existenz, auch wenn sie mit seiner wirklichen Person wenig zu tun hat. Das Selbst war nicht mehr vorhanden, nur noch die Maske. Die Angst vor dem »Verschwinden« muß mit diesem Erleben zusammenhängen. Manchmal fürchtet er, plötzlich könne ihn niemand mehr erkennen. Wenn er davon spricht, entsteht eine Stimmung wie in Kafkas Erzählung »Die Verwandlung«.

Dann sucht er sich einen eigenen Raum hinter der Sitzcouch. Mein Erleben ist gespalten: Ich spüre die Suche nach Autonomie, freue mich über die Initiative und merke gleichzeitig, daß er flieht. Ich sehe nur noch seine Füße hervorgucken. Er sagt, der Boden sei ganz warm, er liegt auf einem dicken Teppich. Sein Körper reagiere so, als sei er bei der Großmutter, etwa einen halben Kilometer von zu Hause entfernt, zu Besuch. Dort erinnert er eine weiche Daunendecke und schützende Zuneigung. Es sei wie ein sicheres Exil, die Verbindung zu mir aber reiße dann ab. Er will, daß ich ab und zu etwas sage, damit ich präsent bleibe. Er selbst möchte auf keinen Fall nach mir schauen. Eine Blickverbindung darf es also nicht geben, nur eine Verbindung durch die Stimme. Wir tauschen averbale Laute aus, er gluckst zwischendurch vor Vergnügen. Das scheint das bedrohte Band zu festigen.

Etwas später dreht er sich so hinter der Couch um, daß er hervorgucken kann. Ich sei nicht mehr so weit weg, aber er fühle sich wie in Brasilien. Es wird deutlich, daß durch die geplante berufliche Reise das nur halbbewußte Bild einer erträumten kindlichen Emigration zu dem unbekannten Onkel aufkommt. Ich stelle meine kleine Palme neben seinen Kopf. Sein Gefühl, im Exil zu sein, wird immer intensiver. Er habe das Gefühl, er sitze auf einer Hazienda, auf dem Balkon, habe eine große Zigarre im Mund – und gähnt und streckt sich. Er genießt das Wegsein, die Gegenphantasie zur Hundehütte, und will nicht nach Europa zurück. Er meint, er erhole sich sehr in diesem Winkel zwischen Couch und Wand, der ihm wie eine Zone der Sicherheit vorkommt, durch meine Nähe, die mit der des Traumonkels verschmilzt. Wir holen also eine tiefe versunkene Geschichte in sein bewußtes Leben zurück. Es entsteht eine Stimmung, als breite sich eine kleine Hazienda der Zuneigung zu sich selbst, der Kultivierung von Gefühlen und der Nähe zu mir im Raum aus.

Umgang mit dem Vaterkörper
Zehn Tage später

Klaus kommt, und schon beim Hinsetzen sehe ich, wie er Kopf und Augen verdreht. Es stellt sich auf meine Frage heraus, daß es Verlegenheit wegen der Nähe sei. Ich lasse mir die Erlaubnis geben, ihn zu imitieren, weil er sich an die Bewegungen nicht mehr erinnern kann. Er habe sich heute sehr gefreut auf die Stunde. Dann kommt er rasch darauf, daß er als Kind immer wieder Angst (und wohl auch Hoffnung) gehabt habe, ein Mädchen zu sein. In der Pubertät, so erzählt er noch einmal, habe er seinen Vater gefragt, ob er einen Busen bekommen werde. Die ersten fünf Jahre sei er in Mädchenkleider gesteckt worden. Manchmal sei das Gefühl bis heute so stark, daß er sich wünsche, er sei eine Frau. Frauen hätten es toll, die könnten einen Mann in sich aufnehmen. Frauen müssen einen ihm unbekannten »Zugang« für den Mann haben, um den er sie beneidet. Da in seiner Ehe die Sexualität nicht klappt, stößt er vorbewußt oder unbewußt immer wieder auf eine ihm unbegreifliche Überlegenheit des Vaters. »Das Schlafzimmer der Eltern ist immer abgeschlossen, auch wenn sie sich zum Mittagsschlaf zurückziehen.« Ist also doch Brutalität nötig, um mit einer Frau auszukommen? Wie hängen Sexualität und Unterdrückung der Frau zusammen? Warum holt ihn die Mutter in Vaters Bett, wenn der auf der Jagd ist? Lauter unlösbare Kinderrätsel, an denen er manchmal verzweifeln will.

Er sitzt mit weit offenen Beinen da, einladend, fast unverschämt auffordernd, so daß ich mich erst langsam vorbereiten muß, Erinnerung und aktuelle Szene zusammenzubringen. Ich spreche ein bißchen darüber, daß sein Vater ja hart und unzugänglich gewesen sei. Obwohl er, Klaus, die körperliche Sehnsucht nach ihm angesichts der väterlichen Tyrannei gar nicht mehr gespürt habe, sei sie doch latent da. Das Unbewußte wisse, daß die Mutter einen privilegierten »Zugang« zum Vater hatte, weil sie ihn aufnehmen könne.

Da muß er sich rasch auf die Couch legen. Ich setze mich daneben, erkläre ihm, daß es Möglichkeiten gäbe, das körperliche Aufnehmen des Vaters, wie es dem Kind gemäß sei, nachzuholen. Ich werde mich an das Fußende setzen, und er könne mich mit den Beinen umklammern. Darauf bemerkt er, jetzt würden seine Beine ganz prickelig, kitzelig und aufgeladen mit Energie und Wärme. Als ich mich zwischen seine Beine setze, fängt er an, leise durch den ganzen Körper hindurch zu weinen. Er ist sehr berührt, daß es diese Sehnsucht gibt und ich gespürt hätte, daß er so etwas brauche. Ganz vorsichtig berührt er mich mit den Knien an den Hüften. Wieder stoßweises Weinen. Die Zehen und Füße werden unwahrscheinlich lebendig. Darauf fasse ich ihn an den Füßen an, halte spielerisch die tanzenden Zehen. Es strömen Einfälle, das Weinen, das Glucksen. Er traut sich kaum zu drücken mit den Knien oder gar zu ziehen mit den Beinen. Nach einer Viertelstunde will er eine Pause. Ich setze mich wieder neben ihn. Er sagt, er habe in die Berührung nicht ganz voll hineingehen können, weil er das Gefühl hatte, es zerreiße ihn: Lachen, Weinen, Jubel, Trauer – als explodiere er.

Vier Tage später, ein Montag

Noch bei der Begrüßung berichtet Klaus zufrieden, er habe kaum gehen können nach der Stunde. Er sei übers Wochenende sehr müde gewesen. Aber die freien Tage seien gut gewesen – nach langer Zeit. Er berichtet über Gespräche mit seiner Frau und einen Ausflug. Ein Gefühl von Hoffnung liegt über dem Bild der Familie. Der Kraftzuwachs führt dazu, daß er sich gleich den tieferliegenden Störungen der Nähe zuwendet.

Nach etwa zehn Minuten legt er sich hin. Er sagt, wenn getanzt wurde, habe er kaum je eine Frau auffordern und angucken können, weil er sich selber so unsicher war und ist, ob er ein Mann sei oder ein Kind. Er bekommt aber ein immer deutlicheres Gespür dafür, auf welcher inneren Altersstufe er sich gerade befindet. In vielen familiären Szenen gönnt er sich jetzt kleine Nachdenk- und Überprüfungszeiten für seine Gefühle, bevor er handelt oder sich emotional verstrickt; er kann sich gelegentlich sogar zurückziehen aus einem Clinch, der auf eine verwickelte Desorientierung hinauszulaufen droht, bevor der Gespensterkampf der Übertragungen einsetzt.

Dann möchte er dort weiterarbeiten, wo wir in der vorigen Stunde aufgehört haben. Als er mich mit den Beinen zu umklammern beginnt, kommt gleich wieder das ruckartige Weinen. Er berichtet noch, daß er am Wochenende mit seinem Sohn schwimmen war, und der habe ihn spontan auf der Luftmatratze genau so mit den Beinen umklammert wie er mich hier. Dabei seien beide sehr glücklich gewesen. Diesmal greift und umschlingt und drückt er mich mit den Beinen ein bißchen mutiger. Ich begleite den Druck mit bestätigenden Lauten und antworte auf die Variationen der Umarmung mit den Beinen. Danach liegt er drei Minuten ganz still da und überläßt sich dem aufgeregten Atem und dem körperlich-seelischen »Verdauen« väterlicher Nahrung. Ich frage in das Schweigen hinein, da ich ja sein Gesicht nicht sehe, was passiere. Er sagt, das Gefühl des Auffüllens und das Staunen darüber seien so stark. Es überfalle ihn auch wieder das heftige Augenreiben. Wir kommen dadurch auf seine Angst zu sprechen, er könne homosexuell sein oder werden. Ich sage aber, es sei eine natürliche kindliche Erotisierung: wie er an seinem Sohn gespürt

habe, wolle auch ein Junge seinen Vater mit aller Kraft umklammern und Nähe, ja sogar leidenschaftliche Liebe und
Kampf erleben. Er stöhnt erleichtert auf. Da ich aus längerer
Erfahrung mit dieser »Beinklammer« weiß, wie sie sich bei
voller Kraftentfaltung anfühlt, ermutige ich ihn zu ganzer
Power, weil es so wichtig ist, daß er sich nicht selbst eingrenzt
oder mich schont oder aus Angst vor plötzlicher Strafe, wie in
der Szene mit dem Vater im Auto, vorsichtig ist.

Ich sage lachend, er könne ja einmal so drücken, daß mir die
Augen hervorquellen. Darauf klammert er mit Macht, Ächzen
und Stöhnen, immer wieder von Weinen geschüttelt. Ich akko-
modiere schließlich schreiend, aber nicht vor Schmerz, sondern wie im lebendigen Kampfgetümmel. Mir schießt angesichts der Dicke seiner Schenkel das Bild von Lokoon und der
Riesenschlange durch den Sinn, aber der Kampf fühlt sich
nicht bedrohlich an, sondern ist lustvolles Gerangel, vital, or-
ganismisch, erotisch, aber ohne sexuellen Beiklang. Er schüttelt mich mit den Beinen wie einen Baum im Sturm. Er ist
überwältigt von der Eindeutigkeit seiner Reaktionen: Freude
über das noch nie Erlebte. Seine Muskulatur, seine Zellen
fressen sich – auf der Ebene des Kindes – voll mit dem Vaterkörper. Seine Homosexualitätsängste haben fast schlagartig
aufgehört.

*Doch hier, denke ich, werden wir uns nicht auf Zauberei verlas-
sen, sondern angesichts seiner lebenslangen Entbehrung das
Thema immer wieder durcharbeiten müssen. Denn die beglei-
tenden unbewußten Phantasien liegen noch nicht offen zutage.
Allerdings ist es auch nicht im gleichen Maße wichtig wie bei
einer rein verbalen Therapie, alle Phantasien explizit aufzublät-
tern. Wenn das leib-seelische Substrat der Vaterbeziehung sich
ändert, verschwinden viele pathogene oder die Sehnsucht falsch
deutenden Phantasien von selbst. Ein allzu ausführliches Be-
harren auf der Schilderung und Katalogisierung der Phantasien
kann seinerseits zu einer Fixierung, ja zu einer Sexualisierung
des psychoanalytischen Dialogs führen, wie ich es in meiner
Auseinandersetzung mit Joyce McDougall zu zeigen versuchte.
(»Der Psychoanalytiker als sprechende Attrappe. Eine Streitschrift. Frankfurt 1987)*

Bei einem kräftigen Rütteln sage ich drastisch: »Ich glaube, dein Hintern will auch etwas davon haben.« Das heißt, ich ermutige ihn, er möge sich so weit heranziehen, daß auch sein Damm und die Analregion einbezogen seien. Das tut er. Die exkommunizierten Regionen sollen auch ihre Chance des Kontaktes haben, sonst verbleiben sie außerhalb der Sphäre des Fühlbaren, Benennbaren, vom Elternkörper Gesegneten oder wenigstens Akzeptierten. Wieder höre ich hinter mir eine Mischung von Lachen und Weinen, als löse sich ein Krampf. Nach einer neuen Ruhepause weise ich darauf hin, daß er auch die Hoden und den Penis gegen meinen Rücken spüren könne.

In einem Seminar bei Ruth Cohn hatte ich eine Vorform dieser Integration unbeachteter oder ausgeblendeter Körperteile in die »offizielle« Aufmerksamkeit kennengelernt: bei einer Phantasiereise durch den Körper, auf der sie uns bei der Wahrnehmung der Organe begleitete. Es ging dabei um das rein innerseelische Wahrnehmen der Teile, ohne direkten Körperkontakt: Der »Container« war die erlaubende, benennende Stimme der wissenden mütterlichen »Hexe Ruth«. Ich nenne sie so, weil sich mütterlich-therapeutisch-erlaubende Wärme mischte mit dem Schauder des Eindringens ihrer Stimme, so, als habe sie magische Kräfte des benennenden Eingriffs ins Innere des Körpers. Damals reagierte ich noch empört, als sich die einbeziehende Stimme den Kronjuwelen näherte: die durch die familiäre Prüderie mühsamst aus meinem Körpererleben ausgeklammerte Mutter drängte sich wieder herein, mit den besten Absichten und generöser Zustimmung zum leibseelischen Reichtum des Körpers. Aber die Phantasiereise in den leibseelischen Untergrund kam damals für mich unvorbereitet, als überraschende morgendliche Einstimmung für den Tag in der Gruppe. Und dennoch war sie der dankbar erinnerte Beginn einer veränderten Haltung zwischen passivem Warten und aktivem Thematisieren, wenn Patienten allzu ängstlich einen großen Bogen um pathogene Themen machen.

Mit Klaus hatte ich ein gutes Arbeitsbündnis für die aktiven Eingriffe hergestellt. Es war sogar immer wieder so, daß er starke Erwartungen nicht aussprechen konnte und, im Einklang mit seiner früh erzwungenen Passivität, nur hoffen konnte, daß ich sie erahnte. Das entspricht natürlich den langen Phasen, in denen das Kind, nicht nur in der präverbalen Zeit, auf aktive Einfühlung angewiesen ist. Auch wenn Gefühle, Wünsche und Bedürfnisse aus späterer Zeit verschüttet sind, brauchen sie oft einen von außen kommenden Anstoß, eine Art Wiederbelebung durch aktives Ansprechen und Stimulieren, um wieder zum Vorschein zu kommen. Statt langer deutender Arbeit an den Zusammenballungen eines verbietenden Überichs handelt es sich zwar nicht um ein Unterlaufen, wohl aber um ein vorübergehendes Umgehen der Überich-Sperren, die sich dann zum Teil von selbst auflösen, zum Teil aber auch in der Rückschau, nach dem Erarbeiten von Alternativen, leichter ansprechen und aufarbeiten lassen.

Aber zurück zu Klaus, nach diesem kleinen theoretischen Bremsvorgang einer eigenen Erinnerung und eines Kommentars. Als ich von Hoden und Penis spreche, merke ich, daß viel Vorsicht aufkommt. Er wird wieder still hinter mir, die Luft im Zimmer erstarrt, der Raum hält den Atem an. Vielleicht war der Schritt zu groß, es wird ihm alles ein bißchen zuviel, und er kann noch nicht alles auf einmal integrieren. Er sagt dann selbst, es zerreiße ihn fast. Aber es ist nicht so gesagt, als gehe es um einen Übergriff oder einen Mangel an Einfühlung. Er wolle nur eine Pause. *Dies geschieht ganz innerhalb eines Arbeitsbündnisses, indem er mein Tempo korrigiert anhand seiner Integrations- oder Erlebnisfähigkeit. Eins nach dem andern, signalisiert er mir als stille Botschaft, ich schäme mich ein bißchen über meinen Eifer, danke ihm für sein klares Bremssignal und setze mich wieder auf die Seite.*
Einmal nach heftigem Drücken und Klammern mit den Beinen in einer Ruhepause höre ich ihn plötzlich schnarchen. Ich warte etwa eine Minute und sage dann ruhig: »Kannst du festhalten, was du träumst?« Durch diesen Satz wacht er auf. Er sei weggerutscht wie bei einer Ohnmacht und in Tiefschlaf gefallen. Er kann aber den Traum nicht erinnern.
Als ich dann an seiner Seite sitze, schläft er kurz ein, legt zuvor die Hand auf mein Knie. Er sagt, das Kitzelige in den Beinen sei jetzt weg, die ewig unklare, prickelnde Erregung oder Aufgeregtheit der Haut. Er habe lebenslang an übermäßig kitzeli-

gen Fußsohlen gelitten. Ich sage ihm, daß sich so vielleicht seine enorme Sehnsucht nach Berührung gemeldet habe, die in allen Körperteilen stecke und die nie erfüllt worden sei.

Während ich weiter an seiner Seite sitze, kommt das Prickeln in die Hände. Er experimentiert mit den Händen. Zunächst legt er eine Hand auf mein Knie und macht Greifübungen wie ein kleines Kind, immer wieder von Weinen unterbrochen. Dann schlage ich vor, mit beiden Händen meinen Oberschenkel am Knie zu umspannen und zu drücken. Aber er sagt, er habe überhaupt keine Kraft in den Händen. Dann dreht er sich auf die Seite und legte eine Hand auf mein Knie. Er ist ganz ruhig und dankbar. Zwischendurch sackt er immer wieder ab. Wir wissen noch nicht, was die Hände suchen oder gestalten wollen.

Er hatte nach den letzten beiden Stunden Mühe wegzugehen und auf die Beine zu kommen. Es ist nicht nur mühsam für ihn, sich zu trennen, sondern auch, nach der spielerischen oder kämpferischen und zuletzt ganz in Weichheit getauchten Nähe, die Muskulatur der Fort-Bewegung wieder in Gang zu setzen. *In solchen Augenblicken fällt es schwer zu glauben, daß er als Jugendlicher erfolgreich Hochleistungssport getrieben hat, sommers Leichtathletik, winters Skilauf. Aber der Sport, und da kann ich ihn aus eigener Erfahrung verstehen, war Zuflucht für einen ausgehungerten Körper, ein Selbsterleben in der Leistung, auch wenn dies alles weit abgerückt ist vom expressiven Körper, und von dem Leib, der über Gefühle und Berührung in einen Austausch mit Anderen treten will. Der Sportskörper, gar der Soldatenkörper, kann meilenweit entfernt sein vom inneren Kind oder vom Leib, der Nähe, Gefühl und Menschlichkeit erleben will, erkennenden Kampf, nicht Vernichtung. Klaus Theweleit hat in seinem großen Werk »Männerphantasien« nicht nur hervorragende Beispiele für die diversen Zurichtungen des Körpers gesammelt, sondern sie auch in tiefdringender Weise interpretiert, vor allem in den ersten Kapiteln des zweiten Bandes.*

Der Körper zwischen Vater und Mutter
Eine Woche später
Klaus kommt recht sonnengebräunt und erholt. Er hat an einem Tennisturnier der Klinik teilgenommen und war mit den Kindern am Baggersee. Obwohl er gut erholt aussieht, spricht er von einer geradezu »unheimlichen Müdigkeit«. Es gebe wieder Konflikte um Geld mit dem Chef. Wie in einen Strudel der negativen Vaterbeziehung hat ihn die Entdeckung einer doppelten Buchführung und eine finanzielle Kungelei der Oberschwester mit dem Chef hineingerissen. Nach etwa zehn Minuten legt er sich hin und rollt wieder mit den Beinen. Er habe Bauchweh, spricht von einer irrsinnigen Wut auf den Chef und auf seinen Vater. In der Klinik habe er sich vormittags vor Müdigkeit hinlegen müssen. Neulich während eines Gesprächs mit seiner Frau habe er ebenfalls schlagartig aufstehen und ins Bett gehen müssen und sei tief eingeschlafen. Ich sage ihm, daß das bei manchen Menschen oft passiere, wenn die Gefühle zu stark werden. Andere erstarrten oder lenkten sich ab oder schalteten um auf einen ganz anderen Persönlichkeitsanteil. Seine Wut sei zu groß geworden für sein inneres Potential, vor allem für seine Handlungsmöglichkeiten, um sie kreativ zu verwenden oder sie angemessen auszudrücken.
Ich frage ihn, um an seine Bilderwelt in der Wut heranzukommen, was er kurz vor dem Einschlafen machen würde, wenn er eine Handgranate hätte. Da sagt er, ihm sei merkwürdigerweise zuallererst seine Mutter eingefallen. Er strebt schnell weg von dem Thema, scheint eine Weile starr. Dann sagt er aber, quasi zurückkehrend und dem Bild sich doch anvertrauend: er brauche mehrere Handgranaten. Der Haß gegen die Mutter komme daher, daß sie ihn nicht geschützt habe vor dem Vater. Die Oberschwester ist ihm nicht unsympathisch. Daß sie den Chef so auffallend deckt oder abschirmt, bringt den Haß auf die Mutter wieder an die Oberfläche. (Später bestätigt sich sogar sein Verdacht, daß die beiden ein Verhältnis haben.) Ich sage ihm, selbstironisch und großspurig: ich würde ihm heute drei Handgranaten spendieren. Eine sei dann, sagt er, für den Chef, eine für den Vater. Bei der Mutter zögert er, weil er sie ja eigentlich nicht umbringen wolle, sondern nur verändern. Dann phantasieren wir, warum sie so

unfähig gewesen sei, ihn zu schützen. Der Ausdruck »Hörigkeit« fällt, er verwirft ihn aber wieder. Es gab massive Verratssituationen, wo man staunt, daß der Mutterinstinkt nicht das Kind schützte vor dem väterlichen Tyrannen, etwa wenn er ihn zwang, bei Tisch Erbrochenes wieder aufzuessen.

Übrigens habe er das Einschlafen als Flucht oder Selbsterrettung von der Mutter gelernt. Das sei ihr Schutz, ihre Waffe gegen den Vater gewesen. Er habe nie wieder eine Frau gesehen, die so viel schlafen konnte wie seine Mutter. Da wird plötzlich eine Landschaft der Nähe, ja der Identifizierung sichtbar, in der sie sich, wenn auch als Schwache, Flüchtende, verbündet hätten. Bei diesen sprachlichen Orientierungsversuchen sind die Beine noch immer unruhig. Er hebt leicht die Knie. Ich schiebe einen Sitz-Sack darunter, nenne ihn einen Teil des idealen Vaters. Da er aber Vater und Mutter braucht, die sich einig sind und sich nicht bekämpfen oder tyrannisieren, sage ich, ich sei oben am Kopfende für ihn verfügbar als ideale Mutter. Darauf fängt er an zu weinen und sagt schluchzend, er fühle sich wie auf einer Schiffsschaukel. Er pendle hin und her zwischen den Polen. Zwischendurch bleibe ihm die Luft weg. Er erlebt ein Extrem innerer Zerrissenheit ganz körperlich, sein jahrelanges Schwanken zwischen Vater und Mutter, zwischendrin den Durchgang durch die Leere, durch den unüberbrückbaren Zwischenraum zwischen den Elternbildern. Erst als ich sage, die idealen Eltern seien sich einig und freuten sich beide am gleichen, männlichen Kind Klaus; und wenn sie am Kopf- und Fußende säßen, bedeute das nicht Spannung und Zerrissenheit, sondern ein Zusammenhalten, entspannt er sich weinend und ruht sich aus.

Dann liegt seine linke Hand über der Gürtelschnalle, so, als habe sie plötzlich ihr Ziel vergessen oder sei erschrocken über die Richtung ihres Suchens. Ich sage ihm, er sei ja immer sehr kontrolliert gewesen. Eine offene Autoerotik habe es nicht gegeben. Er möge seine linke Hand auf seinen Penis legen, während links und rechts, oder oben und unten, Vater und Mutter seien. Da muß er wieder lachen und weinen, gleichzeitig und abwechselnd, alles durcheinander. Er traut sich zunächst nicht, die Hand richtig auf den Penis zu legen. Dann tut er es und schläft tief ein für eine Minute.

Während er schläft, ist er sehr unruhig, sein Atem verändert sich mehrmals, sein Herzrhythmus ebenfalls. Nach einer Minute erzählt er seinen Traum, den ich ihn in der Gegenwart zu berichten bitte: »Ich sitze in einem großen Raum und warte, bis Frauen mich abholen.« Der Traum sei nicht mit Angst verbunden. Wir gehen aber, da die Stunde zu Ende ist, nicht mehr auf den Inhalt ein. Er ist froh, in der Stunde geträumt und den Traum behalten zu haben.

Bei der Berührung durch das Polster als idealem Vater wurden seine Beine »heiß bis zur Hüfte«. Ich erkläre ihm, daß er ja immer die Sehnsucht nach einem körperlich berührbaren Vater gehabt habe. Darauf muß er wieder weinen.

Jähzorn und Tiefschlaf

Ein Tag später, vorgezogen wegen seiner Kongreßreise

Klaus redet zehn Minuten über Schwierigkeiten mit seinem Chef. Dann legt er sich hin und bittet mich, wieder einen Sack unter seine Beine zu schieben. Er rührt und räkelt sich sehr wohlig, hat allerdings ein paar unkontrollierte Zuckungen und sagt, die Zehen und Fußsohlen würden heiß. Mein Bild ist, daß er treten will, aber in dem Wissen, der ideale Vater hält es aus, trotz des liebevoll-wütenden Satzes, den ich in mir höre und den ich ihm mitteile: »Obwohl ich dich wieder mag, bist du trotzdem manchmal ein Arschloch.« Er muß lachen, niesen, sich die Augen reiben. Es ist vielleicht ein nachhallender Zorn, daß ich ihm in der vergangenen Stunde einen zu großen Schritt zugemutet hatte, vor dem er noch zurückschrak.

Dann halte ich einen Sack hin. Er tritt zuerst ein bißchen verschämt, stemmt sich dann wieder nur wohlig in den Sack hinein. Dann tritt er wieder. Plötzlich kommt ein kurzer, hinterhältiger Tritt, der mich leicht schwanken läßt. Er lacht schadenfroh, aber auch ein wenig schuldbewußt. Ich ermuntere ihn, immer zwischendurch wieder einmal »hinterfotzig« zu treten, wie er es nennt. Das tut er dann ab und zu: gemein-aggressiv und heftiger. Nach fünf Minuten schläft er ohne Ankündigungszeichen ein. Nach einer Minute hatte er vom Fußballspielen geträumt, lustvoll, lacht aber, weil er das wütende Treten im Traum so verharmlost hat.

Dann liegt er da mit geöffneten Beinen. Ich frage, ob jetzt die

Sehnsucht zu umklammern komme. Sehr verschämt bejaht er. Ich setze mich zwischen seine Beine, er berührt mich aber nur leicht – ist sofort wieder eingeschlafen. Dann beginnt ein Gespräch über Schlafen. Wir reden über sein Einschlafen auf der Couch. Es ist nicht mehr das plötzliche Wegtreten vor zu starken Gefühlen, sondern Tiefschlaf in Geborgenheit, also das Gegenteil von dem, was er sonst gemacht hat. Er sagt noch, immer beim Thema Beine öffne sich die verstopfte oder zugezogene Nase. Er müsse dann niesen, und die Nase sei offen, während sie sonst oft so verschlossen sei, daß er nur noch durch den Mund atmen könne. Sein Vater habe über Jahre täglich Nasentropfen genommen, auch er mehrere Jahre lang. Seit Beginn der Therapie brauche er sie nicht mehr. Aber er spüre immer wieder das Zugehen und das plötzliche Sich-Öffnen. Er sagt es in einem Ton, der eine tiefe Zufriedenheit mit der Therapie ausdrückt. Es schwingt auch Befriedigung mit über die Abnabelung von der Abhängigkeit des Vaters von den Nasentropfen.

Natürlich weist das Zugehen der Nase wie das Jucken und Reiben auch auf ein Wiedererwachen der unterdrückten Sexualität hin, doch ich halte das Wiedererwachen der Affekte für zentraler, wie es auch im Weinen und in der Freude zum Ausdruck kommt. Wer mit kleinen Kindern umgeht, weiß, wie gern sie mit der Nase Nähe und Zärtlichkeit herstellen über Nasereiben und Schnuppern. Wenn die Ebene der Regression sicher ist, lasse ich mich gelegentlich auf dieses Nasenreiben ein. Es bringt oft einen Durchbruch zu ganz verschütteten Bereichen von Nähe und Innigkeit des leibseelischen Dialogs. Vor allem vermag dies einen Stau zu lösen, der eben mit dem für das seelische Gleichgewicht gefährlichen Abschneiden der aktiven, liebevollen Annäherung an eine frühe Bezugsperson zusammenhängt.

Eine Erkrankung auf der Couch
Fast zwei Monate später
Es ist die erste Stunde in der neuen Praxis nach sieben Wochen Pause. Als er zehn Minuten nach der Zeit noch nicht kommt, rufe ich bei ihm zu Hause an. Er sagt, er habe den ganzen Tag versucht, mich zu erreichen, ob ich wirklich da sei. Wir waren

zwar verabredet, doch hatte ich gesagt, noch nicht ganz sicher zu sein, ob ich schon am Montag in die neue Praxis hineinkönne, wegen der Handwerker. Unsere Stunde ist aber an einem Dienstag.

Die Pause sei ihm sehr schwer geworden. Er habe einmal versucht, mich zu erreichen, was nicht klappte. Die Ferien seien in der Ehe schlimm gewesen. Außerdem Probleme mit dem Chef. Er habe eine schlimme Mittelohrentzündung gehabt.

Die Stunde beginnt damit, daß er mir zum ersten Mal ein großes Blatt mit einem Traum bringt, zwei volle Seiten. Er hat einerseits manchmal die fast paranoide Vorstellung, daß sein Chef ihm noch die neue Stelle, um die er sich beworben hat, verderben könnte. Andererseits bescheiße ihn der Chef, am liebsten würde er ihn vor Gericht bringen. Er hat sich bisher aber noch nicht einmal getraut, ihn darauf anzusprechen. Dazu paßt nun der Traum: Darin kommen turmhohe Wellen vor, die ihn bedrohen, was ich als seine Affekte sehe, die ihn fast wegspülen. Plötzlich sehe ich durch den Vorhang hindurch im Nebenzimmer meinen Vermieter, einen älteren Herrn, umhergehen. Er scheint nach mir zu suchen. Der alte Herr ist manchmal ein wenig verwirrt, doch überaus liebenswert. Ich gehe hinaus, damit er nicht noch ins Behandlungszimmer gerät, was auch schon vorkam, um ihn für ein Gespräch auf die spätere Pause zu verweisen. Als ich zurückkomme, finde ich Klaus vor in heftigem Schüttelfrost. Es stellt sich heraus, daß er auch als Kind schon mehrmals Mittelohrentzündung hatte, verbunden mit heftigem Frieren. Aber der Schüttelfrost könne ihn auch sonst immer wieder überfallen.

Ich sei ja weggehastet, sage ich, um den alten Herrn abzufangen. Ich selbst fühle mich eher mütterlich ihm gegenüber. Bei »alter Herr« fährt er dazwischen und sagt, während des Essens mit seiner Frau sei ihm wieder eingefallen, und er habe kaum weiteressen können: Als er als Kind die Nabelvereiterung gehabt habe, habe der Vater die zweite Ärztin kommen lassen, um zu sehen, ob das Kind nicht sterbe. Er erzählt dann mit großer Mühe, er glaube, der Vater habe ihn sterben lassen *wollen*, weil er genug mit einem Sohn hatte. Der Vater habe wohl so große Angst vor seinen eigenen mörderischen Phantasien gehabt, daß er in letzter Sekunde sowohl Hilfe als auch eine ärztliche Zeugin und in Wirklichkeit auch Retterin haben wollte, damit sicher sei, daß er ihn nicht leichtfertig habe sterben lassen. Das Leitmotiv ist plötzlich wieder da.

Es habe immer einen elementaren Kampf mit dem Vater um die Mutter gegeben. Der Vater konnte die Mutter in jedem Augenblick von ihm wegholen. Eben dies bestimmt nun das Klima nach der Unterbrechung durch den alten Herrn. Es schüttelt ihn immer wieder. Eine Woche nach dem frühen Entzug der Mutter, also drei Wochen nach seiner Geburt, brach die Nabelentzündung aus, auf deren Engramme wir immer wieder im Körpergefühl stoßen. Er hat plötzliche Bauchschmerzen bekommen und bittet mich dann, die Hand auf den Nabel zu legen.

Die Geschichte mit dem fürsorglich-mörderischen Vater, obwohl schon öfter berichtet, kann er nur im Liegen erzählen. Er mag sich aber noch nicht mit Körperarbeit einlassen, um zu sehen, wie der Schüttelfrost einzuordnen ist, und was er an Halt brauchte, wenn er ihn überfällt. Die Hand auf dem Bauch dient erst einmal der Beruhigung und der Bekämpfung der Angst.

Er sagt, er müsse sich erst wieder einfinden. Der Schüttelfrost scheint ausgelöst zu sein durch meinen etwas hastigen Aufbruch aus großer Nähe. In einer enormen Verdichtung haben wir eine schlimme Wiederholung durchgespielt: Vater taucht suchend im Nebenzimmer auf, Mutter rennt kopflos und gehorsam weg und läßt ihn liegen. Prompt »erkrankt« er auf der Couch.

Zwischen Männlichkeit und Weiblichkeit

Eine Woche später

Klaus ist wieder sehr verzweifelt. Er kam zurück von einem Gynäkologenkongreß. Dort hat er die auch für seine Bewerbung wichtigen Kapazitäten getroffen: den Chef der Klinik, deren Leitung er anstrebt, und den einer anderen Klinik, der vermutlich als Gutachter fungiert. »Dort wurde wieder gemauschelt, was das Zeug hält.« Der Chef aus X-Stadt habe angeboten: Er könne noch einmal ein Gutachten für ihn machen, wenn er ihm die Unterlagen schicke. Plötzlich wurde Klaus mißtrauisch, fast paranoid: ob sein Chef nicht den X-Städter Chef animiert habe, ihm eine Falle zu stellen, so daß der in seinen Unterlagen etwas finden würde, was ihn zu einem negativen Votum bringen könnte. Oder daß der hiesige Chef sage: »Na bitte, ich habe Ihnen Hilfe angeboten, aber Sie haben sie nicht angenommen.« Er wiederholt in seiner Berufswelt die väterliche Grundübertragung mit der halb realistischen, halb paranoiden Vorstellung, daß die Väter, die Chefs, die Ordinarien, sein Gedeihen sabotieren könnten. (In der Tat erhält er die Stelle nicht, mit der kolportierten Begründung: er sei noch zu jung.)

Ich frage ihn, ob es diesen intriganten Aspekt, der ihn beunruhigt, auch bei seinem Vater gebe. Er sagt, der habe ihn eigentlich gefördert, ihm das Studium bezahlt. Er habe ihm auch einen Amerikaaufenthalt an einer der besten Kliniken seines Faches bezahlen wollen. Dabei sei relativ eindimensional vorausgesetzt gewesen, er füge sich, übernehme später die väterliche Praxis und betrachte sich als das Produkt des Vaters. Jetzt hat er auch seinem Chef gegenüber Schuldgefühle, weil er wissenschaftlich über ihn hinauswächst; und Angst, daß der sich rächen könne.

Dann kommen wir auf das Thema männliche und weibliche Wissenschaft. Er meint immer wieder, die Chirurgen seien, wie viele Gynäkologen, Handwerker, die an das Machbare glaubten, an Schrauben, Schnitte, Ersatzteile, Prothesen, Entfernungen, Totaloperationen. Und seine Entdeckung, wegen der er bekannt ist in so jungen Jahren und eine große Klinik bekommen könnte, ist ungefähr die: Es geht um die teleologischen Wachstumsprinzipien des Organismus, auch beim Fötus. Dabei ist die Frage wichtig, welche Organisatoren bei einer Operation die Heilung und Neubildung von Knochen und Gewebe steuern. Aus Diskretionsgründen kann ich das hier nicht weiter ausführen. Er hat eine Technik entwickelt, bei der diese frühen Organisatoren des Wachstums genutzt werden für eine reparative Chirurgie in der Embryologie und Neonatologie. Dieses Prinzip erlebt er als in tiefer Übereinstimmung befindlich mit den Organisationsprinzipien des Seelenlebens, in dem er auch zielstrebige Organisatoren am Werk spürt, deren Wirksamkeit es wieder freizusetzen gilt und die verbogen oder gehemmt sein können durch Fehlhaltungen der Eltern oder familiäre Katastrophen. Manchmal spricht er in Analogie zum Organismus von psychischen Versorgungsmängeln oder -defekten. Deshalb nennt er uns auch gelegentlich ein Forschungsteam und ist begeistert über unsere Entdeckungen und über Anzeichen der Stärkung oder der Heilung. Unser Arbeitsbündnis hat dadurch ein fast leidenschaftliches, forschendes Fundament erhalten, das meist auch in Zeiten großer Ermüdung und Resignation trägt.

Er sagt, daß die Mutter sowohl sensibler als auch klüger war, der Vater aber habe ihr nicht erlaubt, das zu leben. Seine unbewußte Phantasie: daß die alten Männer verhindern wollen, daß er seine weibliche, die Goethesche Wissenschaft, die teleologisch orientiert sei, weiterentwickeln kann. Die Väter möchten nicht, daß dieses intuitive und organische Denken sich durchsetze, weil das ihr vorwiegend technisches, reparatives Denken veralten lasse. Sie möchten, daß es die gewohnten Funktionskreise gibt und nicht, daß ein Organ oder ein Gewebe nach einem bestimmten Prinzip wachse und das andere nachziehe, auch wenn es lädiert sei.

Dieses Thema bringt plötzlich Sinn in eine ganze Phase: daß es nicht nur ein Chefgemauschel um Stellen und Einfluß ist, sondern die paranoide Tönung seines Erlebens hat damit zu tun, daß die Fähigkeiten der Mutter vom Vater sabotiert worden sind, mit denen er sich heimlich identifiziert hat. Und für ihn, der diese intuitive Wissenschaft einführt, ist es eine Art Rehabilitierung der Mutter. Er ist sehr ergriffen, als wir so die Wurzeln seiner Kreativität, aber auch der Zähigkeit, mit der er seinen Ansatz verfolgt hat, freilegen.

Selten habe ich in dieser Deutlichkeit Einblick erhalten in eine Familie, in der die Atmosphäre in einem so intensiven und tragischen Ausmaß bestimmt war nicht nur durch die Rivalität zweier Clans, sondern auch von der durch sie gebrochenen Rivalität von väterlicher und mütterlicher Welt, wobei die väterliche bestimmt ist durch Leistung, Ehrgeiz, Dominanz, Härte und ein Verbergen der Seele, die mütterliche eher durch Weltläufigkeit, Einfühlung, Passivität, Kunstsinn und Intuition. Die Phantasie des Kampfes kennt nur Sieg und Untergang oder An-

passung durch Unterwerfung. Es ließe sich also von einem mehrschichtig mörderischen Klima sprechen, was aber zumindest gemildert wird durch das verborgene symbiotische Angewiesensein aufeinander. Ein Sohn fällt dem rauhen Klima zum Opfer, der andere, Klaus, quält sich durch die verschütteten Kellergewölbe, getragen von dem Glauben, die geläuterten Essenzen der beiden Clans ließen sich eines Tages in neuer kreativer Weise verbinden.

Spät, erst bei der Nacharbeit am Text, und nachdem das eigene Format durchgesetzt ist, kommt Klaus' Anerkennung des Vaters zum Tragen, und ein Gefühl für dessen gleichsam verwitternde Gestalt: hinter dem Tyrannen und Emporkömmling, der sich eine Honoratiorentochter holt und sie quasi aussaugt und im Schatten seiner Ansprüche verkümmern läßt, kommt der Pionier zum Vorschein, der Arzt, der im weiten Umkreis gesucht war ob einiger verblüffenden Neuerungen, die später unter anderen Namen sich durchsetzten. Und die zähe Sportskanone, die kurz vor dem Krieg sich noch den Weg ins Olympiaaufgebot erkämpft.

Wie die Mutter zu denken und zu fühlen ist eine Sünde wider den Vater. Es heißt aber auch, daß der Vater letztlich auf der Strecke bleibt, weil in der Familie der Mutter die bedeutenderen Menschen zu finden sind, unter anderem ein hochangesehener königlicher Minister. Die Großmutter hat ihn immer wieder auf diesen Ahnherrn angesprochen und ihn ihm als Vorbild hingestellt. Sie habe zum Beispiel nach dem Krieg eine Antiquitätensammlung angelegt, ungeordnet aber schön (deren Kostbarkeiten später Klaus' neues Haus zieren, in dem wir diesen Text diskutieren). Also ist die mütterliche Linie auch in der kulturellen Verankerung überlegen, aber von der väterlichen Seite so entwertet worden, daß die Beziehungen im Clan abgebrochen wurden. Es ist sehr wichtig für ihn, daß ich diesen weiblichen Teil von ihm sehe, nicht nur als körperlich-weibliche Identifizierung, sondern als Denkungsart und als kulturschöpferische Haltung, die aber um ihre Chancen geduldig kämpfen müsse. Er fürchtete ja bis in die Pubertät (oder soll man sagen, ein Teil von ihm sehnte sich danach) eine Frau zu werden. Er hat den Vater damals gefragt, angstvoll gefragt, ob er Brüste bekomme. Die Vieldeutigkeit dieser Frage, auch angesichts der Ambivalenz dem Vater gegenüber, erschließt sich erst allmählich. (Bis ins dritte Jahr der Analyse, als eben die Integration der Fähigkeiten beider Clans aufzuleuchten beginnt, ist die Phantasie einer Überbrückung der Kluft nur durch Doppelgeschlechtlichkeit denkbar, eine sowohl ängstigende wie faszinierende Perspektive des Unbewußten, um widersprüchlichen Reichtum einerseits mythologisch, andererseits in massiven psychosomatischen Symptomen und Störungen des Körperbildes zu verknüpfen.)

Eine Erleichterung für ihn bedeutet, daß er die beiden Anteile von ihm, die immer auseinandergefallen sind, in seiner Wissenschaft auf so tiefgreifende Weise wieder vereinigen kann. Der Vater hatte ihn gezwungen, das Wesen der Mutter zu verraten, und umgekehrt. Als Student fühlte er sich in Gefahr, zu verwahrlosen und unterzugehen. *(Ein Teil der Bindung an seine Frau, die sich nie auf ein geteiltes lebendiges Selbst bezog, sondern auf Erlösungsphantasien für das unerlöst Umherirrende, beruht nicht zuletzt auf der Dankbarkeit für einen tragenden Glauben an seine Kraft.)* Jetzt wird dieser permanente Zwang zum Verrat in der Ursprungsfamilie Schrittchen für Schrittchen wiedergutgemacht. Die Phantasie aber ist zunächst einmal, daß der Vater daran stirbt; daß er ihn umbringt durch die Rückkehr zur Mutter und damit auch den Chef wissenschaftlich aufs frühe Altenteil treibt, wenn er diese Art von Wissenschaft durchsetzt. Passive Meditation und durchsetzungswilliges Machertum müssen zusammenfinden, ohne sich permanent zu entwerten oder zu bekämpfen.

Regression in der Badewanne. Idylle und Neubeginn
Vier Tage später

Klaus kommt etwas zu früh an diesem Freitagabend. Ich bin überrascht, weil das so selten geschieht. Der Raum ist von der Lehrergruppensitzung noch nicht wieder aufgeräumt, als er eintritt. Das befremdet ihn, eine leichte Verstörung – »aber nicht schlimm« – wird spürbar. Er fängt sich rasch wieder, wie in einem Entschluß, eine Bedrohung nicht zu stark werden zu lassen in sich. *(Ich merke das drohende Unheil an meinem eigenen Befremden mir selbst gegenüber: »Wie konntest du nur so etwas tun! Du bist ein schlechter Therapeut oder ein schlechter Vater oder eine schlechte Mutter!« Wie man sich eben fühlt, wenn man bei jemandem an eine Wunde rührt oder ihn aus Versehen an einen Abgrund führt. Es war wohl dieser kurze Blick des in den Abgrund Fallenden, der mich getroffen hat und den ich erst als Befremden abtun wollte. Jetzt ist gerade Bosnienkrieg, wo ich die Protokolle überarbeite, da verschwindet täglich Heimat, Familie, Geborgenheit, vertrautes Haus und Wohnung.)* Einen solchen Blick der inneren Bedrohung eines Kindes hatte er für einen Augenblick, mit dem Ausdruck: »Wieso ist Heimat zerstörbar?« Und dann die Erleichterung, als er sich vor dem Abgrund umwendet und die »heile Welt«, die nur normal bedrohte und doch tragende Welt unserer Beziehung wiederfindet.

Er setzt sich, sagt, er sei vollkommen erschöpft, sowohl von der Arbeit als auch von der Familie. Er meine immer, es sei »Knies« in der Familie. Alle hätten eine Schnute gezogen beim Abendessen während der Woche, was er auf sich bezog, bis die elfjährige Tochter sagte: »Was hast du bloß, ich habe mit der Mutter Krach gehabt!« Und dies, als er schon aufstehen und weggehen wollte. *(Diese Mitteilung der Tochter wirkte natürlich erleichternd, aus mehreren Gründen, aber auch gefährlich, weil sie die labilen Loyalitäten bedrohte: Er fürchtet ohnehin, daß die Mutter die Kinder, angesichts seines Zwölf- bis Vierzehnstundentages in der Klinik und des Ärgers der Frau über dieses Leben als »Gattin« eines aufstrebenden Wissenschaftlers, die ihre Arbeit aufgegeben hat, zu stark an sich bindet oder sie ihm gar entfremdet.)*

Dann gab es aber einen Familienrat, wobei die Tochter, die als therapeutische »Vorkämpferin« in eine Kindertherapiegruppe ging, die Initiative ergriffen hat. Klaus sagt, er fand es ganz toll, wie sie die Mutter kritisiert habe. Es sei übertrieben gewesen, aber als es heraus war, sei es ihr wieder gutgegangen. Er habe ein bißchen moderiert, und alle hätten seine ausgleichende Rolle gerne akzeptiert. Eine so unerwartete Verwandlung einer bedrohlichen Situation in eine, in der er plötzlich handlungsfähig war, nachdem er einen schwerwiegenden Irrtum verstanden hatte, habe er selten erlebt. Er habe zwar geschluckt, als seine Tochter ihn so anblaffte, aber dann konnte er es wie einen kräftigen, ärgerlich-liebevollen Schubs erleben, der ihn aus seiner Versponnenheit und ängstlichen Selbstbezogenheit erlöste.

Wenn er abends nach Hause komme, meint er, seien die Erwartungen aller an ihn groß; er möchte ihnen gerecht werden, ohne daß sie klar zu fassen seien. Er setze sich dann müde an den Tisch, anstatt sich für eine halbe Stunde zurückzuziehen, zu duschen oder sich kurz hinzulegen. Im Grunde würde er gerne selbst erst einmal regredieren, aber ein angespanntes Familiensystem erwartet sein Funktionieren, wenn nicht gar auf ganz unbewußte Weise ein Stück Erlösung, oder wenigstens ein Aufatmen, vom Tag ohne ihn. Er kann sich einfach nicht trennen, weder von seinem Pflichtgefühl noch von den eigenen symbiotischen Hoffnungen auf eine Alternative zum schauerlichen »Frieden des Abendmahls«, der das Grauen seiner Kindheit war. Er könnte das Abendessen jetzt ja selbst gestalten, das aber auch in seiner eigenen Familie noch von undurchschaubar negativen und schwer faßlichen Kräften durchzogen oder unterhöhlt ist.

Meine Phantasie ist, daß er sich in seiner Erschöpfung hinlege, was ich aber zunächst nicht vorschlagen will, weil er gesagt hatte, er spüre gar nicht, was er brauche. Das klang tief resigniert, so als sei ihm die Orientierung über seine Bedürfnisse wieder vollständig abhanden gekommen. Dann sagt er von sich aus: »O.k., ich lege mich doch mal hin. Aber möglicherweise bin ich so erschöpft, daß ich wegsacke.« Es war also zunächst die Angst vor dem Ausmaß der Erschöpfung, die ihn auf dem Stuhl hielt. Der Übergang geschieht nach etwa zehn Minuten. Er will wieder die grünen Polster als »Badewanne« außen um sich herumlegen, was er schon einmal gemacht hat, ich glaube im Zusammenhang mit dem Thema »Hundehütte«.

Ich ermutige die Patienten dann, mit den dicken Schaumstoffwülsten einen Schutzwall um sich herum zu bauen, der vieles bedeuten kann, je nach Regression und Übertragung. Für manche wirkt es wie das unerwartete Geschenk einer Schutzzone für das bedrohte Selbst, dessen Form und Größe sie selbst bestimmen.

Ich gehe kurz hinaus und wasche mir die Hände, da die Pause zu kurz war. Als ich wieder hereinkomme, liegt er wie in der Badewanne: Die Rückenpolster sind, umgekehrt wie zum Sitzen als Rückenlehne, als eine Mauer um den Innenraum der Couch herum gelegt. Ich soll direkt neben der »Badewanne« sitzen. Er schließt die Augen. Ich bin auch sehr erschöpft. Wir sind beide ein bißchen eingenickt, es war so friedlich plötzlich.

Vorher hatte er noch gesagt: »In der Badewanne habe ich mich oft getröstet – allein.« Es schwingt vieles mit in den Worten »Trost« und »allein«, was ich nicht aufgreife, und sage: »Jetzt gibt es Badewanne plus eine schützende Person«, und will so das ursprünglich einsame Erleben von wärmender Zuflucht verbinden mit der Beziehung zu mir. Er wirft mir einen scheuen, dankbaren Blick zu und schließt wieder die Augen. Ich erlebe die Situation als »andächtige gemeinsame Gegenwart«, reines Zusammensein, wohltuend, beinahe religiös getönt, oder mythisch, bis ich an einem leichten Unbehagen spüre, daß wir in Gefahr sind, in dem statischen Bild zu erstarren. Das schleicht sich nur ganz leise ein, entwertet nicht die Minuten des Daseins fast ohne Interaktion, die wieder Zeitlichkeit in die Beziehung brächte.

Nach fünf Minuten frage ich ihn deshalb, wie es für ihn sei, wenn er eine Hand herausstrecke und mich festhalte. Das tut er dann sehr gerne. *Der Anlaß: Eine Hand hängt über das Polster, den Rand hinaus. Das bringt mich wohl auf den Gedanken, den Halt zu verstärken: aus der selbstvergessen hängenden Hand war durch minimale Bewegungen eine suchende Hand geworden. Aber ich könnte auch sagen, aus subtilen und doch wuchtigen Veränderungen der Gegenübertragung heraus, einer schleichenden Erstarrung und Vereinsamung, habe ich nach solchen kleinen Bewegungen Ausschau gehalten. So mag es auch zwischen Mutter und Kind oder Vater und Kind sein: unmerkliche Zeichen für eine Verständigung weit unter der Schwelle des Bewußtseins, ein Körperdialog des Winkens und Rufens waren vorausgegangen, mit den entsprechenden noch unbewußten Gefühlen und seelischen Suchbewegungen. Meiner eigenen Vereinsamung in der Erstarrung, die ja aus einem Festhaltenwollen von etwas Kostbarem entsprang, entsprach bei ihm vermutlich etwas noch Bedrohlicherem: Ein Untergehen inmitten der einsamen Geborgenheit der Wanne.* Denn er greift nach der Hand nicht wie ein Ertrinkender, sondern wie einer, dem Ertrinken drohen könnte. Eine Vorkatastrophenstimmung also, wie schon einmal zuvor beim Hereinkommen in den Raum. Er hält dann mein Handgelenk fest und wird sehr weich, sagt, er habe den Vater, außer beim Handgeben und bei frühen Spaziergängen an der Hand, nie anfassen dürfen.

Väter dieser Generation wissen oft nicht, wie erstarrt und rituell eine solche Geste werden kann, wenn sie wie in einem kitschigen Bild prolongiert wird. Sie verbleiben im Bild einer dem Kinde aufgezwungenen Idylle, während das reale Kind neben ihnen schon die Qualen einer falschen Verschmelzung, ja einer subtilen oder massiven Vergewaltigung erleidet, die auch nur zu benennen unmöglich wäre. Erst recht wäre Protest nicht erlaubt. Besonders Väter, die im Krieg waren und später in Gefangenschaft, klammerten sich dort und noch nach ihrer Heimkehr oft an solche Bilder des Friedens wie der Idylle. Sie stellten die Zeit ab, ließen Einzelmomente von Familienglück zur Ikone erstarren und ahnten nicht, daß sie Haß säten, inmitten ihrer familiären Friedensinsel, die sie entschädigen sollte für die zuerst heldischen und dann verlorenen Jahre. Vor allem die Töchter haben sich zur Verfügung gestellt für die emotional (und oft erotisch) ausgehungerten Väter.

Dann verharren wir noch einmal zehn Minuten völlig still, ohne daß wieder Erstarrung eintritt. Ich bin selbst wieder ein bißchen eingenickt, er vielleicht auch. Ich frage beim Erwachen, was vorgehe. Er sagt, er fühle sich schon wohler und etwas erholt. Und nach weiteren fünf Minuten wird sein Körper lebendig. Er fängt an, die Beine zu bewegen, lächelt ganz verschämt und legt die Hand verbergend über das Gesicht. Die aufkommende Freude macht ihm so zu schaffen, daß er sich versteckt, aber eben so, daß ich ihn ja noch sehen kann. Ich habe den Eindruck, er fühlt sich oder ist wie ein kleines Kind, das sich freut und zappeln will. Seine Bewegungen werden kräftiger. Er tritt mit Wucht den unteren Wulst von der Couch, zerstört also die Wanne, und zwar fast im Jubel gegenüber der

Mutter, aber immer mit verstecktem Gesicht. Er fängt an, sich ein bißchen zu wälzen, faßt mit den Händen immer heftiger das Gesicht an, reibt sich die Augen. Er sagt, sein Gesicht sei nicht einheitlich und nicht konturiert. Er knetet es wie unförmigen Ton. Ich frage, ob ich es einmal halten könne.

Er beginnt dann, wie mit einem mächtigen Tierkopf in meinen Händen zu wühlen und es enorm zu genießen, zu lachen und zu blinzeln. Ich sage Tierkopf, weil er sich wirklich unförmig anfühlt, es ist, als wolle er zu einer menschlichen Gestalt geknetet werden oder sich selbst in der Berührung und Begrenzung formen. Er atmet schwer. Seine verstopfte Nase wird plötzlich wieder durchlässig, so daß er freier atmen kann. Er fühle sich so frei, wie seit Jahren nicht mehr.

Ich werde trotz meiner Müdigkeit auch wieder lebendig. Das sage ich ihm auch. Ich sei ja vorher selbst ein wenig durchgehängt. Es ist für beide ein wohliges Gefühl, das gemeinsame Lebendigwerden, das wir eine Weile genießen. Er sieht dann auf einmal traurig aus, als müsse ein schützend gutes Gefühl plötzlich sehr vielen anderen Gefühlen Platz machen. Dann kommt wieder ein Stück Bewegung in den Körper, wozu mir einfällt »gewundenes Geständnis«. Und in der Tat knüpft er an Unangenehmes an, an die Leiden während der langen Therapiepause und dem Wiedereintritt in die Beziehung. Daß er so gezögert habe zu sagen »ich wünsche mir . . .«, das liege natürlich an dem Ausmaß des Übergangs von den Ferien, wo er ohne mich auskommen mußte, und dem Wiedereintritt in meine Gegenwart. Das sei wie ein zehnstöckiger Fahrstuhl, den er betrete. Und da zu sagen, daß er Berührung brauche, sei einfach »unheimlich«. Deshalb mußte er warten, bis ich sage: »Ich spüre das auch so. Ich bin bereit und ich sehe deutliche Spuren der Sehnsucht und der Entbehrung.« Erst dann gibt es für ihn ein Stück Sicherheit. *(Er hilft mir mit solchen Sätzen auch aus der Unsicherheit heraus: Biete ich ihm zuviel an, dränge ich es ihm auf? Desorientieren mich meine eigenen Gefühle und Wünsche nach Nähe? Aber es scheint, daß meine Beunruhigung in der Gegenübertragung, eine ängstigende Einsamkeit, aus der noch uneingestandenen Dringlichkeit seiner Wünsche kommt, die ich dann als eigene Übertragung oder Regression verdächtige. Möglicherweise bin ich mit einer tief ver-*

grabenen Sehnsucht des Vaters identifiziert nach einer Nähe zum Sohn, die er nie zulassen konnte.)

Auf jeden Fall berichtet Klaus von einem Bild, das sich ihm bei seinem letzten Besuch bei den Eltern eingegraben habe: der Vater stand vor ihm wie ein verlorenes Kind, aber er, Klaus, habe dem Impuls, ihn schützend und tröstend zu umarmen, nicht nachgeben können, so sehr sei er gelähmt gewesen.

Klaus hatte praktisch durch die langen Ferien (sieben Wochen) hindurch wieder vergessen, daß er Körperkontakt wünschen und abrufen kann und ich dazu bereit bin. Er geniert sich immer wieder. Und wenn er dann sagt, daß es das bei seinem Vater nie gab, dann sieht man das ganze Ausmaß der Unvertrautheit, des sehnsüchtigen Elends und auch der Scham, vielleicht sogar abnorm zu sein mit seinen Wünschen. *(Auch diese Scham taucht verzerrt in der Gegenübertragung auf: sie steckt mich an als Überichzweifel und Selbstverdächtigung; orthodoxe Kollegengesichter tauchen auf wie »drohende Nachbarn«, die den Kopf über mich schütteln, weil ich die freudianische Zucht und Ordnung der Nicht-Berührung verrate. Schließlich finde ich zu meinem Selbstvertrauen zurück und denke, der Patient, den ich immer wieder dazu ermuntere, wird es mir schon sagen, wenn ich zuviel Körperkontakt anbiete. Das muß Teil unseres Kontraktes werden. Aber meist ist es eher umgekehrt: Er bangt schon in heimlicher Hoffnung und Sehnsucht nach meiner Annäherung, während ich mich noch mit Prüfen und Denken herumschlage.)*

Dann reden wir wieder ein bißchen, und ich deute meine Schwierigkeiten beim Anbieten von Berührung an, die immer wieder auftauchende Unsicherheit. Er beruhigt mich, verspricht mir, mich zu korrigieren, wenn es einmal nicht stimmen sollte. Daraufhin muß er fünfzehn Mal niesen, es fängt alles an zu fließen. Ich vermute, daß nach allem Erleben in der Stunde die Erneuerung des Kontrakts noch eine weitere Nähe und Stolz über die Gemeinsamkeit gebracht hat. Vorher waren seine Hände schon von der Kieferpartie zu den Ohren gewandert. Ich halte seinen Kopf seitlich, mit hohlen Händen über den Ohren. Er liegt zunächst wieder völlig still da, fängt dann erneut an zu wühlen und beginnt wieder zu niesen. Es ist wie eine Serie von Explosionen, wie angestaut, mit Gelächter. Ich muß auch lachen, weil es so urig, archaisch ist, auch lustig, den vom Niesen herumgeschleuderten Kopf zu halten. Es wirkt sehr symbolisch: Ich helfe ihm beim Umgang mit den seelischen Naturgewalten, die ihn erschüttern, und dabei beginnen sie lustvoll zu werden.

Vorher, im Erschöpfungszustand, wo ihm alles zuviel war, sagte er noch, jetzt komme der Geburtstag der Mutter, und die Familie sollte hinfahren. Aber er habe mit dem Vater seit Monaten kein Wort geredet. Die Mutter rufe an und »schwätzt und schwätzt«. Ich sage ihm, es sei so, als wolle sie nur noch Stimmen und Echo hören, nicht Rede und Gegenrede. Er sagt, genauso sei es. Sie rede ohne Punkt und Komma, weil sie derart vereinsamt sei. Man müsse nur noch zuhören. Klaus fühlt sich verantwortlich für sie, findet aber zu beiden Eltern keinen richtigen Zugang. Die letzten fünf Minuten sitze ich dann noch einmal neben ihm. Seine Nase juckt und juckt. Ich sage ihm, mir fielen die Eskimos ein und die soziale Rolle der sich aneinander reibenden Nasen: ob es sich nun um sexuelle Gefühle handle, oder um Nähe, Zärtlichkeit; oder ob es mit mehr Aggressivität zu tun habe? Er weiß es nicht. Deshalb sage ich, wir könnten das ausprobieren: Ich stellte mir vor, er kniee sich auf die Couch vor mich hin; ich hielte seinen Kopf, und er würde gucken, ob er mehr stoßen oder sich anlehnen wolle. Es wird dann völlig klar, daß er sich anlehnen will. Er läßt sich gegen mich fallen. Darauf ich: Er möge prüfen, wie es mit dem Gesicht und mit der Nase sei. Er lehnt sich an, meint, seine Knie würden schwach, er drohe, zu mir hinzufallen. Und plötzlich sagt er: »Jetzt muß ich aufpassen, sonst mache ich in die Hosen.« Es ist wieder mit Gelächter verbunden. Wir ahnen beide, was los ist: fließende Nähe. Ich sage: »Ja, das wäre ein schönes Geschenk.« Kinder bis zu zwei Jahren, vielleicht auch ältere, würden den Urin, weil er so warm ist, als sehr angenehm erleben. Und sie glaubten, es müßte die Mutter genauso erfreuen, wenn die feuchte Wärme beide überströmt. Also sei es auch ein Geschenk an die Mutter. Kinder würden die innere Freude auch einfach als organismische Lebensfreude erleben und lospissen. Er freut sich, daß ich die Angst vor dem Lospinkeln als ein »strömendes Geschenk« an mich deute. Er geht sehr beglückt nach Hause.

Nachtrag: Was ihm sehr leid tue: Mit der Sekretärin habe er Kaffee getrunken vor der Stunde und hätte sich am liebsten mit ihr für nachher verabredet. Sie ist verheiratet, aber mit ihr kann er reden. Er hätte sich aber nicht getraut, sich zu verabreden, weil er glaube, daß seine Frau, die ihn nach den »Moserstunden« oft als aufgelockert und zugänglich erlebe, einen Anspruch darauf habe, ihn in diesem guten Zustand zu erleben. Deshalb habe er sich nicht getraut, den Abend mit seiner Frau abzusagen: aus Loyalität müsse er den Zustand, in dem er aus der Therapie komme, zu Hause sozusagen abgeben. Wir müssen beide lachen, trotzdem ist es auch Ernst, seine Gefühle ihr gegenüber sind »gemischt« aus Automatismen und tief empfundener Anhänglichkeit, aus verschütteter Liebe und der Bereitschaft, für die Beziehung zu kämpfen, wie aus Wut und jahrelangem Groll.

Sexualität und Mutterbindung
Drei Tage später
Klaus stellt den Stuhl etwas weiter von mir weg als sonst und guckt mich erwartungsvoll an. Dann fragt er zum wiederholten Mal: »Was lachst du?«, als gäbe es einen geheimen Gedanken oder eine Kritik, der als amüsierte mich etwas. Ich thematisiere es und sage: »Ich glaube, du kannst nicht fassen, daß du ein wohlwollendes Lächeln auslöst.« Darauf wird er sehr traurig und sagt, es stimme, er wisse fast nie, was er auslöse. Ich sage, ich hätte das Gefühl, als reagierte ich auf etwas in ihm: ein vorsichtig-werbendes Lächeln, eine Einladung, sogar eine Ansteckung.

Er sagt, es gebe nur drei Personen: seine Sekretärin, eine Mitarbeiterin und mich, bei denen er einigermaßen sicher sei, daß sie spüren und aufnehmen, was ihn bewege. Das mache ihn traurig. Er spricht von seiner Müdigkeit und einer sehr tiefen Resignation. Er und seine Frau gingen sich aus dem Weg. Aber jeder für sich könne gut umgehen mit den Kindern.

Dann mußte er sich hinlegen. Er bekommt wieder Bauchweh. Vorher erzählt er noch von einer Situation mit seiner Frau, in der sie sich wieder völlig mißverstanden hätten und in der er ihr gegenübersitzt. Er phantasiert, sie könnte etwas von ihm wollen. Er horcht dann fieberhaft in sich hinein, was es sein könnte, und rennt weg. Es scheint ihm noch ausgeschlossen, sie direkt zu fragen. Ich frage ihn, was seine Frau so übermächtig mache; das müsse eine Vorgeschichte haben. Im Liegen kommt er auf seine Mutter zu sprechen. Sie hatte ihm eine Erwartung signalisiert, die zu schwer war: Trost, Solidarität und Erlösung. Wir wissen, daß es auch eine spätere Sexualisierung in der Pubertät gab, doch auch schon als Kind.

Er erinnert sich wieder an eine Situation vor der Schulzeit, als sie mit ihm Schuhe kaufen gegangen sei (ähnliche Situationen eines sehnsüchtigen Wartens darauf, daß er größer werde und sie verwöhne, sind offenbar mehrfach vorgekommen) und gesagt habe: »Später, wenn du mal groß bist, kaufst du mir Schuhe.« Das veränderte immer die Szene, ohne daß er genau formulieren kann wie. Aber er spürte, daß es eine symbolische Geste war, die ganz viel bedeutete, eine enorme, ihn andächtig machende und verpflichtende Erwartung von seiten der Mutter: »Wenn du groß bist, sollst du mir viel bedeuten.«

Er versucht, mit dieser Stimmung zwischen ihm und der Mutter in Kontakt zu treten. Aber er kann nur die Mutter von heute präsent machen, und da spielten andere Dinge eine Rolle. Ich schlage trotzdem noch einmal vor, die frühe Mutter präsent werden zu lassen. Der rötliche, weiche Wandteppich, den er mit dem Handrücken berühren kann, repräsentiert die Mutter. Er zögert eine Minute und wendet sich ihr zu. Ich sitze noch auf dem Stuhl neben ihm. Er wird unruhig und dreht sich nach einer Minute zu mir zurück, sagt erschrocken: »Ich hatte plötzlich das Gefühl, ich sollte mit ihr schlafen.« Das muß die Szene sein, als er mit fünfzehn zum letzten Mal neben ihr im Bett lag, als der Vater auf der Jagd oder verreist war, und wahnsinnig erregt wurde. Es kam seiner Meinung nach nur dadurch nicht zum Beischlaf, weil die Mutter aufstand und wegging. Es sei aber eine sehr intensive, verlockende und ängstigende Situation gewesen. Er legt sich wieder zurück und stöhnt, ist verwirrt.

Ich schlage ihm vor, das Ganze noch einmal zu probieren mit mir als idealem Vater im Rücken. Der Teppich sei dann die ideale Mutter. Er wendet sich wieder ihr zu. Ich leite eine alternative Szene ein: »Wir haben ja gespürt, daß die Mutter ganz intensive Wünsche hatte. Sie war auch in der Ehe mit dem

Vater sehr unglücklich.« Ich berühre den Teppich und sage: »Jetzt bin *ich* mit dieser Frau, der idealen Mutter verbunden. Wir sind deine Eltern. Du kannst zu uns beiden eine zärtliche Beziehung haben. Ich habe zur Mutter eine glückliche sexuelle Beziehung. Und solche Erwartungen hat sie nicht an dich.« Da fängt ganz heftig sein Sekundenweinen an, das sofort wieder in Lachen übergeht. Er ist erleichtert, als ich sage, daß ich mit der Mutter schlafe. Er fühlt sich enorm entlastet, kriegt wieder Kreuzschmerzen, diesmal vor lauter Erleichterung und Entkrampfung, kann dann die Mutter auch mit dem Finger berühren. Ich sage: »Wir sitzen beide bei dir am Bett. Und du kannst zu beiden eine gute Beziehung haben.« Wieder das ruckhafte Weinen. Er sagt, so eine Szene kenne er nicht. Er nimmt sehr intensiv mit der Mutter Kontakt auf. Es gurgelt in seinem Bauch.

Dann stemmt er sich mit dem Rücken gegen mich, läßt dann aber plötzlich nach, so daß ich fast über ihn gesunken wäre. Ich habe mich aber instinktiv aufgefangen. Als idealer Vater sage ich: »Wenn du auch mit mir Kontakt aufnehmen willst, bin ich da. Aber wenn du weich wirst, dringe ich nicht in deinen Raum ein.« Darauf reagiert er sehr stark, wiederholt das Drücken und Nachlassen mit dem Rücken prüfend und kämpferisch einige Male, experimentiert mit dem Wechsel zwischen Kraftkörper und weichem Ausdrucks- oder Zärtlichkeitskörper, freut sich, daß er es erkennen und steuern kann. Dann wird er ganz ruhig, fühlt sich sehr gekräftigt und lebendig. Ich bin auch sehr berührt, wie er die Szene genießt und lacht und weint. Ich lege noch einmal den Arm auf seine Schulter und spreche eine ideal-elterliche Erklärung: »Wir verstehen uns gut. Die Mutter hat keinen Grund, dir zuviel an Wünschen und Sorgen anzuhängen.« Es kommen ganz vorsichtige Körperbewegungen. »Wir beide sehen, daß du ein kleiner junger Mann bist. Und wenn du groß bist, wirst du dir eine Freundin oder Frau suchen. Wir sind mit deinem Körper einverstanden. Und vielleicht wirst du mal ein genausoguter Vögler wie ich.« Darauf müssen wir beide lachen.

Er bedeckt immer wieder seine Augen. Es ist mit Scham verbunden, daß er sich von der Mutter so tief hat verstricken lassen. In der ruhigen Phase am Schluß bringt er noch Erinnerungen daran, daß er und seine Frau eigentlich gar nicht heiraten wollten. Als sie zur Trauung gefahren seien, habe seine Frau das Auto angehalten und gesagt, sie wolle lieber alles abblasen. Da sie aber schon schwanger war, sagt er, hätten seine Eltern von ihm verlangt, daß er sie heirate. »Selbst wenn ich wollte, dürfte ich nicht aussteigen.« Beide schienen zu ahnen, daß vielleicht ein Martyrium, mindestens eine endlose Zeit der Mißverständnisse und des Suchens nacheinander begann, bei dem sie noch heute, beide selbst in Therapie, auch mit fremder Hilfe zu verzagen drohen. Es wird ihm noch einmal deutlich, daß sie fast nur in und mit Übertragungen gelebt und sich damit auch gequält haben.

Mädchenkörper, Jungenkörper, Heldenpanzerung
Vier Tage später
Klaus berichtet von einem Konflikt mit seinem Chef, wobei er für sich selbst ein Wort gebraucht wie »unterdrückt« oder »zusammengepreßt«, wonach ich plötzlich Phantasien hatte, auf seiner Brust zu sitzen, um etwas von dem Gewicht, das er angedeutet hatte, zu simulieren. Als ich ihm das mitteile, sagt er, er hätte fast lachen müssen, als ich es äußerte. Ich meine zuerst, es sei ihm lächerlich oder absurd vorgekommen. Er sagt aber, es sei ein erfreutes inneres Auflachen gewesen. Er legt sich sofort auf den Teppich, ich setze mich trotz seiner Einladung zunächst daneben, weil ich ihm erst klarmachen will, es sei etwas sehr Intensives, was wir da angingen, da wolle ich mich zunächst einmal daneben setzen und fragen, wie sich die Expedition für ihn anfühle. Ich lege zuerst die Hand auf seine Brust. Bei ihm zeigt sich eine Mischung aus Zittern und Glucksen.
Er liegt ausgestreckt und öffnet leicht die Beine wie eine Frau. Ich spreche es an und sage, wir wüßten ja, daß große Nähe zu einem Mann immer wieder solche Gefühle in ihm wecke. Mit meiner Hand auf der Brust gebe ich eine Erklärung: »Selbst wenn du es als sexuell erlebst, wenn ich eine Mischung aus Druck und nahem Kontakt anwende, werde ich nicht sexuell reagieren und nicht eindringen. Es geht um eine intensive Begegnung mit dem Körper des idealen Vaters.«
Der Chef hatte ihn wieder um Geld betrogen. Ich hatte gerade in diesem Zusammenhang mit Betrug irgendwo das Wort

»Bumsen« und »Vögeln« gelesen, oder noch andere Worte, die mehrdeutig Geschlechtsverkehr und Betrug verbinden: Bürsten, Nageln, Bügeln usw., und sage ihm: »Also der hat dich ganz schön genagelt und betrogen.« Er kann sich ja noch nicht wehren gegen diesen Betrug des Chefs.

Nach meiner Erklärung fängt er an, sich Augen und Nase zu reiben. Die Brust wird ihm warm. Aber er sagt, der Druck müsse viel stärker sein, um ihn zu erreichen. Ich versuche mit zwei Händen Druck zu machen. Er wirkt aber wie gepanzert, spricht selbst von einem »Gefühl wie Styropor.« Er fühle zwar meine Hand, aber weit über seiner Seele, es sei eine leere Zwischenschicht darüber. Dann lege ich mich mit meiner Brust auf seine und stütze mich dabei auf Ellenbogen und Knie. Darauf fängt er an stark zu atmen, weint auch ein bißchen. Er sagt, so etwas habe er überhaupt noch nie gespürt, eine so schützende Nähe.

Zuerst ist es ein Ruhen, gemeinsames Fühlen und Eindringenlassen der Wärme. Dann wird, wie er sagt, die Styroporschicht dünner, der leere Raum schmaler, und der Körper gerät in Schwingungen. Ich walke ihn ein bißchen mit meiner Brust. Er muß lachen und gluckst wie ein völlig ausgelassenes kleines Kind. Ich setze mich wieder auf und wälze leicht seine massigen Beine. Als ich seine Zehen behutsam anfasse, wird er ganz klein, fast wie ein Säugling, ein Kleinkind, mit dessen Zehen die Mutter spielt. Es entsteht eine fröhlich-jubelnde Atmosphäre von Anfassen und Körperspiel.

Ganz zum Schluß ziehe ich ihm die Beine wieder lang, weil er sie eingezogen hat wie ein Kind. Das gefällt ihm auch sehr gut. Er hat Mühe aufzustehen und will gar nicht gehen. Er sagt, daß er das alles früher nie erlebt habe. Ich nehme aber an, daß er vieles verdrängen oder abspalten müßte.

Gestalttherapeutisch könnte man sagen: Wir stoßen auf eine Vielzahl von blockierten, nie zu Ende gebrachten Szenen, Sehnsüchten, Ängsten, Handlungsbereitschaften, Spielimpulsen. Wir erschrecken bei manchen Ängsten, Abgründen und Widerständen, und dann beginnt die wechselseitige Verführung zum Leben von neuem. Der rasche Wechsel der Ebenen, Übertragungen, Regressionstiefen und sprachlichen Verständigungspas-

sagen macht das Erleben in manchen Phasen zur Fahrt mit der Achterbahn, bis wie von selbst wieder Ruhezeiten zur Orientierung und zum Verdauen kommen.

Die Panzerung von Klaus' Brust scheint hünenhaft. Obwohl er in dieser Stunde und auch in späteren Einzelstunden nicht mehr darauf besteht, daß ich von außen so stark Druck ausübe, wie es gefühlsmäßig seinem Innendruck entspricht, besteht er in einer der nächsten Gruppensitzungen darauf, daß der schwerste Mitpatient sich auf seine Brust setzt: »Ich will es einfach einmal ausprobieren«, so bittet er mich, meine Bedenken beiseite zu stellen. Er hebt den Zweizentnermann mühelos mit seinem Atem, spürt dann aber in der Nachbesprechung, wie sehr sich die Panzerung als Überlebenshilfe gegen den Schmerz legiert hat mit den Größenvorstellungen eines Helden, dem nichts die Brust plattdrücken kann.

Geld, Liebe und Macht
Einige Tage später
Er sagt gleich zu Beginn, nach der Sitzung sei es ihm zwei Tage lang sehr gutgegangen. Am Sonntag sei wieder irgendwas mit der Familie gewesen. Er habe vorher ein unglaublich starkes Wohlbehagen gespürt. Er habe – daran konnte er sich seit Jahren nicht mehr erinnern – wieder mit Appetit gegessen, nicht mit Gier. Sonst schlinge er nur und habe überhaupt kein Gefühl fürs Essen. Er habe sich gefreut über das Essen und darüber sich in der Familie auch öffnen können.

Er spricht noch einmal von dem Streit mit dem Chef. Der sei eine Woche auf einem Kongreß gewesen. Danach hätten sie ein langes Gespräch gehabt. Er sei aber trotz seiner Entschlossenheit völlig unfähig gewesen, das Geldthema anzuschneiden. Er habe sich wie ein Kind gefühlt und sich nicht getraut, das Thema in diesem Zustand auch nur zu erwähnen. Ich sage ihm, es sei, als würden alle Altersebenen immer wieder verwechselt, und dann sei es vielleicht wirklich besser, noch zu warten. Er ist erleichtert, weil er meint, noch nicht kontrollieren zu können, ob nicht plötzlich eine ganz peinliche Situation entsteht bei so einem konfrontierenden Gespräch. Und auf den Charme seines Chefs reagiere er wie eine Frau. Er könne dann nichts mehr vorbringen. Nur wenn er ihn nicht mehr

sieht, wird der Chef wieder zum bösen Vater, der am Geld-
hahn dreht. Solange er da ist, fühle er sich eher weiblich und
könne ihm nichts entgegnen, dabei sei aber auch eine archai-
sche Angst im Hintergrund, daß der sich furchtbar rächen
könne, sozusagen bis ans Ende der Tage. Er fürchte manchmal, er könne mit dem Chef und in der Nähe des Chefs
überhaupt nicht mehr erwachsen reden.

Dann will er sich hinlegen. Ich bitte ihn aber, sitzen zu bleiben.
Bevor er zum Kleinkind werde, sollten wir schauen, ob es eine
Szene zwischen ihm und dem Vater gäbe, wo er älter als ein
Kleinkind sei und wo das Geld, das der Chef ihm nicht gebe,
für etwas stehe, was er vom Vater nicht kriegen und auch nicht
von ihm fordern könne. Er meint ziemlich rasch, das Geld
bedeute Anerkennung: daß der Vater ihn sehe, ihn möge,
seine Arbeit schätze und endlich einmal freiwillig sage: »Das
hast du verdient.« Es gab wohl endlose Quälereien mit dem
Taschengeld, das immer wieder durch Wohlverhalten verdient
werden mußte. Daß sich die Vergangenheit nun auch real so
intensiv wiederholt (ich kann die Berichte inzwischen nicht
mehr nur für eine Wiederholungsverzerrung halten), wirkt beinahe grotesk, aber auch wie ein Geschenk des Weihnachts-
mannes, wie ich manchmal sage: »Die große Herausforderung
zum neuen Anlauf und zur Veränderung seiner Ohnmacht.«
*(Wie in vielen anderen Situationen in seinem Leben wie in der
Wiederholung in der Therapie entsteht immer wieder eine große
Unsicherheit: Was ist Realität und was ist Übertragung? Als
Analytiker bin ich immer wieder in Gefahr, einen Teil seiner
Wahrnehmung, etwa der Person des Chefs, für zumindest stark
verzerrt zu halten und ihm bei der Entwirrung durch den Hinweis auf die Parallelen in den Gefühlen zum Vater oder auch zur
Mutter zu helfen.)* Manchmal wirkt Klaus selbst resigniert, weil
er nicht mehr weiß, ob er spinnt oder ob der Chef ihn wirklich
austrickst. (Später laden ihn verantwortliche Angehörige von
Gremien dazu ein, gegen den Chef auszusagen, weil ihnen
seine Machenschaften selbst unheimlich vorkommen und sie
Zeugen suchen. Und noch als wir den Text Jahre später durch-
sprechen, berichtet er von Schulden aus früheren Jahren, die
er gerichtlich einfordern müßte. Nur daß so etwas »in diesen
Kreisen« absolut unüblich sei, lasse ihn noch zögern.)

Ich suche mit ihm nach einer Situation mit dem Vater, wo Anerkennung und Verstehen besonders fühlbar *nicht* stattgefun-
den habe, ein schmerzhafter Mangel, den der Vater durch
nicht berechenbare Geldzahlungen ab und zu zu kompensie-
ren suchte. Er muß also selbst etwas gespürt haben, knüpfte
die Zahlungen aber meist an gute Noten. Ich spreche meine
Vermutung aus, daß es bei Tisch gewesen sein könne, etwa
wenn er den Wunsch gehabt habe, etwas Erfreuliches zu erzählen, oder etwas, auf das er stolz war. Ich stelle mich neben ihn,
er sitzt, ich berühre mit der Hüfte seinen Arm. Er sagt, es
wirke sehr stark auf ihn. Er fange an sich auszuruhen und sich
enorm zu entspannen. Dann fängt der Kopf an zu wackeln, wie
wenn er ihn nicht mehr halten könnte. Ich stelle mich hinter
ihn, und er lehnt den Kopf gegen mich. Dabei verliert er aber
den intensiven Halt für den Kopf auf der rechten Seite, so daß
er mich bittet, wieder neben ihm zu stehen. Dann kann er den
Kopf gegen mich sinken lassen. Als ich hinter ihm stand und
sich der Kontakt verdünnte, gab ich ihm eine Hand von mir als
zusätzlichen Halt. Er hielt sie und lehnte seinen Kopf in meine
Armbeuge. Das tat er etwa zwei Minuten, aber dann fand er
heraus, daß er den Kopf lieber zur Seite hin sinken lassen
möchte.
Er bleibt etwa zehn Minuten lang seitlich gegen mich gelehnt.
Es sei sehr erholsam. So etwas sei undenkbar gewesen mit dem
Vater. Das Gesicht zerfällt ihm vor Trauer und Sehnsucht. Am
stärksten spricht es sein Gefühl an, als ich sage: »Der Vater
hätte ja einmal sagen können, wenn du müde aus der Schule
kamst: ›Ich glaube, du hast einen anstrengenden Schultag gehabt und kannst dich bei mir anlehnen und ausruhen.‹
Am Schluß sitze ich ihm noch einmal einige Minuten gegenüber. Er spricht von seinem Gefühl, daß ihn niemand so
akzeptiere wie er sei. Der Vater war ein Körperertüchtiger und
habe ihn auf Leistung gedrillt. »Wenn der mich angesprochen
hat, wollte er immer etwas.« Die erfreute Bejahung der reinen
Existenz gab es nie.
Es kommt noch einmal die fürchterliche Situation von früher
beim Essen auf. Und jetzt kann er es zum ersten Mal mit mir
an der Seite zulassen, daß etwas von der väterlichen Energie
im Sitzen in ihn hineinfließt. Er wird sehr weich und ganz vor-

sichtig. Ich erlebe ihn wie sechsjährig. Das Hin- und Herrollen in einer der vorigen Stunden hatte natürlich auch etwas vorsichtig Erotisches. Das blieb aber in feinen Grenzen. Dann ging der Fahrstuhl noch weiter hinunter zur frühen Mutter, als ich seine Beine rollte. In dieser Stunde haben wir etwas Neues inszeniert oder symbolisch dargestellt: Wenn das größere Kind dem Vater den Kopf an die Brust lehnt.

Gleichzeitig fühle ich mich aber wie ein großes Tier über einem schwächeren oder verletzten. Es geht auch noch einmal um das spontane Hervorbrechen seiner Weiblichkeit. Ich staune über meine rasch wechselnden Phantasien. Er gebraucht in bezug auf seinen Chef wieder einen Ausdruck wie Einengen/Gewalt ausüben. Und das wollte ich noch einmal inszenieren, um herauszufinden, auf welcher Ebene der Regression er seinen Chef als so mächtig und lähmend erlebt. Dabei stellte sich heraus, daß er ein Mädchen war, das prompt die Beine öffnete.

In der Rolle des idealen Vaters sage ich dann: »Ich sehe, du bist ein Sohn. Ich bin ein Mann, und du bist ein kleiner Mann. Und um Zärtlichkeit und Halt von mir zu kriegen, brauchst du weder ein Mädchen noch eine Frau zu sein.« Klaus hat auch in seinem erwachsenen Körper einen weiblichen Phantomkörper und fühlt sich als Frau bei bestimmten auslösenden Situationen, in denen Übermacht und drohende Gewalt vorkommen. Als er in die Schule kam, mußte er abrupt aufhören, ein fiktives Mädchen für den Vater zu sein. Und von da an war aber auch die väterliche Zuwendung endgültig karg, ja verloren.

Freude und Überschwang
Eine Woche, zwei Sitzungen später
Klaus sagt nach etwa zwei Minuten, eigentlich habe er sich vorgenommen, mich gleich an der Tür zu umarmen, er habe sich aber nicht getraut. Mit seiner leitenden Stelle in einer fernen Stadt werde es wahrscheinlich klappen. Es habe auch in der Familie Phasen gegeben übers Wochenende, in denen sich das Leben wieder lohnend angefühlt hätte. Sie seien am Samstagabend essen gewesen.

Einerseits freue er sich wahnsinnig auf die mögliche Berufung. Andererseits habe er Angst, ob der Chef sie ihm nicht noch zerstören könne. Er erlebt die Chefs wie unberechenbare

Halbgötter, bis hin zum Paranoiden. Er träte mit der Stelle die Nachfolge eines Pioniers seines Faches an, der schon einer der beiden akademischen Halbgötter für seinen Vater gewesen ist. Von daher ist es plausibel, daß das Kind oder der Student in ihm Angst hat, der Vater könne wütend werden über seinen Aufstieg, zumal er sich aus der von ihm vorgezeichneten Spur entfernt hat. In dieser Phase ist wieder sehr schwer zu unterscheiden, wieviel Vaterübertragung auf seinen Chef übergeht und dessen Bild verzeichnet. Mit den Deutungen muß ich vorsichtig sein, da die Entwirrung manchmal als unmöglich erscheint. Er nennt mich immer wieder blauäugig und naiv in meinen Vorstellungen über das Kliniks- und akademische Gemauschel. Es sei die Lust der alternden Chefs, mit viel Intrigen ihre Nachfolge zu regeln und auch den Konkurrenten oder Schülern der Konkurrenten dazwischenzufahren, »der pure Machtgenuß.«

Ich sage, meine Empfindung sei auch die: Ich solle ihm helfen, seine Freude zu leben. Denn er ist in sich zusammengesunken, gleich nachdem er hereingekommen war. Seine mögliche Berufung entnimmt er bis jetzt nur dem Telefonat mit einem ihm gewogenen Chef aus einer anderen Stadt, der sich gönnerhaft benimmt und ihm Kommissionsgeheimnisse ausplaudert. Aber da es ein freundlicher Chef sei, neige er dazu, ihm zu glauben.

Es ist klar, daß eine zappelige Freude durch Klaus' Körper geht. Mir fällt das Sprichwort ein: Sich freuen wie ein Schneekönig. Er muß sehr lachen, weil das Überschwappende, Märchenhafte daran stimmt. Ihm fällt aber nichts ein, wie er die Kinderfreude, die ihn so zappelig macht, ausdrücken könnte. Ich mache ihm vor, wie mich so eine Freude vielleicht ergreifen würde. Ich ziehe ein großes grünes Polster auf die Couch, mit den Enden zur Wand, dem Winkel zu mir. Dann schlage ich drauf und schreie wie ein Kind, das fast außer sich ist über eine unglaublich frohe Botschaft: »Es stimmt, es stimmt, es stimmt!« Klaus schwingt sichtbar mit.

Als er es aber selbst versucht, kann er sich nicht bewegen und bekommt Bauchweh. Seine Hände werden lahm. Ich frage nach dem Grund der Lähmung und wie sie sich anfühle. Er wirkt sehr resigniert, deutet aber an, daß die Richtung auf die

120

Freude hin stimme. Ich nehme eine Hand von ihm, weil ich meine, daß er es nur könne, wenn er meinen Halt spürt, da er sonst noch mehr Angst gekriegt hätte. Es folgt ein kurzes Weinen. Er probiert es noch einmal, indem er nur mit der Brust gegen das Polster stößt. Dabei explodieren sehr viele Rülpser. Es ist fast, als müsse er sich übergeben in dem widersprüchlichen Wogen von Freude und Hemmung. Der Raum der Freude muß erst leergeräumt werden von den unzähligen gegenteiligen Geboten oder inneren Sätzen der Warnung vor Überschwang. Dann greift er fester zu, so daß ich schon denke, die Energie komme zurück. Ich empfehle ihm, einen Laut ohne Worte zuzulassen. Es kommt wieder eine Mischung aus Lachen und Weinen. Er spüre, daß in der Kehle der Jubel, aber auch der Schmerzensschrei sitze. Er bringt aber nur Laute des Stöhnens heraus, meint, er könne das nicht, weder jubeln noch schreien. Viel Scham hindert ihn zusätzlich.

Die therapeutische Hilfe bei der Suche nach verlorengegangener Freude und Begeisterung scheint mir besonders wichtig. Es gibt immer wieder Eltern, die aus eigenem bitterem Schicksal heraus gerade dann eine kritische, dämpfende oder gar demütigende Bemerkung zu ihren Kindern machen, wenn sie spüren, daß deren lebendiges Selbst aufblüht und sich einem Zustand von Freude, Glück, Überschwang oder Ausgelassenheit nähern will, der ihnen selbst vielleicht unzugänglich war: als verboten oder in den Katastrophen von Diktatur, Verfolgung, Krieg und Nachkriegszeit »unpassend«. Bei manchen Patienten sind plötzlich auftauchende Erinnerungen an die Zerstörung des Jubels oder die Diffamierung von Überschwang als »Alberei« so schmerzhaft, daß man sich vom Eishauch einer destruktiven Mißgunst oder eines »Jammertal«-orientierten Verbots gestreift fühlt. Günter Heisterkamp hat in verschiedenen Aufsätzen und zuletzt in seinem Buch »Heilsame Berührungen« (1993) das vernachlässigte, ja stiefmütterlich behandelte Thema der Freude in der Psychoanalyse immer wieder ermutigend aufgegriffen.

Auch als ich Klaus, etwas aktionistisch, einen »Schalldämpfer« (Sitzsack) gebe zum Hineinschreien, kann er noch keinen hörbaren Laut von sich geben, es wirkt vielmehr wie eine Vollbremsung und dahinter scheint ein ganz feines, fast stummes Erproben der Stimme auf. Dann verliere ich vorübergehend den Kontakt zu ihm, bin zu zielstrebig, zu ungeduldig, zu sehr auf hilfreiche Befreiung eingestellt. Wir sind auch an die freudlose Geschichte der Eltern noch zu wenig herangekommen, an deren Philosophie des verhärmten Überlebens, der verbissenen Leistung wie der Tarnung der Gefühle, vor allem in den Jahren nach dem Krieg.

Er fühle sich aber gut, so eingebuddelt wie er sei, sagt er, glaube sich gesehen in seiner Hemmung wie seinem unterdrückten Stolz. Er nimmt mir die etwas drängende Suche nach seiner Freude nicht übel, gerät aber dadurch unter Druck, weil er spürt, wie er fast vor dem expressiven Nichts steht, einer schmerzhaften Verlegenheit und mangelnden Übung, wenn er solche Gefühle ausdrücken will. Damit ist vielleicht auch zu erklären, wie rasch ich versuche, es ihm vorzumachen: Ich war gleichsam angefüllt mit seiner Freude, spürte selbst den schmerzhaften Stau. Eine Variante der Einfühlung, statt des raschen Handelns, wäre gewesen: ich hätte vom Erleben eben dieses Gefühlsstaus gesprochen, ein Ausdruck, den der Hallenser Psychotherapeut Hans-Joachim Maaz ins Zentrum seiner Analyse der Befindlichkeit der DDR-Bewohner stellte. (»Der Gefühlsstau«, Berlin 1991)

Dann legt sich Klaus auf den Boden und gibt mir Signale, daß wir auf der richtigen Spur seien. Er rollt mit den Beinen. Ich halte locker seine Knie zusammen, um sein Aufgeklapptsein zu mildern, das aussieht wie das eines kleinen Kindes auf dem Wickeltisch, das sich dem begeisterten Auge von Mutter oder Vater darbieten will und wie selbstverständlich mit der Wärme des liebevollen Blickes rechnet. Durch die massive Regression unterläuft er die schmerzhafte Geschichte der Verletzungen des freudigen Selbst und kehrt, um sich den »Neubeginn« zu sichern, auf den Wickeltisch zurück, auf dem die Welt der empathischen Spiegelung seines Wertes vielleicht noch in Ordnung war, wenigstens in den ersten Wochen. Auf jeden Fall berührt es mich immer wieder tief, mit welchem Urvertrauen er aus lähmenden späteren Szenen in die frühkindliche Nährsubstanz meiner sicheren Freude an ihm zurückkehren kann, um Kraft zu schöpfen.

Er scheint überschäumende Freude wieder mit seiner weiblichen Identität zu verknüpfen, die aber dann wehrlos ausgeliefert ist. Dabei kommt etwas Ausgelassenes in seinen Ausdruck, von kurzem Weinen unterbrochen, von Lachen und von unendlichem Nasereiben, mit scheu geschlossenen Augen. Als ich ihn auffordere, die Augen zu öffnen, riskiert er einen sehr scheuen Blick. Ich sage ihm: »Deine unbändige Freude sprengt nicht den Rahmen. Ich kann dich halten, auch wenn du außer Rand und Band gerätst, und wenn du meinst, du verwandelst dich in eine kreischende Frau.« Nachträglich scheint es mir folgende Verknüpfung zu geben: Das Paradies des frühen Willkommen-Seins, mindestens bei der Mutter, das zwar früh zerstört wurde durch ihre erneute Zwangsverpflichtung in der väterlichen Praxis, gemildert aber durch die Einstellung eines Kindermädchens, an dem er wie an einer zweiten Mutter hing, bleibt prägend als frühe Utopie. Sie war auf irreale Weise wohl auch leitend bei der Verbindung mit seiner Frau. Glück ist immer etwas schon Versunkenes, das man vielleicht wiederfinden kann, wenn man die richtige Fee findet. Seine Ratlosigkeit in den ersten Monaten der Analyse ist wohl auch so zu verstehen: Der Charakter eines allmählichen Prozesses war ihm unzugänglich, er fürchtete erneute Demütigung und hatte doch die heimliche Hoffnung auf einen raschen, seelenchirurgischen Eingriff.

Er ist zum Schluß der Stunde sehr dankbar für die beginnende *Kartographierung der Landschaft positiver Affekte*, weil es offene Freude, Begeisterung oder Stolz zu Hause nie gegeben habe. Wir versuchen noch auf die negativen Stimmen zu hören, die vor dem Ausdruck der Freude drohend warnen. Er findet eine ganze Serie von Stimmen, ohne daß wir noch auf die Grundstimmung der Familie zu sprechen kommen: »Dreh doch nicht gleich durch«, »mach nicht so ein Theater«, »paß auf, daß du nicht überschnappst«, »mach nicht so ein Gekreische!«, usw. Es sind also entwertende, höhnische Dämpfer, die den sich Freuenden fast als gestört, überdreht oder lästig erscheinen lassen.

Da ich weiß, daß er beruflich auch seinen früh verbannten Bruder weit überholt hat, frage ich ihn, wie er seine mögliche Berufung mir gegenüber erlebe. *(Ich fühle mich in der Stunde* bei diesem Thema zwar einigermaßen gelassen, aber immerhin *fällt er mir ja ein, und ich erlebe seinen Triumph zum Teil also auch aus der Perspektive des überrundeten älteren Bruders. Sowohl was unsere Stellung in der Geschwisterreihe angeht, wie unseren realen Altersabstand, bilden wir seine Familienkonstellation ziemlich genau nach.)* Er sagt beruhigend, leicht erschrocken, tröstend, abwehrend: »Nicht so, daß ich an dir vorbeiziehe, wir sind doch beide in verschiedenen Disziplinen tätig.« Mich erlebt er ohnehin manchmal idealisierend auf dem Podest einer unbezweifelten Kompetenz. Es wirkt eher bedrohlich für ihn, daß ich meine Person durch die Frage nach der Übertragung ins Spiel bringe. *(Ich bin immer noch eine Art Idealobjekt, das er zur Zeit durch negative Übertragungen nicht bedroht sehen möchte. Er hält sich an eine selten thematisierte Zwillingsphantasie und Alter-Ego-Übertragung (Heinz Kohut) von gemeinsamer Kreativität auf verschiedenen Feldern. Es gibt aber auch die ihn ängstigende Vorstellung: Er überragt alle und zieht davon, keiner kann ihn halten und eingrenzen, er wird immer größer und einsamer, aber irgendwann könnte es eine Katastrophe geben, einen Absturz. Die Ikarussage zieht ihn immer wieder an.)*

Innere Hemmung und neurotisierende Lebenssituation

Es gibt bei Klaus wie bei einigen anderen derzeitigen Patienten, die relativ spät, nicht nach dem realen Lebensalter, sondern nach den gelebten Jahren in Beruf und Ehe, in Therapie kommen, das Problem der tiefen Einbettung in Lebensumstände, die der Wandlung und Reifung entgegenstehen. Die im realen Dasein institutionalisierte oder inszenierte Neurose kann eine Lebenssituation geschaffen haben, in der die Übertragungen in allen Bindungen und Rollen bereits einen mächtigen Niederschlag gefunden haben, so bei Klaus in der abhängigen Berufsrolle mit dem Chef und einer Ehe mit zwei Kindern, einem gemeinsamen Haus und einem sozialen Milieu, das Trennung real oder in der Phantasie bestraft. Ein Teil der therapeutischen Arbeit gleicht dann einem mühsamen Sich-Herausarbeiten aus der verfestigten Konstellation, weil das Lebensarrangement dauernd mit dem Fortbestehen der Neurose zu rechnen scheint, von ihr zehrt und sie laufend erneuert, bekräftigt, ja zirkulär verstärkt. Klaus fühlt sich über längere Phasen hinweg immer wieder zwischen bedrohlich widersprüchlichen Polen: die ersehnte Reifung und Befreiung hier, und auf der anderen Seite die Angst vor dem Aus einer beruflichen Karriere, die nicht nur wegen eines angestrebten Status wichtig ist, sondern als Voraussetzung einer hochdifferenzierten Leistung; daneben steht noch die Angst vor dem Scheitern der Familie. Ich bewundere immer wieder seinen Kampf um den Erhalt der Familie. Es gibt aber auch Zeiten, wo ich resigniert denke, er wird an der lähmenden Abhängigkeit von einem unberechenbaren Chef zugrundegehen oder aus der Demütigung so lange nicht herausfinden, bis der Charakter beschädigt ist. Eine Reihe von Stunden ist ganz von diesem Thema geprägt. Die Bewerbungen an andere Kliniken erhalten dadurch eine besondere Dringlichkeit: Er will ein Ende der »Sklaverei« ohne ausreichende Anerkennung um fast jeden Preis. Die letzte Stunde führt zum Thema Angst: Hoffen und Bangen werden vorübergehend zu einer Heimsuchung, einer fixen Idee, bei der die Arbeit an den inneren Prozessen ihm wie ein Luxus vorkommt.

Noch einmal: Geld und Liebe

Sieben Wochen später

Durch den ständigen Kampf um korrekte Abrechnungen sind wir immer wieder mit dem Geldthema beschäftigt: Sind es real bedrohliche, fast kriminelle Manipulationen des Chefs? Was passiert, wenn Klaus dagegen vorgehen würde? Was sind die neurotischen Anteile des Kampfes? Warum fühlt er sich, neben der Wut, auf so lähmende Weise gedemütigt?

Liebe und Geld waren für ihn als Kind und Jugendlichen beinahe identisch. Wenn er etwas gut gemacht hatte, belohnte es der Vater in unberechenbarer Willkür mit Geld. So hatte er die Beziehung dazu verloren, etwas aus sich selbst heraus und in Freude gut zu machen. Es wurde nicht validiert, aber gelegentlich bezahlt. Der Vater habe auch gegenüber der Mutter mit wertvollen Geschenken operiert, so daß sie nie wußte, ob er sie liebt oder sie nur strategisch verwöhnt und die uneingestandene Abhängigkeit einfach umdreht. Auch sie blieb partiell in einem abhängigen Belohnungsverhältnis, wie Klaus es erlebte.

Nur in einem besonderen Jahr der Verbindung von menschlichem Glück und Forschung in Identifikation mit einem geliebten und bewunderten Mann hat er das Gefühl mangelnder Förderung revidieren können: bei einem einjährigen Aufenthalt im Ausland bei einem ihm väterlich zugewandten Kollegen, mit dessen Gedankenwelt, Operationstechniken und ärztlicher Philosophie er sich vollgesogen hat, um sie später selbst weiterzuentwickeln. Aus diesem Fundus an kreativer Zuneigung hat er gelebt, und es ist ihm gelungen, diese Beziehung zu einem *Meister des Verstandes wie des Herzens* langsam in eine Freundschaft zu verwandeln. Es ist uns beiden klar, daß diese Beziehung wie ein geheimer Leitstern auch über unserer Verbindung steht, aber wir sprechen kaum darüber, sondern lassen uns, solange es als untergründige Kraft wirkt, davon tragen. Die spätere »Freundschaft«, auf die er in scheuer Hoffnung und vorsichtigen Andeutungen immer wieder hinweist, muß vorläufig eine ferne Utopie bleiben, weil wir sicher noch manchen Strauß vor uns haben.

Man könnte hier von einer stillen, stabilen und auch motivierenden Hintergrunds-Übertragung sprechen, von der im Lauf der Zeit tatsächlich etwas in Realität übergeht. Klaus gibt, wenn ich diese Übertragung thematisieren will, immer wieder zu erkennen, daß er das als diffuse Bedrohung erlebt. Die Varianten im möglichen Umgang mit Grundübertragungen sind zahlreich. Hier hängt sie nicht nur mit der Intensität der bereits im realen Leben und dem Wiederholungszwang deponierten Affektmengen zusammen, also dem Ausmaß an »Verstrickung« außerhalb der Analyse, sondern auch mit der Angst vor der kumulativen Negativität dessen, was auf den Analytiker zu übertragen wäre, geriete er in den Strudel der primären und destruktiven Rollen von Menschen in der frühen Entwicklung des Patienten.
So könnte man bei Klaus einerseits von einem »Widerstand gegen die Übertragung« sprechen, aber das würde einen generellen Mangel an »Bezogenheit« implizieren. In Wirklichkeit baut Klaus eine idealisierende Spiegelübertragung auf, aus der er Motivation und Kraft zum Wachstum schöpft. Diese Übertragung wird durch die vielen körperseelischen Szenen von Zuneigung durchdrungen, wächst also aus der anfangs noch stärker

narzißtischen Qualität heraus. Da die Idealisierung auch eine
Phantasie von meiner »Reife« enthält, wird Reifung ein hoch
besetztes Ziel, das wiederum auf mich Kraft zurückstrahlt zum
eigenen Wachstum.

Zurück zum »negativen Chef«, ein Ausdruck, mit dem ich die
Verdichtung der realen, vielleicht auch provozierten unguten
Erfahrungen zu einem fast mythischen Bild meine, getränkt
außerdem von der negativen Vaterübertragung. Ein Fragment
davon ist die Geldbeziehung, die sich als untergründiger und
demütiger Kampf eingespielt hat. Obwohl der Chef ihm ent-
sprechend mündlicher Vereinbarungen viel Geld schuldet, ar-
rangiert er Teilzahlungen als Geschenke. Klaus habe jetzt erst
herausgefunden, daß er 20 000 Mark an Steuern bereits gezahlt
hat für Geld, das er noch gar nicht bekommen hat, weil er die
vereinbarten Zahlungen zur Grundlage seiner Steuererklärung
gemacht hat. Ein anderer, etwas älterer Oberarzt habe ihm
gesagt, daß es auch bei ihm schon seit mehreren Jahren mit
den Abrechnungen nicht mehr stimme. Klaus hat mit Hilfe
eines befreundeten Juristen eine Klageschrift aufgesetzt und
dem Chef real gedroht, wenn er nicht sofort einen Scheck über
20 000,– bekomme, werde er die Klage einreichen. Und diese
Woche geht er endlich mit dem Chef die Bücher durch. (Noch
heute, nach mehreren Jahren, ist Klaus überzeugt, daß jeder
nach außen dringende reale juristische Schritt ihn die weitere
Laufbahn gekostet hätte.) Es hat sich herausgestellt, daß sehr
große Beträge fehlen. Die schlimme Vermutung ist, daß die
Oberschwester ohne weitere Kontrolle Schecks ausstellen
kann. Und beinahe tragisch ist Klaus' Ahnung oder sogar si-
chere Vermutung, daß der Chef in einer erpressungsgefährde-
ten Konstellation lebt. Neben Wut und Enttäuschung spürt er
auch Mitleid und eine ambivalente Faszination über die pri-
vate Situation des Chefs. Das macht ihn vollends ohnmächtig,
wenn es um zielgerichtetes Handeln geht.
Er hat Tränen in den Augen, als ich ihm folgendes als mögliches Skript seines Lebens mitteile: Er habe seit einigen Jahren
in seinem Leben ein geniales Arrangement getroffen, um einmal eine große Leistung zu erbringen ohne Bindung an ein
zurechenbares Honorar. Er habe die Klinik als zweiter Mann

organisiert und neue Operationstechniken entwickelt, ohne angemessene Bezahlung. Er habe sich also eine Situation geschaffen, in der er das Trauma des Arbeitens für Geld statt für Zuneigung überwunden glaubte, weil er Gesehenwerden und Anerkennung suchte und in den ersten Jahren, als er noch begabter Assistent war, auch fand. Und endlich komme in Form der möglichen ehrenvollen Berufung die Anerkennung, die er immer ersehnt habe. Er habe wie der Teufel gearbeitet, darüber vergessen, daß er kein Geld mehr kriegt, und seine tiefste Sehnsucht wurde erfüllt: daß seine Leistung außerhalb eines Geschäftszusammenhangs endlich einmal gesehen werde. Da spiele nun der seiner Pensionierung nahe Klinikchef, der ihn als Nachfolger haben will, die Rolle des idealen Zeugen, der seinen Wert sieht. Klaus bestätigt mit Tränen in den Augen, daß dieser Mann ihm ein Buch zur Besprechung geschickt habe, als Beweis seines Vertrauens und seiner Anerkennung. Damit hat ihm der ideale Zeuge eine kostbare, anerkennende Leistung anvertraut, die er als Ritterschlag der kollegialen Wertschätzung empfindet. Ein Moment der Verklärung spielt eine Rolle, da der Chef an die Rezension natürlich auch bestimmte Erwartungen hat. Wieder sind Realität, Motive, Übertragungen, Strategie und Idealisierung schwer zu unterscheiden. Kindergefühle und die Gedanken und Planungen des Erwachsenen gehen bunt durcheinander.

Da Klaus natürlich weiß, daß eine Chefstelle an einer großen Klinik neben der Anerkennung und den Forschungsmöglichkeiten auch mit viel Geld verbunden ist, erlebt er die Herausarbeitung dieser Lebenslinie – Arbeiten um gesehen zu werden und Anerkennung für eine bedeutsame Leistung – als ein großes Geschenk. Es bedeutet in gewisser Weise eine »Reinigung« seines Charakters: Reinigung von dem in ihm selbst, auch angesichts der Akkumulation von Reichtümern durch seinen Vater und seiner finanziell berechnenden Struktur, am stärksten entwickelten Vorwurf oder Verdacht der Geldgier als dem Grundmotiv ärztlichen Handelns auf höheren wie auf niedereren Ebenen. Das Geldthema in der Familie war so dominant, daß Klaus jahrelang »vergaß«, wie engagiert und beliebt sein Vater als Arzt war.

Der fortgesetzte Betrug des Chefs aber – wie real und umfänglich er auch sein mag – hat die beiden Substanzen: Anerkennung und Geld – wieder in einer beschämenden Weise zusammengezwungen, so daß er beim Kampf um seine Rechte auf sein zugesichertes Einkommen den Selbstverdacht verstärkt sieht, es gehe ihm ums Geld. Im Kampf ums Geld fühlt er sich beschmutzt in seinem Ideal einer hohen ärztlichen Leistung. Er ist nicht gegen angemessene Honorare, sondern fühlt sich, wenn er um seinen Anteil kämpft, heruntergezogen auf eine Ebene der Gier wie der Kompensation von Leere und Stagnation durch Geld.

In dieser Stunde sind zwei Dinge wichtig. Einmal hat er in dieser Woche endlich einen Termin vereinbart, bei dem er mit dem Chef die Bücher durchgeht. Zweitens hat er wegen einer Patientin einen Streit mit seinem Chef riskiert, als er eine von diesem versprochene teure Operation, die allerdings nur Klaus ausführen kann, verweigert, weil sich dadurch das Leben der Frau nur unwesentlich verlängern würde. Er hat die Frau also der ärztlichen wie der finanziellen Planung oder gar Kalkulation des Chefs entrissen, um sie aus dem Zustand eines nur noch medizinischen, aber lukrativen Objektes herauszuholen. In der Übertragung hat er die ausgebeutete Mutter dem tyrannischen Vater entrissen, worauf er sehr stolz ist.

In der Stunde berichtet er noch einen Traum: Er fährt mit seinem Auto in eine Wirtschaft, die mit einem Sportzentrum verbunden ist. Er steigt aus und will hineingehen. Plötzlich spürt er, wie hinter ihm eine Frau in einem R 4 sehr dicht an ihn heranfährt, bremst und ins Schlingern gerät. Er selbst biegt nach links ab und geht ins Haus. Es sieht so aus, als wolle die Frau ihm folgen. Aber sie fährt schlingernd weiter, guckt ihn hilfesuchend an und biegt weiter vorne rechts ab.

Er kann mit dem Traum zunächst nichts anfangen. Als ich vorschlage, den Traum auf die Situation in der Therapie zu beziehen, wird ihm heiß, Nase und Kopfhaut fangen an zu jucken. Er wird müde. Erst nach meinem Hinweis kommt er darauf, daß das Auto meiner Kollegin in der Praxis, ein R 4, manchmal neben dem Eingang des Hauses steht. Staunend erkennt er, daß er ihr oder der Figur im seelischen Hintergrund Mordabsichten zutraut, bei gleichzeitigem hilflosem Hinschauen zu ihm.

Er hatte im Anschluß an eine frühere Stunde, in der er den Kopf unbedingt nach rechts gegen meine Brust lehnen wollte, noch gesagt, daß ihm seit einiger Zeit, wenn er müde sei, der Kopf immer nach rechts sinke. Seine rechte Seite ist ja immer tot gewesen, in Erinnerung an die langen Mahlzeiten mit seinen Eltern, wo der Vater an der rechten Seite saß. Jetzt hatte sich eine Veränderung in seinem szenischen Körperschema abgespielt, so daß er nach rechts sinken möchte, anstatt wie früher nach links, zur schützenden oder tröstenden, jedenfalls weicheren Mutter, auf die aber nie wirklich Verlaß war. *(Ich erkläre den Zusammenhang so: Er habe jetzt in der Regression seelischen wie körperlichen Zugang zu einer alternativen Vaterfigur. Und die lebenslange Trost-, Brücken- und Dolmetscherfunktion der Mutter werde überflüssig. Er ist sehr dankbar, als ich sage, daß Mütter, die in diese Position geraten sind, sie auch monopolisierend bewahren wollen, ja sie am liebsten nie mehr hergeben möchten.)* Er spüre das ja bis heute an dem Verhalten der Mutter. Er lasse jetzt die Mutter im Traum weiterfahren, ja lasse sie heraus aus der neugewonnenen Beziehung zum Vater. Aber die Verzweiflung der Mutter darüber, daß sie aus ihrer fürsprechenden und die Zugänge zum Vater verwaltenden Rolle herausgeholt worden sei, sei für ihn spürbar und auch ängstigend. Sie verspreche sich schließlich, trotz ihres Hasses, mit dem sie ihn zu verfolgen scheine, auch Rettung von ihm. Es ist ganz neu für ihn, daß es auch zwischen ihm und der Mutter höchst ambivalente Gefühle geben könnte, und zwar von beiden Seiten.

Darauf, so sagt er, werden seine Brust und der Bauch ganz warm. Sonst waren es immer die Beine, die mit Erwärmung reagierten in anderen Szenen von bisher nicht erlebter Nähe. Er sagt, es sei fast zuviel an Gefühl in seiner Brust. Die Erwärmung von Brust und Bauch betrifft das vitale Zentrum, nicht mehr nur die Interaktion suchenden Extremitäten. Die Beziehungen, die Arme und Beine vermitteln oder symbolisieren, scheinen etabliert. *(Meine Erklärung löst eine viel tiefere Verwirrung auf: Sie kartographiert eine innere Umgruppierung von Vater- und Mutterbild. Und registriert hat diese Veränderung zuerst der Körper, der für Klaus der zunächst blinde und noch wenig symbolisch durchdrungene Ort des Fühlens ist.)*

Er erzählt noch ein paar kurze Träume. Er träumt, daß er seine Frau dauernd sucht. Und es ist unklar, ob er in ihr die Mutter sucht oder sie als selbständig-abgetrennte Person; oder ob es überhaupt um die Möglichkeit geht, einen Menschen wie ihn oder sie zu finden und zu erkennen. Auf jeden Fall gelingt es ihm, einige der massivsten Übertragungen auf sie zu lockern.

Übertragung und Inszenierung: Das väterliche Gespenst
Eine Woche, zwei Sitzungen später
Klaus kommt zwar sehr erschöpft, aber stolz, denn eine enorme Leistung liege hinter ihm. Er habe einen ganzen Tag zugebracht in der Finanzverwaltung der Klinik. Und sie hätten den Fehler gefunden, weil Geld längere Zeit »irrtümlich« auf falsche Konten überwiesen worden sei. Er sei erleichtert, daß er nicht den Chef oder die Oberschwester bei Unterschlagungen erwischt habe. Die moralische Katastrophe ist also nicht eingetreten. Er bekomme viel Geld nachgezahlt. Er scheint wieder Boden unter den Füßen zu haben. Meine Gefühle sind reichlich verwirrt, und ich traue dem euphorischen Frieden nicht ganz. Aber es ist deutlich, daß mehrere hochspezialisierte Menschen einen Tag lang an Kontenbüchern, Computern und Patientenverzeichnissen zugebracht haben. Es handelt sich also eindeutig um ein Problem mit sehr realem Hintergrund, bei dem einiges im Zwielicht bleibt. Innerlich hat die Geschichte für Klaus die Dimension eines gewaltigen Gerichtsprozesses, bei dem es auch darum ging, ob er zur Verrücktheit neige und Gespenster in seinen Mitmenschen sehe. Er hat sich, mit dem Rücken zur Wand und im Kampf um Klarheit, auch immer wieder in den Charakter des Vaters und des Chefs vertieft und sich in zahlreichen Gesprächen mit vielen Menschen aus ihrer Umgebung dazu durchgerungen, einen nach außen nicht leicht zu diagnostizierenden Charakterdefekt für wahrscheinlich zu halten, vielleicht sogar eine schleichende organische Krankheit mit charakterlichen Folgeerscheinungen.
Nach einer Viertelstunde muß er sich hinlegen. Ich sage öfter: muß, denn Ermattung wie Regression sind dann so zwingend, daß er fast umkippt, sich manchmal einer Ohnmacht nahe

fühlt, hastig die Schuhe abstreift und zur Couch wankt. Dort schweigt er erschöpft.

Nach fünf Minuten setzt er sich wieder auf. Dabei sieht er aus, wie ich ihn noch nie erlebt habe, drohend, herausfordernd, fremd blickend, an sich und an mir zweifelnd. Ich frage: »Suchst du Streit?«, um ihn mit Humor auf seine veränderte Haltung aufmerksam zu machen, und ertappe mich dabei, daß ich im Ton regelrecht abwiegle. Er kriegt ein bißchen Angst, weil es sich in seinem Erleben in der Übertragung auch um eine brutale körperliche Auseinandersetzung mit mir handeln könnte. Darum geht es auch, aber auf einer anderen, verschobenen Ebene. Impulse aus der Tiefe hatten ihn durch den Kampf um die Überprüfung der Konten plötzlich so überwältigt, daß sie auch in die Übertragung zu mir eingeströmt waren und er für Minuten die elementare Kampfszene erlebte, als tobe sie auch zwischen ihm und mir.

Deshalb setzt er sich auf und weiß gar nicht, wie bedrohend und gleichzeitig wie bedroht er aussieht. Die Luft ist wie aufgeladen im Raum. Da er gleichzeitig entsetzt ist über die Überflutung mit Gefühlen, kommt es wohl zu dem befremdlich-drohenden Blick. Durch meinen provokanten Satz hat er sich plötzlich wieder ans Setting erinnert, das, einschließlich meiner Person, durch den Stand des inneren wie des äußeren Ringens mit den Vätern überschwemmt worden war.

Nun ließe sich wiederum sagen, in einer Psychoanalyse sollten die wichtigsten Konflikte in der Übertragung abgehandelt werden, erst recht, wenn die Auseinandersetzung sich so wie hier in einer so eindeutig ödipalen Einkleidung abspielt. Trotzdem erscheint mir diese These absurd. Wenn die kumulative Negativität, die mit dem nicht nur ödipal bedrohlichen Vater verbunden ist, in die Übertragung eindringt, sie durchdringt, ist das Band der Behandlungsbeziehung in höchster Gefahr. Die Ausweichmanöver vor dieser Gefahr verwirren viele Behandlungen. In idealisierender Selbstüberschätzung der analytischen Methode bürden sich viele Analytiker ein zu kompliziertes Bündel von Rollenfragmenten auf. Ralf Zwiebel hat dies in seinem Buch »Der Schlaf des Analytikers« gründlich durchdacht, ohne zu einer plausiblen Lösung zu kommen. Deshalb plädiere ich seit langem dafür, daß in Szenen großer seelischer Bedrohung der Therapeut dramaturgische Hilfsmittel wählt: etwa indem er, was der Gestalt-Therapie oder dem Psychodrama entlehnt ist, den Patienten direkt mit den in der Phantasie präsent gemachten »Objekten« sprechen läßt; oder indem auch körperlich die Ebene der Regression klar bestimmt wird, weil sich sonst zuviel Verwirrung einschleicht. Verkürzt ausgedrückt plädiere ich für Inszenierung statt Übertragung, wie ich es in einer Arbeit über »Psychoanalyse und Macht« genauer begründet habe. (In: »Psychotherapie und NS-Zeit«, 1995.) Auch mit Klaus habe ich später viele Szenen, vor allem mit Chef und Eltern, im Rollenspiel erhellt.

Klaus legt sich auf den Bauch und winkt mich neben sich, fängt dann enorm an zu kämpfen, um mich mit Schulter oder Becken von der Couch herunterzustoßen. *(Wenn der Patient sich dabei nur auf seine »Bodenhaftung« auf der Couch verlassen darf, vermag der Therapeut ihn durch ein Abstützen mit den eigenen Füßen gut zu halten; der Patient kann trotzdem mit aller vitalen Energie kämpfen: er darf sich nur nicht mit Füßen und Armen von der Wand abstoßen. Manche Patienten kämpfen bis zur Ermattung, besonders dann, wenn unbewußte Größenphantasien hochkommen, daß sie das Leben eines oder beider Elternteile doch eigentlich »in der Hand haben«.)*
Klaus kämpft verbissen und spürt dabei in den Pausen doch meine Nähe und die Wohlwollen anzeigende Hand auf der Schulter. Nach einiger Zeit wird durch Kopfbewegungen deutlich, daß Kampfwut auch im Kopf sitzt. Ich setze mich, mit dem Rücken an die Wand gelehnt, ans obere Ende der Couch, stelle ein Kissen gegen die Oberschenkel und lasse ihn mit Kopfstößen versuchen, mich herunterzuwerfen. Dabei kommen ihm Sätze wie: »Hau ab, Alter!«, »Aus dem Weg!«, »Dir werd' ichs zeigen!« usw., mit großer Wut herausgepreßt. Eine mächtige Figur scheint ihm nicht nur seinen Weg zu verbauen, sondern hat ihn auch über Jahre gedemütigt. Wut und Rache, Haß und enttäuschte Zuneigung vermischen sich. In der Erschöpfung fängt er an zu weinen. Anschließend legt er zuerst den Kopf sich anschmiegend mit der Stirn gegen meinen Oberschenkel, dann legt er ihn mir in den Schoß, aber so, daß ich

kaum das Gewicht spüre, wie um mich zu schonen oder nicht zu belasten. Als ich es anspreche, kann er das ganze Gewicht des müden Hauptes abgeben, und seine Kopfschmerzen verschwinden.

So liegt er noch etwa zwei Minuten. Ich habe meine Hand auf seiner Schulter. Er sagt, der Kampf und das Ausruhen in der Sicherheit, nichts zerstört zu haben und nicht zerstört zu werden, hätten ihm sehr gutgetan.

Rivalität und Größenphantasien

Drei Tage später

In dieser Stunde bin ich aus Gründen, an die ich mich nicht erinnere, sehr gedämpfter Stimmung. Klaus setzt sich und erzählt vom veränderten Verhalten des Chefs. Zuvor gibt er noch einen Überblick über ein erträgliches Wochenende zu Hause. Der Chef habe jetzt akzeptiert, daß er die leitende Stelle in X-Stadt bekommt. Er stelle sich darauf ein, selbst Klinikdirektor und Lehrer zu werden. Sein Chef sei im Grunde, so sagt er versöhnlich, selbst auch ein Außenseiter gewesen und vor langen Jahren durch eine operative Neuerung bekannt geworden. Und wenn er, der Schüler, die Stelle kriege, würde auch ein Licht auf jenen fallen. Der Chef habe ihm auch ein unerwartet positives Gutachten geschrieben, das er ihm zugänglich machte. Aus Freundschaftsgründen habe er allerdings einen etwas älteren Kollegen vorgeschlagen für die Stelle. Die Episode zeigt an, daß die Verwirrung nicht im geringsten beendet ist. Klaus hat vermutlich recht damit, daß er im Zentrum mancher schwer durchschaubaren Intrige steht. Aber er hofft so dringend, daß das Bild des Chefs sich nicht bis ins Bodenlose trübt, vor allem, daß er nicht zuviel lügt.

Klaus sagt, er habe ein großes Schlafbedürfnis. Um halb neun abends, wenn die Kinder schlafen gingen, werde er auch todmüde und gehe ins Bett. Aber es sei anders als früher, wo er sich mit dem Schlafen allem entzogen habe. Heute ruhe er aus. Es sei nicht mehr das Weglaufen, aber normal finde er das auch nicht: zehn Stunden Schlaf, und keinerlei Lust, als Mann und Vater präsent zu sein.

(Daß er in so jungen Jahren die ruhmreiche Position bekommen soll und enorm viel Geld verdient, über einen großen Mitarbei-

134

terstab verfügt etc., hat mich doch sehr beschäftigt.) Er merkt,
daß ich nachdenklich bin und fragt nach. Ich überlege lange,
ob ich ihm mitteile, was in mir vorgeht. Gegen Ende der
Stunde fragt er noch einmal, was mit mir los sei. Ich frage
etwas hilflos zurück, was es in seiner Phantasie sein könne, das
mich beschäftigt. In der Gegenübertragung bin ich sicher massiv aufgeladen durch die zu erwartenden oder realen Gefühle
des Vaters wie des Chefs, an denen er sich nun anschickt vor-
beizuziehen. Er sagt aber, scheu, fast verleugnend, darüber
habe er sich noch keine Gedanken gemacht.

Wie der Vater komme ich mir in meiner psychotherapeuti-
schen »Kleinstadtpraxis« angesichts seines Aufstiegs beruflich
zurückgeblieben und leicht vergammelt vor, spüre Wellen von
Neid und das Gefühl verfehlter Lebensplanung. Meine Ein-
künfte erscheinen plötzlich lächerlich gering. Vor allem aber
fühle ich großen Schmerz, daß die Analyse vorzeitig zu Ende
gehen könnte, wenn er schon in ein paar Monaten die Stadt
verläßt. So vieles ist nur erst aufgebrochen, die Beziehung erst
noch im Anwachsen begriffen. Ich kann nicht mehr unterscheiden, ob ich nur zu kleinlich bin, ihm den Senkrecht-Start zu
gönnen, oder ob ich recht habe mit dem Gefühl, daß er bei
dieser frühen Berufung an sein bedrohliches Überflieger-
Thema nie herankommen wird. Der Wechsel der Position
käme inmitten des ungelösten, fast mythisch neurotischen
Kampfes. Die Mutterbeziehung ist noch kaum angegangen,
die Ehe krank, das Verhältnis zu den Kindern problematisch.
Seine Zeit für sich selbst wie für die Familie wäre noch viel
eingeschränkter. Ich bin richtig erschrocken über einen drohenden »Abbruch der Reifung«, wie ich es für mich nenne,
unter dem Gewicht eines neuen Amtes.

*Das Vater-Thema stellt sich in diesen Tagen auch für mich neu
unter dem Eindruck seines Kampfes. Ich lasse meine eigenen
Lehrer und ihre Rolle für meine Entwicklung innerlich Revue
passieren, rekapituliere meine Hoffnungen, Leistungen, Brüche, beruflichen Krisen, die endlose Suche nach dem eigenen
Kern.
Ich gerate sowohl in der Übertragung des Patienten wie in der
durch meine eigene Konstellation genährten Gegenübertragung*

*in die Rolle des älteren Bruders, der beruflich auf der Strecke
bleibt, staune über die Gewalt der induzierten Phänomene,
fühle mich ohnmächtig wie angesichts eines Wunderkindes, das
ich auf den Weg der Menschlichkeit zu bringen suchte und das
mir nun auf die großen Podien der Welt zu entschwinden droht.
Auch mir verzerren sich vorübergehend die Maßstäbe. Ich
glaube, ich mobilisiere im Taumel der Größenordnungen noch
die verborgen eingelagerte Selbstverachtung meines Vaters,
während Klaus von der ebenso grotesken Selbstüberschätzung
(wie den Versagensvorstellungen) seines Vaters überschwemmt
wird, wie vom Mythos der Großmutter, die ihn eingedenk des
Ministeramtes ihres Onkels zu ganz großen Dingen vorgesehen
hat.*

Die narzißtische Welt ist sozusagen flächendeckend durchein-
andergeraten, und Klaus hat vermutlich recht, wenn er meint,
daß dies alles auch durch die Landschaft der kungelnden Chefs
quer durch eine Reihe von Kliniken und Kommissionen
schwappt. Er selbst spürt im Triumph von den anstehenden
Themen von Abbruch, Trennung und Bindung noch nichts,
das ist an mich delegiert, ich bin ein paar Tage gedämpfter
Stimmung, sicher nicht nur aus brüderlichem oder väterlichem
Neid, sondern weil die Beziehung im narzißtischen Rausch zu
verschwinden droht.
*(Bei mir ist Reifungsarbeit angesagt: Wie gehe ich damit um,
daß ein Patient mich in manchen beruflichen Dingen so haus-
hoch überragt? Das Einkommen und die herausgehobene, leitende Position beschäftigen mich nicht so sehr, sie waren kein
sehr wichtiges Ziel, aber ein Punkt erweist sich als schwierig zu
bewältigen. Ich neide ihm die aktive Einbettung in ein Setting
der Kooperation, in eingespieltes Teamwork, in Ausstattung für
Forschung, Dokumentation und technischer Innovation.)*
Als er sich, durch wiederholtes Rückfragen von mir, schließlich traut, die Übertragung des triumphierenden jüngeren
Bruders oder Sohnes auf den zurückbleibenden Vater in der
Beziehung zu mir anzuschauen, sage ich schließlich: Über seinen Erfolg könne ich mich freuen, aber ein Punkt sei es, der
mich schmerze: ich würde wohl nie Mitarbeiter haben, für die
ich nicht selbst aufkommen müsse. Darauf meint er, teils ver-

wundert, teils triumphierend, teils wie ein Mensch, der noch nicht fassen kann, was ihm in den Schoß fällt: es gehe ja noch weiter, die Mitarbeiter würden nicht nur vom Staat, vom Träger oder den Kassen bezahlt, sie würden manche Arbeit für ihn erledigen, und er könne dafür abrechnen.

Er sagt später in der Stunde, jetzt, nachdem die Geldgeschichten geregelt seien, wolle er erst einmal ausruhen. Er ist jetzt auch der Meinung, daß sein Chef, wie letzte Woche erneut versprochen, das Geld angewiesen habe, das er nach dem pool-System hätte längst anweisen müssen. Klaus hält es plötzlich wieder für möglich, daß er ihn über Jahre vermutlich falsch verdächtigt habe. Aber dies bleibt in der Schwebe, alles ist eingefärbt von der »bevorstehenden« Berufung und der Tendenz, die Welt als geordnet und die Menschen als integer zu erleben. Der narzißtische Aufschwung, ja, eine leichte bis mittlere Trunkenheit, lassen im Augenblick keine stabile Unterscheidung von innen und außen zu. *(Ich bin damit beschäftigt zu akzeptieren, daß meine diagnostischen Urteile schwanken und daß mir bis dahin unbekannte Phänomene der Ansteckung, des inneren Drucks, der paranoiden Anfälligkeit, des Zweifels am gesunden Menschenverstand und an der Gerechtigkeit der Welt zu schaffen machen. Ich fühle mich manchmal wie der dumme Bub vom Land, dann wieder wie jemand, der unter Anspannung aller seiner geistigen und seelischen Kräfte einen Patienten begleitet, dessen Lebensumstände und deren Niederschlag immer wieder mir vertraute Grenzen sprengen.)*

Ich sage ihm, daß der Chef ihm gegenüber Schuldgefühle haben müsse, weil er, Klaus, ja seit fünf Jahren die Hauptarbeit in der Klinik leiste, bei der Organisation wie bei den schwierigen Operationen. Deshalb mache sich der Chef verbal auch für seine Berufung in X-Stadt stark, weil er hoffe, daß dann die Welt wieder in Ordnung komme und auch sein Ruhm durch die Besetzung mit einem seiner Schüler sich mehre, auch wenn er dann wieder gegensätzlich agiere.

Es war ein Gefühl, als seien wir bei einer gemeinsamen Expedition auf einen hohen Berg, bei der ich ihn vorsichtig anleite, auf halber Höhe angekommen, und als wir weiterklettern wollen, kommt ein Hubschrauber und trägt ihn davon. Ich habe ja

seit zwei Jahren seine beunruhigenden, aber ihn auch leitenden und anspornenden Größenphantasien mitbekommen und
immer mitgefühlt, wie er pendelt zwischen Kleinheit und
Grandiosität.

Die Nachgeschichte

Hier brechen die Diktate ab, weil mein sachkundiger Assistent wieder eine Stelle als Lehrer angenommen hat. Bevor ich den weiteren Gang der Therapie kurz zusammenfasse und den Lebensverlauf von Klaus schildere, sei vermerkt, daß die Berufung nicht zustande kam; er erfuhr, daß man ihn für die Leitung eines so großen Hauses als zu jung ansah. Ich konnte seine Enttäuschung nachfühlen und mit ihm aushalten. Andererseits ermöglichte uns dies den Fortgang der Analyse um notwendige weitere vier Jahre, die noch viel Schwerarbeit brachten. Inzwischen leitet Klaus eine noch größere Klinik als es das ursprünglich ersehnte Haus ist, fühlte sich aber bei der Übernahme sehr viel reifer und besser auf die Leitungs- und ärztlichen Aufgaben vorbereitet. Es gab eine Reihe von wichtigen Themen, die im Mittelpunkt der weiteren Arbeit standen.

1. Der aufgeschwemmte Körper und die Entwässerung oder Die Sanierung der vergifteten Seele über die Säfte
Der Speckring als Körperpanzer oder Gotteshügel, als Tarnkleid oder Isolierschicht hielt sich lange. Klaus war wohlbeleibt und litt darunter, wenn er es nicht zeitweise vergaß. Die Fülle behielt für ihn wie für mich symbolischen Charakter, auch wenn wir mit einer gewissen Befangenheit das Thema über Monate hin immer wieder mieden. Selten hatte ich so sehr das Gefühl einer irritierenden Herausforderung, sogar einer Verlockung des magischen Denkens: mit einer Deutung als dem »goldenen Schuß« eine zentrale unbewußte Phantasie endlich aufzudecken und das beschwerliche Symptom allmählich aufzulösen. Ein schöner konversions-hysterischer Anteil hätte doch wenigstens eingebaut sein können inmitten der so schwer zugänglichen Affektlandschaft, ein libidinöser Stau, den aufzulösen das Herz des Triebtheoretikers hätte höher schlagen lassen. Aber nichts da, die Angelegenheit blieb undurchdringlich, auf Deutungen nicht ansprechend, eine dumpfe, psychosomatische Provokation, ein Hohn für den Interpretations-Künstler in mir.
Die Mühsal änderte sich erst, als etwa im dritten Jahr ein ge-

waltiger Rülpser von Klaus eine neue Spur eröffnete. Zuerst war ich ein wenig angewidert, aber doch auch frühväterlich oder -mütterlich erstaunt über das gewaltige Bäuerchen, das gleichsam eine affektive Schall- und Druckwelle durchs Zimmer schob. Am erstaunlichsten war, wie der wohlerzogene Erwachsene in Klaus sich nicht im mindesten genierte, ja nicht einmal wahrzunehmen schien, daß er sich unkonventionell verhielt. Daran war abzulesen, wie stark die partielle Regression war: Der Rülpser war anscheinend ichsynton und wirkte erleichternd, also war etwas Wichtiges »herausgekommen«.

In den folgenden Monaten, ich glaube Ende drittes Jahr, schien er einen Blasebalg verschluckt zu haben. Er meinte, noch auf dem Weg zu mir habe er sich entspannt gefühlt, ohne Bauchweh und Völlegefühl, und Minuten später fürchtete er fast zu platzen, wie von mächtigen Brausetabletten aufgetrieben. Meine Befangenheit verschwand, das Rülpsen hatte etwas vulkanartig Konvulsives, glich einer Austreibung und erinnerte mich an mittelalterliche Bilder, bei denen einem Besessenen nach den entsprechenden exorzistischen Handlungen ein kleiner Teufel aus dem Maul fährt. Zunächst dachte ich, die Luft müsse stinken im Raum, aber dem war nicht so. Da hatte ich nun meine Konversionshysterie, aber die Zusammenhänge blieben lange undeutlich: Gärte da vergiftete oder faulende frühe Nahrung? Abluft von der Nabelentzündung des Säuglings? ein Gasangriff auf frühe Eltern? Flegeleien, die beim zeremoniellen Abendessen den Vater, der vermutlich das Rülpsmonopol hatte, in den Jähzorn getrieben hätten? ein Angriff auf die gesellschaftlichen Regeln im Clan der Mutter? Aber das hätte ich deutlicher spüren müssen in der Gegenübertragung. Ich fühlte mich nicht angegriffen, sondern Zeuge einer Entleerung, an der nur die Dauer beunruhigend war.

Schließlich änderte der Bauchinhalt, der heraus wollte, seine Konsistenz. Während mancher Stunden, vor allem, wenn Klaus auf dem Bauch lag, konnte er den hervorschießenden Speichel kaum mehr halten. Dann wurde ihm auch »kotzig«, er fing an zu würgen, dabei schämte er sich allerdings und war über die Maßen erleichtert, als ich einen Eimer holte, zuerst wie zur Sicherheit. Aber vor dem Gebrauch des Eimers kam die Phase, in der ich ihm durch einen Packen alter Zeitungen, die ich auf dem Teppich ausbreitete, ermöglichte, den Speichel einfach herauslaufen zu lassen. Einerseits wirkte er wie ein sabbernder Säugling, und trotzdem entstand kaum Ekel. Andererseits gab es ja auch eine positive, zärtliche, vielleicht leidenschaftliche Unterströmung: Schließlich lief ihm in meiner Gegenwart das Wasser im Maul zusammen! Deutungen allerdings perlten ab, und so ließen wir die Prozesse einfach laufen. Der Speichel versiegte irgendwann, dann kam das Würgen und das Räuspern, das Heraushusten von Schleim, die Kotzgeräusche, und schließlich auch Mageninhalt.

Ich konnte ihn und mich beruhigen, denn ich hatte mit Kotzen in der Regression eigene Erfahrungen, hatte andere Gruppenteilnehmer in Fortbildungsseminaren würgen und spucken sehen, hatte das Winden und Sichzusammenziehen des Körpers beobachtet und in eigenen Gruppen ermutigt. Es handelt sich um ganz animalische Bewegungen, um unbekömmliche Dinge wieder loszuwerden, und die konvulsivische Befreiung scheint sich, wenn Regression und helfende Beziehung zusammenstimmen, sogar auf rein Psychisches, also auf schlimme oder destruktive oder verdorbene Identifizierungen vor allem früher Art auszuwirken. Verdrehter Lebens- oder Seelenstoff wird herausgewürgt; es ist, als ob die Zellen sich befreiten, viel Schweiß und Tränen sind damit verbunden, und hinterher erschöpfte Erleichterung. Der Kontrapunkt des Ganzen war gelegentlich ein Schwanken zwischen Verstopfung und Durchfall, und auf der Couch ein gurgelndes Konzert von Bauchstimmen.

2. Die Hexe hinter dem Tyrannen wird sichtbar

Während dieser Zeit fühlten wir uns manchmal wie Forscher, die unbekannte Phänomene studierten, er fragte, ob ich noch Geduld hätte, er spüre nur diffus, daß wir auf dem richtigen Weg seien – manchmal wollte uns auch Resignation beschleichen. Die affektive Verständigung lief zum Teil über dankbarzärtliche Blicke von minimaler Dauer, kleine schelmische Blitze des ungefähren »Inhalts«: »Gut, daß du dich nicht entmutigen läßt, ich weiß ja auch nicht, wie so viel Scheiße in mich reingekommen ist, und wann ich mich ausgeschleimt habe!«

Irgendwann ließen die Eruptionen nach, parallel wuchs (doch mit welchem Grad von Parallelität?) der Mut dem Chef gegenüber; das Bild der Mutter veränderte sich, vom armen Opfer zur geschickten Manipuliererin, die sich durch heimliche Machtentfaltung und vor allem durch Verachtung des Vaters für die »offiziöse« Unterwerfung schadlos hielt.

Die mächtige und gut getarnte Hexe kam zum Vorschein, die die Beziehung zum Vater verwaltet hatte, weit weniger wehrlos als mit boshafter Freude zuschauend (trotz des bekümmerten oder leidvollen Gesichts), wie Vater und Sohn einander verfehlten und maltraitierten. »Niemand kommt zum Vater denn durch mich!«, fällt mir da merkwürdigerweise ein – ich fand das immer ziemlich anmaßend von Jesus –, sie war plötzlich nicht mehr die gute Mittlerin und Fürbitterin, die man umschmeicheln mußte, um beim Alten etwas zu erreichen, sondern die graue Eminenz und Schaltstelle der Macht. Sie verwaltete das Telefon, es gelang ihm fast nie, den Vater zu erreichen, und bei ihm war der Grad der indirekten Verständigung auch längst so eingespielt, daß er nach der Gattin rief, wenn der Sohn an der Strippe war.

Und auf einmal wurde es ihm bedrückend rätselhaft, wie die Hexe in seiner Kindheit der Verbannung des Bruders zustimmen konnte: Was war das für ein Mutterherz, das nicht wie eine Löwin kämpfte? Oder hatte sie den Bruder geopfert, um mit dem Vater friedlicher zu leben? Und warum stimmte sie damals seiner, Klaus' Ausstaffierung und früher Erziehung als Mädchen zu? Spielte sie mit der traurigen Symbiose, in der sie als Opfer erschien, das nicht einmal eine notwendige medizinische Behandlung durchzusetzen wußte? Alles wurde rätselhaft an den Kräfteverhältnissen und der Rollenaufteilung zwischen den Eltern. Das Sichtbare und das Unsichtbare konnten also in diametralem Gegensatz stehen! Wieviel Theater, wieviel Unwahrhaftigkeit beherrschte die Familie? Wer hatte wieviel Angst vor wem, und bis in welche historische Epoche reichte der latente Terror zurück? Rächte sich der Vater noch immer dafür, daß er zweite Wahl war, oder für den Schrecken, als er mitbekam in den frühen Jahren, daß es Post von seiner Frau an einen Scheidungsanwalt gab? Wir gerieten oft auf unseren Streifzügen aus vertrauter Landschaft plötzlich in einen Geisterpark mit undeutlich drohenden Stimmen und huschenden oder drohenden Konturen. Aber wenn ich Klaus auf den verschiedensten Altersebenen mit den Gespenstern reden ließ, mußten sie Maske um Maske fallenlassen. Trotzdem blieben viele Rätsel. Er lernte zu leben mit den Rätseln.

3. Versuche, die Ehe zu retten

Klaus kämpfte um seine Ehe, er liebte und haßte seine Frau, konnte sie als die vom Schicksal vorgegebene Wand ansehen, gegen die er zu laufen hatte, wußte, daß er ihre Wand war, an der sie verzweifelte; aber wenn sie sich erkannten, wenn einer dem anderen auch seine strahlende Seite zeigen und schenken konnte, blühte er in Hoffnung auf. Sie kamen in lockeren Abständen zusammen in die Stunde. Wir hatten Sitzungen zu viert in der Praxis ihrer Therapeutin. Klaus konnte dort wie ein erratischer Block wirken zu Beginn, gelähmt durch eine plötzlich aufbrechende Elternübertragung, die ihn verstummen und unbeholfen werden ließ, während sie dann freier redete, aber mit kräftigen Beimengungen eines falschen Selbst, durch das der Glanz einer kaum gelebten Pubertät hindurchstrahlte. Wir hatten Hoffnungen, alle vier, aber die Kluft zwischen verstehender Erhellung dessen, was die beiden miteinander wiederholten an wild durcheinanderwogenden Fragmenten alter Elternbeziehungen, oft seitenverkehrt und durch lang angestauten Groll verschärft, und dem, was an tragendem Neubeginn möglich war, blieb zu groß. Die beiden waren schutzlos gegen die unerwartet hereinbrechenden Katastrophen der Fremdheit und des Mißtrauens, wenn einer des anderen unsichtbare Auslösertasten berührte.

Die Verständigung mit der Kollegin war durch sehr unterschiedliche Ausbildungen erschwert. Der tiefe Schmerz, der zur Entwicklung eines schützenden unechten Selbst oder einer von sich selbst entfremdenden Identifizierung führt, braucht möglicherweise andere Formen des Haltens, als Klaus' Frau sie dort fand. Mit größter Vorsicht, und weil das Miterleben der wachsenden Entfremdung zwischen den Partnern, unterbrochen durch Feste des Wiederfindens, qualvoll war und viel therapeutische und theoretische Reflexionen auslöste, gebe ich meine subjektive Einschätzung wieder. Mein Eindruck von außen von der Therapie der Kollegin mit der Frau war der: Es wurde mit großem Engagement und großer Geduld eine Depression behandelt, die »geliehen« war von der Mutter, regelrecht übernommen von ihr und dem eigenen Leben übergestülpt, aus tiefer früher Loyalität und späteren ödipalen Schuldgefühlen. Denn der Vater wollte sich an seinem kleinen Vaterbräutchen schadlos halten, vielleicht nicht durch direkten Mißbrauch, aber durch jenen *bindenden Sehnsuchtsblick*, der dem kleinen Mädchen das Gefühl gibt, dem lieben Gott sei eine Verwechslung passiert und *der Ruf zur Rettung des Vaters sei dadurch aus Versehen an die Mutter ergangen statt an die Tochter*. Und je mehr der Vater dem einfühlsamen Auge der Tochter signalisierte, es sei halt schwer, mit dieser Frau glücklich zu sein, desto tiefer verstrickte sich die Tochter in eine falsche Rolle, versuchte aber in ihrer zerrissenen Not die Mutter zu entschädigen dadurch, daß sie deren Seelenlast mitübernahm.

Einem solchen Patienten kann es passieren, daß er seine Therapie an eine der inneren Figuren regelrecht abtritt, in diesem Fall an die Mutter, damit für deren Depression etwas getan werde. Aber die ist längst tot, ihr ist nicht mehr zu helfen. Die Patientin selbst steht trauernd daneben und verzweifelt daran, daß auch die Fachleute die verdrehte Welt und ihre lähmende Tributpflichtigkeit für eine vergangene Welt nicht durchschauen. Auch ich will nicht behaupten, ich hätte sie zur rechten Zeit und in hilfreicher Weise durchschaut; was ich hier aufschreibe, sind mühsam herausgefilterte Einsichten, als alles schon zu spät war.

Ein solches Mädchen, obwohl es sich opfern will für die Eltern, und das sich später vielleicht als Mutter für seine Kinder opfert und sie damit wiederum bindet aus Angst, in nicht aushaltbarer Weise zu vereinsamen, verehrt seinen Vater, sonst würde es sich nicht im Dienste seiner Erlösung verzehren. Aber tief unter der Verehrung bildet sich ein Strom der Verachtung, der das Grundwasser verseucht, weil der bewunderte Vater die Mutter nicht wirklich als seine Frau anerkannt hat, und weil er Unordnung und frühes Leid in der Familie nicht beheben kann. Dieser Strom der Verachtung brach sich eines Tages in einer Stunde mit Klaus, zu der die Frau mitkam, Bahn: Sie überschwemmte ihn mit einer Geringschätzung, die auch mir die Sprache verschlug; wir alle spürten, daß da etwas über ihm zusammenbrach, was generationenlang angestaut war, und insofern hatten wir am Ende der aufwühlenden Stunde das Gefühl, wir hätten eine »bahnbrechende« Entleerung erlebt.

Wir standen vor der Wahl, die therapeutischen Energien für eine Zeit lang auf die Beziehung zwischen den beiden zu konzentrieren, aber Klaus konnte sich nicht entschließen, mehr als jede vierte oder sechste Stunde in dieser Phase für die Paarbeziehung zu »opfern«. Er kämpfte ums eigene Überleben mit den inneren und äußeren Elternfiguren, mit dem Chef, mit den Klinikbossen, die um seine Berufung »kungelten«; um Fragmente von Beziehungen zu den Kindern, die sich im Strudel der Krisen von ihm zurückzogen. Es wurde undeutlich, wo die therapeutischen Prioritäten lagen: im Überleben des Paares, der Familie, in der getrennten Reifung beider, in der allmählichen Entflechtung, in der Korrektur einer ursprünglich neurotischen Anklammerungswahl, die aber doch Chancen bot für eine »Koevolution« in gemeinsamer Reifung.

Die Lösung oder Auflösung vollzog sich in Form einer Konvulsion: Die Frau warf Klaus eines Tages hinaus, oder, aus etwas anderer Perspektive, er ließ sich in seiner Lähmung und Trägheit hinauswerfen. Auch hier wurde schon um Verteilung von Schuld und Vorwürfen gerungen – das Ereignis mochte man als heilsamen Entflechtungskrach sehen, um aus größerer Distanz Nähe neu zu lernen, oder als einen Sprengsatz mit Tiefenwirkung. Wie mir scheint, verbanden sich bei Klaus die Kränkung des Macho-Selbst-Anteils: Hinausgeworfen worden zu sein, mit seinem Überdruß an Verstrickung, Verachtung und täglichem Scheitern.

Ein paar Monate später, nach schwierigem und leicht schlingerndem Junggesellenleben, tauchte seine spätere zweite Frau auf: zur Erhöhung der Dramatik stammte sie aus dem gemeinsamen engeren Freundeskreis des Paares, was auch die untereinander befreundeten Kindern neue Koalitionen und Feindschaften aufnötigte. Der Mann der Freundin, von dem sie innerlich längst getrennt war, fuchtelte mit einer Pistole verbal in der überhitzten Szene herum und mußte von Klaus entwaffnet und getröstet werden. Man staunt, was im wilden Osten unserer kleinen Stadt alles möglich ist.

Zu den Kindern verlor Klaus weitgehend die Beziehung, obwohl er warb und schrieb und Zeichen schickte. Sie scharten sich um die Mutter, oder wurden geschart, das war von außen schwer zu erkennen, aber das Selbst-Opfer und eine Tendenz zu spalten setzt sich nun durch die Generationen fort. Einmal brachte Klaus, schon lange nach der Trennung, die sechzehnjährige Tochter in die Stunde mit, und es schien so, als könne sie die Beziehung zu beiden Eltern halten. Aber sie versank noch einmal für mehrere Jahre im Strudel der Loyalitätskämpfe und blendete den Vater aus. Inzwischen studiert sie und hat den weit entfernt wohnenden Vater wiederentdeckt. Die jahrelange Entfremdung von den eigenen Kindern war schwer auszuhalten für Klaus. Für die Kinder seiner zweiten Frau wurde er ein fürsorglicher Vater.

4. Der bedrohte interkollegiale Raum

Die Therapie von Klaus kann als erfolgreich bezeichnet werden, vom Standpunkt des individuellen Wachstums und der Erarbeitung neuer und glücklicherer Lebensumstände aus gesehen. Aber was ist der Preis? Das soziale Geflecht, in dem alle Beteiligten leben, besteht ja, wenn auch in zerfallender Form, weiter; man sieht sich gelegentlich und hört voneinander. Die Schulschicksale der Kinder blieben zunächst verkettet und lösten sich nur durch Schulwechsel aus destruktiver Verstrickung. Die Entflechtung der Ehe erfolgte in Schüben, die Juristen definierten die Auflösung als Kampf, die Fronten wurden feindselig, Geld, Liebe und Besuchsrechte verwandelten sich in Handelsware und Kriegsbeute.

Klaus' Frau begann eine Analyse bei einer Kollegin, die ich fast freundschaftlich schätze. Ich treffe sie einmal im Jahr auf Kongressen; wir sind nun zusätzlich durch eine Verstrickung verbunden und spalten unsere Beziehung auf in freundliche Kollegialität und die affektiven Abfallprodukte unserer zerfallenden Familie. Wie es mir scheinen will, wird in der Analyse erneut die Erblast der Mutter als »Depression« der Frau behandelt. Ich behandelte den glücklichen und aufstrebenden Teil der Familie, Ödipus eben, der sich aus dem mythischen Geschick herauszuarbeiten scheint. Ich würde gern mit der Kollegin Erfahrungen austauschen, spüre sogar eine moralische Verpflichtung, nicht aus Schuldgefühl – ich glaube nicht, daß ich grobe Fehler gemacht habe – sondern weil ich auch seine Frau ins Herz geschlossen habe und ihr wünschte, daß sie gedeihe. Aber was herüberweht aus den spärlichen Informationen, ist die Kunde von einer Familiendepression. Ich bot der Kollegin an, ihr meine Sicht der Dinge darzustellen, mein in drei Jahren gesammeltes Wissen auch über Klaus' Frau kam mir wertvoll vor, auch über die Struktur der Verstrickung und die Richtung von Beschuldigung, Anklammerung an Beschuldigung, Opferidentität und mögliches neues Wachstum.

Die Kollegin verweigerte das Gespräch oder auch nur die Annahme meiner Überlegungen. Die diffusen Informationen über die Düsterkeit des Lebens in der Restfamilie häuften sich, über Jahre. Ich litt am Zerbrechen der Kommunikation, am haßerfüllten Zerfall der Beziehungen, die sich nun auch in unserer kollegialen Beziehung spiegelte. Einmal sagte die Kollegin einen einzigen Satz der Erklärung: Klaus' Frau würde es nicht ertragen, wenn sie mit mir in Verbindung träte. Ich war also auch im Lager der Bösen gelandet und zu einem positiven Beitrag nach der Trennung nicht mehr geeignet. Dadurch trieb ich affektiv viel weiter als ich es wollte auf Klaus' Seite hinüber. Mein Engagement für die Familie, das ja mit Trennung und Scheidung nicht zerbrochen war, hing in der Luft, ich mußte akzeptieren, daß ich ein ohnmächtiger, aber bedrohlicher Teil eines feindlichen Clans bin, und hatte doch Hoffnung, daß Brücken erhalten blieben.

In wessen Interesse muß Verständigung unterbleiben oder sollte von den Therapeuten, auch über die unmittelbaren Wünsche der Patienten hinweg, gesucht werden? Halte nur ich die Brüche schwer aus, oder ist die Moral der analytischen Dyade überholt, die in Kraft tritt, sobald ein Patient sich an seinem Therapeutentier festgeklammert hat? Muß auch die paranoide Stimmung eines Patienten durch Kommunikationsbrüche geschützt werden? Was heißt Loyalität gegenüber dem Patienten, etwa, wenn er aus verbitterter Einigelung heraus auch die Beziehungen der Kinder zum anderen Elternteil gefährdet? Je mehr ich das Thema der Trennung des Paares, das Schicksal der Kinder und der Rolle der Therapeuten umkreise, desto mehr stoße ich auf Reste der liebevollen Besorgtheit, die ich auch gegenüber Klaus' Frau und den Kindern eingegangen war, und die nun vergeblich scheint. Diese liebevolle Besorgtheit schließt auch das diagnostische Wissen ein, das ich nicht als kalt erlebe, sondern als wertvoll, um so mehr, als ich die frühe Zuflucht zu einem falschen Selbst aus eigenem Erleben kenne, und die Qual einer vergeblichen analytischen Suche nach der eigenen Lebendigkeit. Ich weiß nicht einmal, ob die Überlegungen an diesen Ort gehören, aber da sie im Zusammenhang mit unserer Analyse entstanden sind, seien sie hinzugefügt. Wenn das lebendige Selbst, unter dem Druck früher schmerzlicher Umstände, in die Emigration gezogen ist, wird es sich auch im Raum der Übertragung lange nicht zeigen, höchstens in kleinen Spuren. Was sich dominant zeigt, kann durchaus das »übernommene« Leiden eines Elternteils sein, die Verkleidung des Selbst in eine unbewußte Rolle.

Wie in einem Bilderbuch mußte ich, wie ich schon beschrieb, bei der ersten Therapie auch mit Klaus' Frau sehen, wie die »Depression der Mutter« und die Eheatmosphäre der Eltern behandelt wurde, während das lebendige Selbst der Tochter immer wieder verschwand. Diesen Eindruck trug ich nun weitere Jahre mit mir herum, hörte von den Anklagen der Frau, den Geldforderungen auch nach der endgültigen Einigung; von den mißglückten Beziehungen zu den Kindern, den Signalen der Verbitterung. Ich entwickelte Groll gegenüber den Kommunikationsregeln der analytischen Zunft, an die sich die Kollegin zu halten schien, mußte mich aber auch fragen, warum ich meine Gedanken und Gefühle so wichtig nahm.

Aber auf der anderen Seite blieb auch die Interpretation von Klaus bedrängend: Er erlebte die beiden, seine frühere Frau und deren Analytikerin, als verbündet, sich selbst als ohnmächtig gegenüber einer in Bitterkeit erstarrten Deutung seiner Entwicklung, aus der heraus immer wieder massive Vorwürfe und Forderungen kamen. Seine zynischen Kommentare über den Wert klassischer Psychoanalyse bei Störungen, wie er und seine Frau sie hatten, schmerzten mich, weil sie meine eigenen Zweifel berührten, und weil ich ihm lieber das Bild kooperativer Forschung und Zuwendung geboten hätte. Ich litt an seinem manchmal in den Vordergrund tretenden Bild, daß man vielleicht doch nur alleine überlebt und daß man sich um das, was die Kollegen – er meinte durchaus auch seine ärztlichen Kollegen – gelegentlich mit Patienten machen, am besten nicht kümmert, weil das Überschreiten der territorialen Grenzen nur zu den schwierigsten und törichsten Verwicklungen führt.

Aber ich wußte auch, und das bewundere ich an ihm, daß er schon früh in seiner Laufbahn interdisziplinäre Arbeitskreise initiiert und über Jahre gepflegt hatte, und daß er an seiner neuen Klinik die Möglichkeiten zu grenzüberschreitender Forschung nutzt und ausbaut. Die Gegenstände der Forschung werden dabei neu definiert, das ist schon ein bedeutsamer Teil der Arbeit. Mir, oder uns, den Kollegen, war es nicht geglückt, zu einer gemeinsamen Definition unseres Arbeitsfeldes zu gelangen. Nicht einmal über das agree to disagree hatten wir uns einigen können. Dabei ist das Feld zwischen Einzel- und Familientherapie so spannend, erst recht dann, wenn Clanschicksale und über Generationen mitgeschlepptes Leiden eine Rolle spielen, in diesem Fall (wie in vielen anderen gegenwärtigen) auch noch Kriegs- und NS-Schicksale, also Verwirrungen, die durch die Schrecken der Geschichte noch weiter verschlimmert wurden.

5. Der Wiedereinzug der Seele in den Körper

Klaus war immer überzeugt, daß er in einer rein sprachlichen Analyse nicht zu seinem Körper, seiner Lebendigkeit, einem freieren Umgang mit seinen Kräften gefunden hätte. Leibseelische Zusammenhänge waren ihm zwar aus seinem Fach vertraut, aber daß er sie nun so »hautnah« erlebte, faszinierte ihn, obwohl er viel an Schmerzen und Verunsicherung auszuhalten hatte. Seinen Körper nahm er als Landschaft früher und frühester Einschreibungen wahr, die durch die Reinszenierung frühelterlicher Interaktionen zwar nicht erinnerbar, aber doch abrufbar und erlebbar wurden. Er spürte immer, daß er in seinen leibseelischen Reaktionen Kräften ausgeliefert war, von denen er nicht wußte, aus welchen Regionen sie stammten. Als Mann im Beruf war er ein Durchhalte-Typ; den vielen neurotisch bedingten Gebrechen des Körpers aber fühlte er sich ausgeliefert, als sei er eine kränkliche Frau. Und er kam voller Verachtung für sich selbst in die Analyse. Als dann der Sinn der Gebrechen, ihr Ursprungsort und ihre Funktion für das Überleben seiner Seele deutlicher wurden, söhnte er sich allmählich aus mit seinem Körper und den im Exil versprengten Teilen seiner Person. Verlorengeglaubte Fähigkeiten kehrten zurück, die Vorlieben, die Begeisterung (und nicht mehr die Fron) des Sports, das Tanzen, Schwimmen, Wandern, Lesen, Reisen. Er tüftelte mit einem Computer-Freund ein neues Dokumentationssystem für sein Fach aus, das überregional Beachtung fand.

Ausgangspunkt aber waren Körperspiele im Raum der Praxis: frühelterliche Berührungen, Erforschung der toten Körperzonen, in denen er gar nichts mehr fühlte; der Trennwände zwischen den Teilen; der Bereiche der »Dekarnation«, in denen der Leib als leere Hülle erschien. Ich lernte, durch eine verbergende Fettschicht hindurch zu fühlen und Berührung, Blick, Geruch, Lächeln und Bewegung zu verbinden. Es ging sogar um die Bahnung, oder die erneute Bahnung der »transmodalen Konstituierung des Subjekts«. Was steckt hinter dem hochtrabenden Begriff aus der Säuglingsforschung? Das Bild der Mutter oder des Vaters formt sich durch beseelte Berührungserfahrungen, zu der alle Sinne beitragen. Bei bestimmten Störungen werden die Sinne nicht vollständig koordiniert beim Aufbau einer in sich geschlossenen Erfahrung des bedeutsamen Anderen. Dann bleibt eine Riech-Mutter getrennt von der Fütterungs- oder der Lächel- oder der Plaudermutter. Das Kind kann die Fragmente nicht integrieren, weil vereinheitlichende Erfahrung und liebevolle Kontinuität fehlen. Oder es werden bereits lose integrierte Fragmente oder Erinnerungs- und Personen- oder Beziehungsteile wieder desintegriert oder ausgelagert oder eben dekarniert und die leibseelischen Verbindungen im Körper oder in den Erinnerungssystemen wieder getrennt.

Ein kleines Beispiel aus dem Umgang mit seinen ihm oft fremd erscheinenden Beinen, die er doch nach der Pubertät schon unter die Kontrolle der sportlichen Hochleistung gezwungen hatte, und auf denen stehend er seinen Beruf ausübte: In dem Therapiebericht war schon die Rede von den Rollbewegungen, mit denen er versuchte, sich abends beim Einschlafen zu trösten, zu stimulieren oder zu beruhigen. Ein wichtiger Durchbruch zum Weinen kam, als ich die ihm leblos erscheinenden Beine am Fuß und unter dem Knie anfaßte und wie in der Krankengymnastik nach einer Lähmung wiegte. Es war eine Begegnung auf der Ebene der frühen Mutter, die mit den Beinchen des Kindes spielt; darüber der Zugriff des Vaters, dessen Hände sich so anders anfühlen, und den man anstrahlt, wenn er sich bei Anziehen oder Klettern für den Körper des Kindes interessiert. Manchmal fühlte er sich bei diesem Halten und Bewegen des Beines auch wie in der Kinderbadewanne. Und es gelang ihm, das Gehalten-Werden des Beines zu generalisieren und auszuweiten auf sein gesamtes Körperselbst. Eine Schutzschicht der Scham über dem Körper wie über seiner zerstückelten Zusammengehörigkeit, aber auch über dem Ausmaß der kindlichen Sehnsucht, berührt zu werden, verschwand allmählich. Dabei spielten das Schauen und Angeschaut-Werden eine bedeutsame Rolle, die bereits erwähnten Mikro-Blicke zur Diagnostik meiner und seiner Stimmung, zur Kontrolle der Aufmerksamkeit, der Zuwendung, der gemeinsamen Freude; später dann gelang es zunehmend, den Blick auch für längere, bestätigende, nährende, verschmelzende Zeiten in dem des Anderen ruhen zu lassen, wenn er sich nicht schon vorher trübte durch aufsteigende Tränen.

Der Kopf saß ihm nicht fest auf den Schultern. Ich habe unzählige Male den Kopf gehalten, gewiegt, gedreht, ihm Widerstand geboten, wenn er seine Kraft, seinen Dickkopf erproben wollte, und ihm die einhüllenden Hände geboten, wenn er nach Konturen für das ihm unförmig vorkommende Gesicht suchte.

6. Gelächter, Pubertät und Fürsorglichkeit

Auf allen Altersebenen entdeckten wir Fetzen von verwehtem Gelächter und bauten sie aus, strickten sie zusammen zu größeren Flecken und zu Hängebrücken über Abgründe. Wichtig ist ja, daß die Zuversicht wächst, aus Abgründen wieder her-

auszufinden. Klaus konnte mich immer wieder mit ausdrucks-
losem Gesicht betrachten, so daß ich meinte, er sei mir
psychisch weggestorben. Er wiederholte dann seinen Gang in
die Erstarrung, fühlte sich selbst leblos, aber wachsam; ich
konnte mich beleidigt fühlen wie eine Mutter, ein Vater, die
keine Antworten mehr erhalten, und die einer Illusion der Lebendigkeit aufgesessen sind. Wenn man sich einmal auf die
Wechselseitigkeit der Lebensbewegungen eingestellt hat, kann
man selbst erstarren vor Enttäuschung, wenn das Leben wieder zu entschwinden droht. Er wollte mir aber manchmal nur
zuschauen, bei den Suchbewegungen nach ihm, oder auch bei
meiner Lähmung ob ihrer drohenden Vergeblichkeit.

Als ich nicht mehr beleidigt war oder der Hoffnungslosigkeit
verfiel, von der ich ja auch ein Stück für ihn übernahm, damit
er sich von seiner eigenen erholen konnte, fragte ich, wohin er
abgedriftet sei, und manchmal sagte er: in die Hundehütte;
oder einen einsamen Wald; oder in die Größenphantasien.

Als er anfing, mich spöttisch auf den Arm zu nehmen, beka-
men wir wieder Boden unter die Füße. Er mußte herausfinden, ob ich kränkbar war durch Spott. Aber er war nicht
heimtückisch und nicht entwertend, sondern meist arglos in
seiner Zuneigung, für die einen angemessenen Ausdruck zu
finden schwieriger war, als sie zu erleben. Selbst sein freundlicher Spott war ein Genuß.

Als er sich sicherer fühlte in der frühen Regression, begannen
auf der Couch die Festzeiten ausgedehnten Räkelns. Er
konnte manchmal nicht genug kriegen vom Dehnen und Strek-
ken und Sich-Zeigen oder dann wieder vom das Gesicht in den
Händen Verstecken. Hoffnungslose Passivität wechselte ab mit
stürmischem Bewegungsdrang. Schabernack erzeugte Gelächter. Ich konnte noch ernsthaft über eine Szene nachdenken,
während er heimlich mein Gesicht studierte und mit Un-
schuldsmiene fragte, worüber ich zur Zeit nachgrübelte.

Manchmal wurde die Luft etwas dünn in den Höhen der Idealisierung, in die er mich hinaufhob. Aber ich erinnerte mich
dann dankbar an die Supervision bei einem früheren Lehrer,
der mir über einen Patienten sagte: »Er braucht Sie jetzt als
Idealfigur, und Sie müssen es sich gefallen lassen.« Er wirkte
dann wie Teil eines größeren Ganzen, gedieh einfach dadurch,

daß er sich mit mir verbunden fühlte, jede Deutung und Rückfrage wirkte störend, er sog gutartige Väterlichkeit ein, die von Ermutigung getränkt war. Schon um mich wieder herunterzuholen aus der Erhabenheit des fürsorglich Wissenden, dem er sich staunend anvertrauen konnte, frotzelte er mich an als »Mosi«, »Grübelmosi«, oder wenn er Freunde aus dem analytischen Milieu traf und wieder eine abfällige Bemerkung über Körperpsychotherapie gehört hatte, als »Tätschel-Mosi«. Trotzdem konnte er im Laufe der Zeit sehr konkret um Berührung bitten, wenn er sie brauchte. Die scheue Innigkeit der Bitte berührte mich immer wieder tief, weil sie etwas enthielt vom Bitten um Gnade bei gleichzeitiger kindlicher Selbstverständlichkeit des Verlangens, oder eine Bitte um etwas Liebevolles, was auch verweigert werden könnte.

Er war witzig und provozierte Gelächter, stiftete mich, wer weiß wie, zu freundlicher Ironie an. Als wir in die Pubertät kamen, benannten wir ernste Dinge auch mit frivolen Worten und fühlten uns verschworen wider die Erwachsenen oder die seriöse Welt der anständigen Psychoanalyse. Eine alter-ego-Übertragung zweier Halbstarker kann wirklich Spaß machen. Wir hatten Freude aneinander und miteinander.

Manchmal staunte er über meine Naivität, was die Stabilität der akademischen Rituale angeht, und den Zwang, sie zu beachten als aufstrebender Mediziner. Ein hoher brasilianischer Politiker lud ihn ein, als er dort an der Universität der Hauptstadt voroperierte, ohne daß er wußte, warum, und klärte ihn über die Hintergründe der geheimen Staatspolitik auf. Es war nie ganz klar, ob eine Verwechslung vorlag, oder ob der Rektor ihn als bedeutende europäische Persönlichkeit avisiert hatte, die daheim zur Meinungsbildung über die Pläne der Regierung beitragen könnte. Aber er spielte den Staatsmann und war so in Hochstimmung, daß er nach der Heimkehr überlegte, ob er dem Minister ein Memorandum über einen möglichen Ausweg aus einer verfahrenen Lage schicken sollte. Pubertierende neigen ja dazu, an den Ruf des Schicksals zu glauben. Ich staunte über die Kraft der Inszenierung und das Ansteckende an den Größenphantasien. Wir waren manchmal auch ein bißchen besoffen von der verschworenen Einzigartigkeit, die wir uns zubilligten.

Eine eigene Erschöpfungskrise fiel in diese Zeit, wegen der ich später einige Monate pausieren mußte. Da er am Abend meist erschöpft und das Licht im Zimmer dämmrig war, blieb ich mit meiner manchmal tiefen Müdigkeit verborgen, und das war gut so. Ich konnte mich in seiner Gegenwart auch gut erholen. Wir haben manches Nickerchen zusammen gemacht. Über die Träume, aus denen ich ihn aufweckte, habe ich im Haupttext berichtet. Er ertappte mich auch gelegentlich beim Einnicken neben der Couch, beim »Ammenschlaf«, ein Ausdruck, den ich von meinem eigenen Analytiker habe, der mir, wenn er gelegentlich leise schnarchte, versicherte, er sei sofort wieder zur Stelle bei der leisesten Regung von meiner Seite, es sei sozusagen ein Schlaf in Habacht-Stellung.

Aber eines Tages sprach Klaus mich direkt an auf meine Erschöpfung, die an jenem Tag weit mehr als nur das war, eine Trostlosigkeit und Enttäuschung über ich weiß nicht mehr was. Und er fragte so zutraulich-werbend, ob er einmal etwas für mich tun könne, daß ich weich wurde und mich von ihm halten ließ, mit dem Kopf in seinem Schoß. Er hielt mich andächtig und beschützend, nach wenigen Sekunden waren meine Befangenheit und vor allem meine standesethischen Skrupel weg, auch meine Scham über den vorübergehenden Ausstieg aus meiner Rolle. Nach einer Viertelstunde war ich erholt und dankte ihm. Er fand es zu rasch und sprach über *seine Gefühle tiefer Dankbarkeit:* Es sei gewesen, als habe er zum ersten Mal einem Erwachsenen, einem Elternteil, etwas zurückgeben können; es habe sich ihm einer anvertraut, den er doch bewundere und von dem er selbst viel Gutes annehme. Ich möge das Erleben doch nicht beschädigen durch Entschuldigungen und Reden über die eigene Schwäche. Durch sein Erleben machte er aus einem vorübergehenden Verlust an Kraft bei mir ein Geschenk und vertiefte unsere Beziehung.

7. Das eine und das andere Ende

Mir ist längst nicht mehr alles an der langwierig-schönen Arbeit in Erinnerung. Ich greife nur einige Szenen heraus, die mir besonders deutlich vor Augen geblieben sind. Seit dem Ende des ersten Jahres wußte ich ja, daß er trotz aller Regression ein höchst verantwortliches Erwachsenenleben führte, auch wenn er sich in seinem Innern oft gar nicht so fühlte. Ich hatte mir, nach den Stürmen der Aufregung und der Angst vor dem Versagen, seinen großen Vortrag vor der Ärztegesellschaft angehört, und es war spürbar, daß er wußte: er spricht von bedeutsamen Neuerungen in seinem Fach. Doch er tat dies mit echt wirkender Bescheidenheit, obwohl er wußte, wie gut er Echtheit spielen konnte, wenn es um die Reverenz vor den »Chefs« ging. Der Reiz der Veranstaltung, soweit sie uns beide betraf, war der: Ich war sein wohlwollender Zeuge, nicht nur, was seine Leistung anging, sondern auch sein perfektes Mitspielen bei der Inszenierung: junger tüchtiger Oberarzt findet das passende Gleichgewicht zwischen Unterwerfung und Arroganz, so daß alle sich geborgen fühlen im Ritual.

Das Ausmaß des Konflikts mit dem Vater, der ihn aus eigenen Problemen mit dem an ihm vorbeiziehenden Sohn heraus mied, ja, fast ignorierte, war mir damals noch nicht bekannt. Er brach in jenen Tagen auf, als Klaus merkte, daß der Vater ihm weder gratulieren wollte, noch zu dem Vortrag erschien. Ich war im Hörsaal in der Rolle des idealen Vaters, der dem Sohn erfreut zuhört, ihn nicht vereinnahmt vor Stolz und ihm nicht anbietet, der Sohn sei sein Geschöpf oder sein Bannerträger. Klaus dankte mir den Besuch des Vortrags durch eine unausgesprochene Verstärkung des verschworenen Arbeitsbündnisses, weil er wußte, daß die Teilnahme des Analytikers an Veranstaltungen eines Patienten nicht gerade gebräuchlich ist. In diesem Fall hielt ich sie aber für angebracht, vielleicht sogar notwendig, weil sonst niemand Zeuge sein konnte für die Bedeutung des Vorgangs, vor allem in seinem Inneren.

Das Thema des öffentlichen Auftritts spielte wenig später noch einmal eine für die Analyse wie für sein berufliches Wachstum wichtige Rolle. Sie führte gleichzeitig zum Thema der »Ahnen« im streitbar geteilten Familienclan. Diese Spaltung erschließt noch einmal eine andere Deutungsvariante im Bild von Magritte zum »bedrohten Mörder«. Klaus sollte in der Landeshauptstadt vor eintausend niedergelassenen Berufskollegen einen Weiterbildungsvortrag über sein Forschungsthema halten. Er hatte schon wochenlang vorher ungewöhnliches Lampenfieber, mehr noch, eine ihm selbst unbegreifliche Unruhe, als handle es sich um einen schicksalhaften Auftritt. Nun erinnerte ich mich, daß er mir »erzählt« hatte, sein Urgroßonkel sei einst in jener Stadt Minister gewesen, eine Tatsache, die ihm die mütterliche Großmutter fast wie ein Vermächtnis auf den Weg gegeben hatte, als ein geheimes Leitbild und gleichzeitig eine Tatsache, die die nicht thematisierbare gesellschaftliche Überlegenheit des mütterlichen Clans über den väterlichen dokumentierte. Die gleiche Großmutter war es auch, die den Jungen oft mehr oder weniger heimlich bei sich empfing, und, für ihn damals unbegreiflich, mit der Sorge konfrontierte, sein Vater könne ihn verhungern lassen. So grotesk auch der Hungermythos angesichts der gelegentlichen Zwangsfütterung zu Hause die Verhältnisse verzerrte, so sehr spürte Klaus, daß die Großmutter etwas von seinem seelischen Hungerdasein ahnte, ohne es in eine angemessene Sprache bringen zu können. Ihn selbst hinderten Angst und Loyalität daran, sein wirkliches Leid zu klagen. Er spürte den Abgrund, der sich da auftat – die Großmutter wurde quasi totgeschwiegen in der Elternfamilie – und fühlte sich im freien Fall in diesen Abgrund hinein doch auf geheimnisvolle Weise getragen vom Bild der Großmutter und ihrer scheinbar absurden Sorge um seinen Hungertod. Er mußte gewaltsam umschalten, wenn er von ihr nach Hause kam, durfte nicht zu erkennen geben, daß er sich bei ihr wohlfühlte, wenn auch auf eine leicht unheimliche Weise. Auf der Couch konnten ihn sowohl Anfälle von Heißhunger überkommen wie Zustände von Übelkeit, wenn er sich gerade wieder hastig überessen hatte. Aber die Übelkeit konnte auch ohne voraufgegangenes Essen auftreten, fühlte sich aber an, als wäre er gestopft worden mit widerwärtiger Nahrung.

Der Auftritt in der Landeshauptstadt verdichtete eine Vielfalt von Bedrängnissen: die innere Zerrissenheit zwischen den verschiedenen Clanteilen; rasch wechselnde »Magenzustände«, je nachdem welcher Seite er gerade zuneigte; die unverständliche Erregung; das Triumph- und Höhenfluggefühl und die Angst vor dem Absturz als Strafe. Nach längerem Umkreisen der Themen Öffentlichkeit, Hauptstadt, Großmutter, Spaltung, Pioniergeist, Ernährung, Hunger und Auserwähltheit fand sich die Spur: die Hauptstadt war auch die Stadt des Königlichen Ministers, dessen Bild die Großmutter sozusagen in sein

Jackenfutter eingenäht hatte, um den Enkel der Tyrannei des Vaters heimlich zu entziehen durch die Vorgabe eines über ihn hinausweisenden Ideals.

Als dieser Urgroßonkel nun innerseelisch gesichtet war, wenngleich noch diffus und quasi mit zerrissenem Bild (durch die Clankonflikte), war der Weg nicht mehr weit zur Inszenierung eines Rollenspiels. Ich ließ ihn einen Sessel auf den Schreibtisch stellen mit dem phantasierten Bild des Ahnen, und draußen im Garten wurde das Publikum des Vortrags imaginiert. Es wurde das ernste, vielleicht rettende Spiel einer Erwählung des Urgroßonkels zur Leitfigur. Er staunte ihn an, schöpfte Kraft aus diesem Bild, grenzte sich aber auch ab, was Beruf und eigene Möglichkeiten betraf. Er sah auch den Vater auf einem anderen Stuhl, auf dem Boden und doch leicht erhöht, als bedrohlich gehaßt-geliebtes Vorbild in kleinerer Dimension. Es tauchte die Großmutter auf, die Gräben im Clan, die Sehnsucht, der Vater möge seine eigene fördernde Rolle doch anders begreifen können als die einer lenkenden Gängelung des Sohnes; als narzißtische Ergänzung und Steigerung seiner väterlichen Gestalt, aus seiner ausschließlichen Gnade heraus. Und schließlich der Abschied aus der väterlichen, gewalttätig-pädagogischen Schöpferwelt und die Öffnung des Raumes zum Urgroßonkel. Klaus nahm sich das Recht, die väterliche Welt zu transzendieren, aber dies war verbunden mit dem Verlust von väterlicher Nähe und Zuneigung, ja sogar seiner narzißtischen Identifikation mit dem Sohn.

Es waren tiefe Loyalitätskonflikte zu überwinden, denn eine gewisse Dankbarkeit blieb gegenüber dem Vater, der sich dennoch ausgelöscht fühlte als lenkender Gönner, ja Erzwinger der Karriere des Sohnes, den er ursprünglich zu drängen versucht hatte, sein Nachfolger in der Praxis zu werden. Klaus erzählte immer wieder, wie er, auch bei späteren Besuchen, in Gegenwart des Vaters erstarrte. Nur in der letzten Begegnung, als er schon seine neue Lebenspartnerin vorstellte, habe er den Vater als geschwächten Greis erlebt, dem er am liebsten schützend und behutsam den Arm um die Schulter gelegt hätte. Doch er konnte sich in der Lähmung nicht überwinden, die Geste auch auszuführen. Wenigstens aber *fühlte er den Impuls*, Tage vor dem archaischen Ende, und das war schon ein Stück Nähe und Aussöhnung jenseits der symbolischen Wunschgesten, an der Schwelle vom einsamen Sehen und Fühlen zur wirklichen Begegnung in der Umkehrung der Fürsorge.

Ein anderer Faden noch zieht sich durch die gesamte Analyse. Klaus beklagte immer wieder die nahezu untergegangene Sexualität in seiner Ehe. Er wußte seit den ersten Monaten der Analyse, in welchem Ausmaß er in seiner Frau die Mutter gesucht hatte. Symbol dafür war die Geschichte des »Kennenlernens«: wie in Trance griff er bei einer studentischen Skigruppe beim abendlichen Tanz nach ihrer Brust und wollte sie kaum wieder loslassen; das Mädchen schien nicht befremdet, etwas in ihr schien dem ertrinkenden Kleinkind entgegenzukommen, schien trost- und pflegebereit, aber ach, aus eigener Geschichte, aus fehlendem Selbstwert, aus Dankbarkeit, aus ebenso instinkthafter Suche nach dem Komplementären, möglicherweise sogar in Identifikation mit der eigenen Mutter, die ein hungriges Kind nähren und betreuen sollte.

Klaus beharrte immer wieder darauf, sie beide hätten nicht mehr als drei Mal während fünfzehn Jahren in geglückter, beglückender Weise miteinander geschlafen. Sie konnten auch nicht reden wie Partner: erst in einem späteren Stadium der Analyse finden sich erfreute Berichte von nächtlichen Gesprächen bis zum Morgengrauen, weil sie »das Fenster« der Worte füreinander gefunden hatten. Aber ein härterer Wind schlug es immer wieder für lange Zeit zu. Klaus war treu und kämpfte um die Beziehung, bis seine Frau ihn eines Tages hinauswarf. Er lebte ein halbes Jahr ein Junggesellenleben, fürchtete zu verwahrlosen, traf noch regelmäßig seine Kinder, bis sie, als die Trennung endgültig zu werden begann, ihn mieden. Der Sektor der Untreue lag eher in der Phantasie, die sich an selbständigen, selbstbewußten, in der Öffentlichkeit sich gewandt gebenden Frauen entzündete. Die Antennen waren auf ein Wesen gerichtet, das ihn erkennen und das seine Schwere, die Leere, die ihn immer wieder bedrohende Depressivität mildern könnte, die den Weg zur Heiterkeit und Gelassenheit wüßte. Denn er war sich, aus verschiedenen Phasen seines Lebens, immer wieder sicher, daß er diese Seite, den Jüngling jenseits der Abgründe, in sich trug. Es war dieses Pendeln zwischen heiterer Erregung, wenn er auf dem Kongreß jemanden traf, der ihn anstrahlte, und der Heimkehr in die zähe Vorwurfsbeziehung, die von Schuld und Schuldgefühlen, von Ungenügen, Scheitern und Fremdheit durchzogen war; das quälte ihn.

Und nun noch einmal zum lebensgeschichtlichen Hintergrund: zu seiner Betreuung war ein Kindermädchen eingestellt worden, seine zweite Mutter namens Klara, die ihm hingebungsvoll und erfreut über sein Wesen zugewandt war, während nun die Mutter ihn mehr und mehr »brauchte«. Mittags und abends war jeweils die Übergabe; dann zog sich Klara zurück, mußte ihn ihr überlassen, ihr, die doch so oft erschöpft war, die um die Beziehung fürchtete, zwischen Mann und Sohn hin- und hergerissen zu werden, die sich dem Mann nicht entziehen, sich nicht wehren konnte. Wir fanden jedenfalls keine normalpsychologischen Gründe für das Ausmaß ihres Dienstes in der Praxis und mußten uns mit einer insgeheim gewalttätigen Inbesitznahme zufriedengeben. Klara schien die latente Katastrophe immer zu ahnen. Später erzählte sie es Klaus, oder erzählte die Mutter es ihm? Jedenfalls habe Klara der Mutter gesagt, »Frau X., da haben Sie falsch gewählt«, und sie sagte es, wie Klaus erzählte, mit tragischem Bedauern. Sie kannte sogar den früheren Bewerber, und der Vater mochte ahnen, daß er die »zweite Wahl« war, um sich desto heftiger anzuklammern. Klaus war erleichtert, als wir herausfanden, wie sehr die Mutter nach dem Arbeitstag ihn als wonnigen Jungen brauchte, in den ersten Jahren sogar als Mädchen, um sie aufzuheitern, ihrem Leben einen Sinn zu geben. Mother-caring nennen es die Bioenergetiker, die frühe Verantwortung für das Wohlbefinden der leidenden Mutter, Parentifizierung die Familientherapeuten. Es wird selten auf förderliche Weise belohnt, obwohl es, auf engem Feld, den Wert des Kindes hebt, doch es in Illoyalitäten stürzt, in Bündnisse und Heimlichkeiten. Was zurückbleibt, ist oftmals das Gefühl des Scheiterns: das Kind ist überfordert mit seiner Ersatzpartner-Rolle, die sich für Klaus verdichtete in jenem symbolischen Bild während eines Schuhkaufs der Mutter mit dem vielleicht sechsjährigen Jungen: Wenn ich groß bin, werde ich dir immer die Schuhe kaufen!

Er konnte die Mutter nicht aufheitern, und er fand keinen Schutz bei ihr. Ihre Opferrolle aber hatte sich tief eingegraben

in seine frühe Ritter-Identität, so daß er erst im dritten Jahr
der Analyse die Dinge auch anders sehen konnte, und dann
gleich übertrieben verdreht, als schlüge das Pendel nun in die
andere Richtung aus: Sie wurde die heimliche Hexe und Len-
kerin der Geschicke, kunstvoll verborgen hinter dem Vorhang
des Leids. Und Klaus pendelte zwischen diesen beiden Müttern als einander widersprechenden Bildern, bis gegen Ende
der Analyse. Er nahm die Aufgabe ernst, seine Mutter-Frau
zur Partnerin zu machen, erwachsenere Seiten einzubringen.
Urlaube weckten Hoffnungen, die Heimkehr aber holte die
alten Rollen zurück; man kann nicht von Urlauben leben,
wenn im eigenen Heim ein unüberwindliches Drehbuch die
Beziehungen bestimmt.

Als Klaus später mit seiner zweiten Frau und mit neuem Amt
in die andere Stadt zog, ereignete sich eine geniale Inszenierung, diesmal zum Positiven. Obwohl die Frau einen interes-
santen und sie ausfüllenden künstlerischen Beruf hatte, pau-
sierte sie ein ganzes Jahr, um das Haus umzubauen und zu
schmücken, um es gastlich zu machen für die Familie, seine
Freunde und Kollegen. Er erhielt zum Geschenk von ihr, was
der Vater von der Mutter erzwungen hatte. Und das muß ihn
beruhigt haben. Er erlebte, daß er den Kindern seiner Frau ein
erkennender Vater sein konnte, daß die wiederum fast tödliche Rivalität, die er voller Schrecken manchmal zu seinem
eigenen Sohn spürte – sie konnten sich den Bissen auf dem
Teller neiden – sich milderte. Der Eroberer in ihm kam zu
seinem Recht, er befreite die neue Frau auch aus angstvoll-
schuldgetränkten Gluckenbindungen an ihre eigenen Kinder.
Das war vielleicht das Tragischste am vergeblichen Ringen um
die erste Ehe: daß er in seiner Frau Mutter und Tochter gleichzeitig hätte erlösen müssen, weil die Frau, wie ich früher
geschrieben habe, hineingeschlüpft war in das Leid der Mutter
und darin mitunter für Tage, ja für Wochen verschwand.

Stolz, Freude, Jubel, Ausgelassenheit

Noch ein Schlußwort über Stolz, Freude, Jubel, denen Günther Heisterkamp (Heilsame Berührungen, München 1993)
wieder Daseinsrecht in der Psychoanalyse verschafft hat. Eines
Tages kam Klaus seltsam verhalten in die Stunde, eine unklare

Erregung strahlte er aus. Ich selbst wurde körperlich unruhig, spürte in der Gegenübertragung zwei widersprüchliche Regungen: die Lust zu tadeln, über die ich mich schämte, und eine Lust, über alle Stränge zu schlagen. Nach längerer Raterei – er beobachtete mich scharf auf meiner Suche nach der Deutung seiner und meiner Situation – brachte er in verhaltenem Ton hervor, daß er eine Einladung nach Südamerika bekommen habe, um dort an mehreren Kliniken seine neue Operationsmethode vorzustellen.

Ich wußte längst, daß er sich schon früh mit allem, was ihn erfreute und stolz machte, zu Hause nicht mehr herausgewagt hatte. Dem Vater war es immer zu wenig und Anlaß zu pädagogischen Belehrungen, die Mutter konnte sich schwer einfühlen in das, was einen Jungen begeisterte. So hatte sich ein schwerer Deckel über dem Gefäß der Freude geschlossen.

Ich bekam Herzklopfen, als ich die inneren Bilder zu seinem von mir vermuteten Zustand des vor Freude übererregten Kindes zuließ und nach Formen des Ausdrucks suchte. Ich bereitete mir selbst den Boden, indem ich vorsichtig seinen Zustand zu formulieren suchte: ein Kind, das eine Auszeichnung erhalten hatte, früh, vielleicht noch in einer Zeit vor der Schule. Als hätte ihm jemand gesagt, mit vier oder fünf, das Bild, das es gemalt habe, werde eingerahmt und ausgestellt und dann in die Zeitung gebracht. Ich erinnerte mich an ein Schulsportfest, bei dem ich eine Urkunde erhielt; zur Siegerehrung – ein seltenes Ereignis – fuhr meine Mutter mit. Als mein Name aufgerufen wurde, schrie ich viel zu laut, beschämend laut: Hier! Ein paar Umstehende drehten sich um und mißbilligten mein ekstatisches Geschrei, was meiner Mutter wiederum peinlich war. Ich habe lange an dieser Szene herumgerätselt und sie durch manche Therapiestunde geschleppt. Der Zehnjährige holte etwas nach, was dem Fünfjährigen nicht möglich gewesen war: außer sich zu geraten vor Freude und Stolz, ohne Mißbilligung des Überschwangs, sondern mit freundlicher Unterstützung bei dem Versuch, sich allmählich wieder zu beruhigen. Also: ein Überdreht-Sein im Schutze verständnisvoller Erwachsener, um am Ausmaß des Jubels nicht zu zerbrechen, ihn aber auch nicht wegzustecken hinter einer erstarrten Maske oder die Gefühle gar schockartig gefrieren zu lassen.

Dies zog sekundenschnell im Geist vorbei; auch die Angst, weit daneben zu liegen mit meiner Einfühlung, weil so viel, zuviel Eigenes aufkam. Klaus drang mit seiner Erregung in meine tieferen Schichten ein und erzeugte ein Durcheinander, zwischen Verrücktheit und Beschämung. Die alten Gefahren meldeten sich, der innere Clown und die Gefahr des Absturzes, die unruhige Erregung, die, da sie nicht herausfand in passender Form, mir früh den Ausdruck Zappelphilipp eingetragen hatte. Schließlich wagte ich es und sagte, er, Klaus, habe zwar das erwachsenste und ehrenvollste Angebot seines Lebens erhalten, aber die Freude darüber öffne erneut die Schleusen nicht nur der Kinderfreude und des Kinderstolzes, auch die Gefahren von damals: den Sturm der Erregung und die längst nicht mehr bewußten Techniken, die Notbremse zu bedienen, die Selbsteingrenzung vorzunehmen, die doch nur gelungen sei um den Preis der Lähmung. Ich sah seine Augen blitzen und fühlte mich auf dem richtigen Weg, sah aber auch die Angstschatten über sein Gesicht huschen, konzentrierte in der Stimme meine fachliche Autorität (obwohl ich mich unsicher fühlte), um ihm mit der Stimme einen sicheren Boden zu bereiten. Ich sagte ganz ruhig: »Das Kind in dir will hüpfen vor Freude.« Er schlug zuerst die Hände vors Gesicht, dann versuchte er mich, etwa vierzehnjährig, als Spinner auf den Arm zu nehmen, und da ich ruhig blieb, fragte er: »Ja, meinst du das ernst?« »Ich helfe dir dabei, sagte ich, ich gebe dir meine Hände, damit du dich festhalten kannst.« Wir versuchten es zuerst auf dem Teppich, aber es war nicht wild, nicht schwankend genug, deshalb bat ich ihn auf die Schaumstoffcouch, die nun zum Trampolin wurde, und unter wachsendem Jubel und schrill entgleisenden Schreien, unterbrochen von fragend-unsicheren Blicken, ob er es denn wirklich riskieren könne, sprang er immer höher, verausgabte sich. Er suchte Halt an meinen Händen und in meinen Augen und sank mir schließlich erschöpft an die Brust. Der Sturm war vorüber, er ruhte sich aus, ich wischte mir die feuchten Augen wieder klar und dann sprachen wir über Stolz und Freude und Jubel und über ihre Schicksale in seiner Kindheit.

Der Therapieverlauf, von Klaus erzählt

Der Beginn meiner Therapie war geprägt von meiner Unfähigkeit zu reden. Erst durch mühsame Anstrengungen des Therapeuten, durch vorsichtig dosierten Körperkontakt konnte bei mir soviel Vertrauen entstehen, daß ich auch anfing zu reden. Besonders hilfreich war dafür die Gruppentherapie, die nach etwas weniger als einem Jahr Einzeltherapie dazukam. Hier lernte ich durch Beispiele von anderen Gruppenmitgliedern deren Probleme kennen, was mir langsam den Weg auch zu meinen eigenen Problemen bereitete. Auch sah ich dort, daß die Schwierigkeiten bei den anderen Gruppenmitgliedern ähnlicher Art waren, wenngleich mit anderen Schattierungen und Ursachen. Dies gab eine enorme Sicherheit, zumal ich erst durch den körperlichen Halt und die Geborgenheit, die man in der Gruppe erfuhr, in der Lage war, darüber zu reden. Die körperlichen Szenen und Gefühle, die das Freisetzen der Sprache bewirkten, waren unglaublich intensiv, und ich bin heute noch der Meinung, daß diese Phänomene auch medizinisch erfaßbar sind. Oft hatte ich das Gefühl, daß mein Gehirn in einer viel zu engen Schale sitzt und keinen Raum hat, dieser aber sich plötzlich weitete und ich spürte, wie das Blut in die lahmgelegten Areale schoß; dies löste ein Gefühl von Wärme, ja zum Teil von unterschwelligem Schmerz aus, etwa dem Erlebnis vergleichbar, wenn im Winter erfrorene Füße oder Hände auftauen.

Ich lernte in dieser Therapie, meine einzelnen Körperteile zu spüren, und daß meine inneren Grenzen, das innere Körperbild, mit den realen Grenzen meines Körpers nichts zu tun hatten. So befand sich nach meinem Erleben in meinem Bauch eine Stahlkugel, kalt und durch keine Kraft zu überwinden, ja nur zu erreichen. Als ich dies versuchte, brachte nicht einmal unser stärkstes Gruppenmitglied genug Kraft auf, mich den Druck überhaupt spüren zu lassen. Selbst als ihm schon der Schweiß von der Stirn lief, war ich noch der Meinung, daß er nicht genug drücke, um mich zu schonen. Diese Begebenheit zeigte mir die riesige Diskrepanz zwischen meinem Erleben und der Realität. Erst nach und nach konnte ich den inneren

Druck spüren und dann schrittweise in der eigenen Abwehr und Anspannung nachlassen. Dies ermöglichte mir erst, jemanden an mich herankommen zu lassen und Vertrauen zu gewinnen, ohne daß mir durch Nähe und seelische Öffnung unerträgliche Schmerzen zugefügt wurden. Bis dahin war ich an meinem Bauch nahezu unverwundbar. Der konkrete wie symbolische Zusammenhang mit meiner früheren Nabelschnurvereiterung lag auf der Hand und wurde lange in der Therapie thematisiert.

Ebenso waren in meiner inneren Wahrnehmung ganze Körperregionen ausgeschaltet und für mein Gefühl nicht vorhanden, oder sie waren extrem übererregbar, wie etwa meine Fußsohlen. Erst durch viele langwierige Therapiestunden gelang es, meinen Körper Stück für Stück zusammenzusetzen. Selbstverständlich war dies begleitet von Wut, Ängsten, Verzweiflung und manchmal Panik, was dann meist in den Einzelstunden aufgearbeitet wurde. So wandelte sich meine anfängliche Angst und meine Sorge, jemand in meinem Umkreis könnte erfahren, daß ich eine Psychotherapie machte, fast in eine Gier, immer mehr über mich zu erfahren.

Nachdem diese Vertrauensbasis hergestellt war, tauchten nach und nach verschüttete Teile und Begebenheiten meiner Vergangenheit auf. Lange Zeit beschäftigte mich der *Rucksack meiner frühen Kindheit,* der häufig in Träumen auftauchte, meist zusammen mit einem Fahrrad, das ich, nur unzureichend bekleidet, unter großen Mühen und mit großer Scham schob. In diesem Zusammenhang erinnerte ich mich plötzlich an eine Szene mit meiner Mutter, als sie mir mit drei oder vier Jahren beim Aussuchen von Kinderschuhen sagte: »Wenn du einmal groß bist, dann kaufst du mir Schuhe.« Es wurde auch die Erinnerung wieder lebendig, daß meine Mutter mich sehr lange, bis zum Alter von vierzehn oder fünfzehn Jahren, beim Duschen überwachte, daß ich dies auch »ordentlich machte« und mich richtig einseifte. Zu dieser Zeit stand Jürgen Bartsch vor Gericht, wegen vielfachen Kindermords. In den psychiatrischen Gutachten zu seinen Taten und seiner Familie, die ich mit großem Interesse, soweit in der Presse darüber zu lesen war, verfolgte, stand ähnliches über seine Adoptivmutter. Das erschütterte mich, und ich fühlte tiefes Verständnis für ihn.

In diesem Zusammenhang tauchte auch die Erinnerung auf, daß mich meine Mutter immer in ihr Bett holte, wenn mein Vater auf der Jagd war. Es kamen die Erinnerungen, daß ich in meinen ersten Lebensjahren immer von meinen Eltern wie ein Mädchen behandelt und auch so angezogen wurde. Erst als mit vier oder fünf Jahren meine Freunde mich als Mädchen beschimpften, insbesondere wegen meiner Frisur, protestierte ich bei meiner Mutter, und die Haare wurden endlich abgeschnitten. Auch meine Zweifel in der Pubertät, ob ich vielleicht nicht doch einen Busen bekomme, da ich dicklich war in jener Zeit, wurden mir wieder bewußt. Dabei trat dann auch wieder vor mein Bewußtsein die für mich lange Zeit schockierende Angst, ich könnte eventuell auf dem Weg in die Homosexualität sein. Mir wurde plötzlich deutlich, daß ich von neuem heimlich Männer anschaute, insbesondere die Mundpartie, und daß mir der Gedanke, einen Mann zu küssen, nicht mehr unangenehm erschien. (Während ich dies schreibe, bin ich ganz aufgewühlt und es treten Herzschmerzen auf.) Erschwerend hinzu kam die Situation mit meiner Frau: daß seit Jahren keinerlei sexuelle Beziehungen mehr möglich gewesen waren und sie mir das Gefühl von Unfähigkeit vermittelte, was mich nahezu impotent machte. Aber in dieser Zeit vollzog sich in mir auch eine enorme Verwandlung in der Weise, daß ich meine frühere Angst vor Frauen langsam verlor und mich auch an Frauen heranwagte, die ich früher – da ich mich für minderwertig und unattraktiv hielt – als außerhalb jeglicher Reichweite erlebt hatte. Unterstützt wurden meine Fortschritte dadurch, daß ich eine anziehende junge Kollegin kennenlernte, mit der ich dann für etwa drei Jahre eine intensive Beziehung einging, worüber ich meine Frau auch aufklärte.

Parallel dazu traten die Probleme zu Hause immer stärker zutage. Meine Frau und ich entfernten uns immer weiter voneinander, obwohl wir versuchten, unsere Beziehung zu retten. Es gab in dieser Zeit manchmal wieder die Möglichkeit, miteinander zu reden, was bis dahin nie funktioniert hatte. Dabei kam wieder Hoffnung auf. Die Trennung wurde dann durch den Wunsch meiner Frau nach getrennten Schlafzimmern eingeleitet, was wir in unserem Haus auch durchführen konnten. Wir versuchten damit und auch durch ein weitgehend selbständiges Leben eine Einflechtung und Milderung der Verstrickung zu erreichen, was aber nicht gelang.

Im Zuge der Therapie wurde mir eines Tages, als ich mit dem Auto in die Klinik fuhr, plötzlich klar, daß ich seit Jahren in Gedanken und in Bildern damit beschäftigt war, Suizid zu begehen. Jeden Morgen überlegte ich, daß ich mit dem Auto mit Vollgas lediglich gegen einen Betonpfeiler an einer Brücke zu fahren bräuchte. Ich könnte ja einen Unfall vortäuschen. Ich war dann ganz zufrieden, da meine Frau und die Kinder durch eine Lebensversicherung gut abgesichert waren und dann in unserem Haus schuldenfrei wohnen könnten. Das Erschreckende daran war für mich, daß ich keinen Gedanken an mich verschwendete: mein Leben wäre damit beendet! Lediglich das schuldenfreie Überleben von Frau und Kindern war wichtig. Seit dieser Zeit wußte ich bereits, daß jemand Selbstmord machen kann und ihm in keiner Weise bewußt ist, daß er damit sein Leben beendet. Die Gedanken kommen wie von selbst, durchziehen das Gehirn und sind wieder weg, ohne bewußt zu werden. Bei mir dauerte es zwei bis drei Jahre in der Therapie, bis mir diese Gefahr überhaupt klar wurde. Verstärkt wurde das ganze auch dadurch, daß wir uns durch den Hausbau an den Rand der finanziellen Möglichkeiten gebracht hatten, was nicht nur unsere Schuld war: einige Handwerker hatten Konkurs gemacht, und wir mußten den Bau überteuert zu Ende bringen. Es kam noch hinzu, daß ich mich von meinen Eltern alleingelassen fühlte, da sich mich bei dem Hausbau, trotz anderer »Andeutungen«, finanziell nicht unterstützten. Meine Enttäuschung rührte daher, daß sie meinem Bruder und mir immerzu erzählten: Alles was wir tun und besitzen, ist ja nur für euch. Sobald man aber etwas davon wollte, wurde es verweigert. Ich fühlte mich wie ein Hund, dem man eine Wurst vor die Nase hält, ihm ständig Hoffnungen macht, sie jedoch im entscheidenden Moment wegzieht. Erschwerend kommt noch hinzu, daß in meiner Familie Geld eine äußerst stark besetzte Sache darstellte. Die Zuwendung von Geld bedeutete einen Liebesbeweis, da eine andere Art des Ausdrucks nicht existierte. Genauso wurde die Zuneigung auch über das Geld wieder entzogen.

Darin, daß er mir beim Bau des Hauses finanziell nicht half –
was ihm ein Leichtes gewesen wäre –, drückte sich die Enttäuschung meines Vaters darüber aus, daß ich nicht die väterliche
Praxis übernommen habe, sondern eigene Wege gegangen bin.
Hinzu kommt noch eine Portion Neid und Rivalität, da er immer alles besser konnte als ich; und nun verließ ich den von
ihm vorgezeichneten Weg und war dabei, ihn zu überholen,
indem ich in ärztliche Positionen aufstieg, die er selbst ersehnt
hatte, sich aber nicht anzustreben oder zu realisieren
traute.

Zu dieser Auseinandersetzung um das Geld kam noch, alles
komplizierend und verwirrend, hinzu, daß sich die Konflikte
ganz real im Beruf wiederholten. Auch mein damaliger Chef
verstreute seine Gaben nach Gusto, der mir zu diesem Zeitpunkt ebenso undurchsichtig erschien wie das Gehabe meines
Vaters. Es wurde für mich wie für meinen Theapeuten manchmal fast unmöglich zu unterscheiden, ob es sich um eine reale
Wiederholung oder um alte Geschichten handelte. Dies
konnte meist nur durch ein Rollenspiel auseinanderdividiert
werden, in dem die Personen im Raum symbolisch präsent gemacht wurden. Nur dadurch war es mir möglich, zum einen
gegen meinen Vater, zum anderen gegen meinen Chef mich
allmählich zur Wehr zu setzen. Dies fiel mir um so schwerer,
als ich vor meinem Vater und auch vor jeglicher Obrigkeit eine
unglaubliche Vernichtungsangst empfand, die ich erst einmal
langsam mildern und dann überwinden mußte.

Wie bei meinem Vater kam auch bei meinem Chef eine gewisse
Eifersucht hinzu, da ich ihn in vielen Punkten unseres Berufes
überholt hatte. Erst durch die Therapie waren mir diese Zusammenhänge klar geworden, und ich konnte bei meinem
Vater wie bei meinem Chef gegen ihre Manöver vorgehen und
mich erfolgreich zur Wehr setzen. Ich ließ mir von meinem
Chef später die Verantwortung für die Abrechnung übertragen, und wir führten sie gemeinsam durch. Auftretende Probleme konnten endlich besser besprochen werden, obwohl ich
mich auf einer Gratwanderung befand, von der ich leicht hätte
abstürzen können.

Im Laufe der Therapie trat bei mir ein Phänomen auf, welches
mich zu Beginn aufs tiefste erschreckte: Ich bekam manchmal

Probleme beim Operieren in der Art, daß ich meine Hände nicht mehr unter Kontrolle halten konnte, so sehr begannen sie plötzlich zu zittern. Ich mußte dann die weitere Operation an jemand anderen abgeben. Diese Übererregtheit meiner Hände legte sich dann in der Therapie, besonders durch das Halten und auch durch das Ausprobieren der Kraft in den Fingern, Händen und Armen, durch das Genießen der Berührung.

Parallel dazu entstanden tiefe Zweifel: Ich hielt mein ärztliches Tun für völlig überflüssig und falsch. Ich bemerkte plötzlich bei meinen Patienten, daß viele ihrer Probleme eigentlich psychischer Natur waren und mir mein chirurgisches Tun als Scharlatanerie vorkam. Ich dokterte an Symptomen der Patienten herum, sah und spürte auch deren tieferliegende Probleme, konnte ihnen jedoch nicht helfen. In dieser Zeit wollte ich meinen Beruf aufgeben und etwas völlig Neues, z. B. Kaufmann, Banker oder Manager beginnen. Ermunternd kam dazu, daß ich plötzlich im Ausland Kontakte zu Regierungskreisen erhielt und in eine völlig neue Dimension gesellschaftlichen Denkens vordrang. Dort wurde plötzlich mein Wort ernst genommen und mein Rat gehört.

Durch die Bearbeitung dieser Phänomene änderte sich dann die Situation, und ich begann meine Patienten auf ihre seelischen Probleme anzusprechen und meine medizinische Therapie zu ändern. Ich machte nach erfolgreichem ärztlichem Eingriff nicht mehr halt, sondern bezog die psychische Ebene mit ein und versuchte den Patienten klarzumachen, daß sie ihre Probleme nur dann dauerhaft lösen könnten, wenn sie auch im seelischen Bereich Hilfe in Anspruch nähmen. Als ich dann von den Patienten überwiegend ein positives Feed-back erhielt, fing mein Beruf wieder an, mir Spaß zu machen, und ich begann die psychischen Ursachen auch mit in unsere Forschung einzubeziehen.

Über lange Strecken meiner Therapie war ich der Auffassung, daß mein Vater es war, der die ganze Familie tyrannisierte. Im Laufe der Therapie änderte sich dieses Bild jedoch wesentlich, und dies wurde dann bei einem der wenigen möglichen Gespräche mit meinen Eltern schlagartig klar. Ich warf meinen Eltern den unmöglichen Umgang mit meinem Bruder vor, der ihn zerbrochen habe. Darauf brach mein Vater in Tränen aus, was ich noch nie erlebt hatte, und sagte zu meiner Mutter: »Du warst doch immer diejenige, die wollte, daß ich ihn verhaue.« Meine Mutter saß daraufhin nur kalt da und konnte nichts erwidern. Es fiel mir wie Schuppen von den Augen, daß sie den Vater mißbrauchte und er ihr blind gehorchte. In der Folge kam es zu einer Annäherung an meinen Vater, und wir verstanden uns wesentlich besser. Ich hatte oft das Gefühl, er wollte von mir in den Arm genommen werden, was ich mich leider nie bei ihm traute. Während der Therapie war es mir möglich geworden, bei der Begrüßung meine Mutter in den Arm zu nehmen, obwohl sie jedesmal ganz steif war. Ich hatte dann das Gefühl, daß er eifersüchtig war.

Im weiteren Verlauf kam es zum endgültigen Bruch mit meiner Frau, da sie meinen Auszug aus dem gemeinsamen Haus verlangte. Zuvor war ein Versuch, die Beziehung mit ihr wieder aufzunehmen, kläglich gescheitert, da sie meine Veränderungen nicht bemerkte und auch nicht zuließ, daß ich ihr dies zeigen konnte. Parallel dazu kamen enorme berufliche Fortschritte: Ich verlor meine Ängstlichkeit und konnte auch mein Auftreten nach außen verändern. Es gab Angebote, eine bedeutende Klinik zu übernehmen, worauf ich beinahe eingegangen wäre, auch um die drohende Auseinandersetzung mit meiner Frau zu umgehen. Im nachhinein bin ich froh, daß es so nicht gekommen ist und ich diese Auseinandersetzung durchstehen mußte, da man davor nicht fliehen kann. In der Folge reichte ich die Scheidung ein, die auch unter großen Schwierigkeiten erfolgte. Etwa um diese Zeit bemerkte ich bei einer seit langem mit uns befreundeten Frau, von der ich annahm, daß sie glücklich verheiratet sei, daß dies gar nicht so war. Möglich wurde mir dies durch meine Erfahrungen in der Gruppentherapie: auf unbedeutende Zeichen der Körpersprache zu achten und diese auch zu erkennen. So glaubte ich festzustellen, daß diese Frau in äußerster Not mit ihrem Leben fast abgeschlossen hatte. Obwohl ich sie früher aufgrund ihres Äußeren und ihres Auftretens als für mich außerhalb jeglicher Reichweite stehend erlebte, nahm ich mit ihr Kontakt auf, und zu meiner großen Freude und Überraschung ging sie darauf ein. Nach anfänglich großen Schwierigkeiten von uns beiden gelang es, uns aus unseren alten Verstrickungen zu lösen und eine Beziehung einzugehen. Hilfreich war dabei, daß auch sie eine langjährige Psychotherapie hinter sich hatte. In dieser Phase versuchte meine frühere Frau die neue Beziehung zu hintertreiben, was ihr nicht gelang. Bedauerlich war, daß vor allem unsere Kinder darunter gelitten haben und dies heute noch tun. Als ich dann die Berufung in die Leitung einer großen Klinik erhielt, nahm ich sie an, die neue Frau kam mit mir, wir bauten ein neues Zuhause auf und heirateten nach fünf Jahren. Wir leben nun seit einigen Jahren in unserer neuen Wohnung und können unser Glück nicht fassen: daß wir den Schritt gewagt haben, aus alten Verstrickungen auszusteigen und neu anzufangen. Möglich war dies nur durch den intensiven Einsatz in unserer Therapie. Aus meiner Dumpfheit und Trostlosigkeit sowie der völligen Isolation bin ich herausgetreten in ein neues Leben, mit Lust und Freude an schönen Dingen, die ich früher in keiner Weise wahrnehmen, geschweige denn genießen konnte.

Manchmal befällt mich eine leise Trauer, daß meine Kinder nicht sehen können, wie man sein Leben selber verändern kann; daß man nicht schicksalshaft in Stumpfsinn verfallen muß, sondern daß man durch eigene Initiative sein Leben umgestalten kann. Ich bedauere auch manchmal, daß ich nicht früher um die Möglichkeit einer solchen Psychotherapie wußte und nicht früher mit ihr beginnen konnte.

Rückblick und psychoanalytische Reflexion:
Die therapeutische Monokultur als Schuld

Ödipus in Panik und Triumph als das Fragment eines gemeinsamen Entwicklungsromans berichtet über den etwa einjährigen Ausschnitt aus einer psychoanalystisch orientierten kör-
pertherapeutischen Behandlung, die mich selbst auch verändert hat. Sie umfaßt in knapp acht Jahren etwa 500
Einzelstunden und 80 Gruppensitzungen. Es läßt sich also
nicht sagen, daß Körperpsychotherapie den Zeitraum der Behandlung nach der Zahl der Jahre verkürzt, vielleicht aber
nach der Zahl der Stunden: Wir haben, von kurzen Notzeiten
mit einer zusätzlichen Stunde abgesehen, nie mehr als mit zwei
Wochenstunden gearbeitet. Was es bedeutet hätte, drei oder
gar vier Mal wöchentlich in den traumatischen Familienunter-
grund von Klaus einzutauchen, vermag ich nicht zu sagen.
Es käme mir einerseits als eine Überdosierung vor, die die
Integrationsfähigkeit vielleicht überfordert, andererseits als
eine zu starke Aufwertung der Therapie gegenüber dem gelebten Leben. Aber aus einer solchen Erfahrung lassen sich noch
keine Regeln ableiten. Allerdings hat sich in meinen Behandlungen bei ähnlich schwierigen Störungen dieser Umfang an
Stunden und Jahren als »normal« erwiesen. Das bedeutet
auch, daß man den Patienten in einem Wandlungsprozeß begleitet, der grundlegende Neuorientierungen erschließt, neue
Lebensmöglichkeiten, Identitätsentscheidungen, einen anderen Umgang mit der eigenen Vergangenheit, dem Veränderba-
ren wie dem offensichtlich Unveränderbaren in der jeweiligen
Konflikt- und Charakterstruktur.
Daneben gibt es durchaus Behandlungen, die in einem Zeitraum von einigen Monaten bis zu wenigen Jahren zu einem
befriedigenden Ergebnis führen können. Die Lebensskripte
mancher Patienten sind auch so organisiert, daß sie sich bei
mehreren Therapeuten Bruchstücke von Hilfe holen, nacheinander oder sogar gleichzeitig, so daß der jeweils eigene Beitrag
zu ihrem Gedeihen oder ihren verdeckten Wiederholungen alter Muster weniger leicht zu erkennen ist, es sei denn, man
hätte das Glück, die Umrisse des Mosaiks mit den anderen

Therapeuten kooperativ zusammenzusetzen. Auch Klaus hat einige Stunden bei einem mit mir befreundeten Atemtherapeuten genommen, als mir die Konvulsionen seines inneren Blasebalgs zu undurchschaubar wurden. In meiner Phantasie habe ich ihn, als unsere Arbeit schier endlos um die Engramme der frühen Krankheit kreisten, öfter zu einem begabten Schüler von Stanislav Grof geschickt, der das Durcharbeiten früher Erkrankungen und ihrer psychischen Folgen in der Regression zu einem wichtigen Thema macht. Klaus verwahrte die Adresse wie einen Notzettel, machte aber schließlich keinen Gebrauch davon, weil er aus unserer schützenden Beziehung nicht aussteigen wollte und weil er das Gefühl, besser das Ideal hatte, die von uns erreichte »psychosomatische Ebene« müsse ausreichen für die Bewältigung auch der Traumen aus den ersten Lebenswochen. Hier sind sicher ganz verschiedene Wege denkbar und gangbar.

Die Theorie der frühen oder kumulativen Traumatisierung hat in den letzten Jahren viele Fortschritte gemacht. Über die Erforschung der Traumatisierung durch politische, militärische und terroristische Gewalt, durch sexuellen Mißbrauch, Kindesmißhandlung, innerfamiliäre Gewalt und parasitäre Ausbeutung sind neue Kategorien und neue therapeutische Aspekte hinzugekommen. Durch das grandiose Buch von Judith Lewis Herman: »Die Narben der Gewalt. Traumatische Erfahrungen verstehen und überwinden« (München 1994), ist unsere Aufmerksamkeit auf die enge Verwandtschaft der seelischen Mechanismen bei Folter, Terror, Lagerhaft, Todesdrohung, Kampfeinsätzen, Mißbrauch und familiärer Gewalt gelenkt worden. Das Ausmaß der seelischen Spätfolgen, der Erstarrung und Spaltung des Selbst, der Ausgliederung von Affekten aus den Grenzen des Ichs, der Veränderung der Bindungsmöglichkeiten und die Fixierung auf regressive Verarbeitungen hat dazu geführt, auch den körperlichen Halt, neben dem seelischen, als eine wichtige Komponente der Heilung zu bedenken und zu differenzieren. Die Traumaforschung hat festgestellt, daß von einem bestimmten Maß von Belastung an der seelische Apparat so weit regredieren kann, daß die Einwirkungstiefe der Traumen derjenigen in der frühen Kindheit analog ist. Die Deformationen erreichen Dimensionen, die denen in der unausgereiften kindlichen Struktur gleichen. Spaltung, Erstarrung, falsches Selbst und »Roboterisierung« können die Folgen sein. Um so erstaunlicher ist es, daß eine orthodoxe psychoanalytische Behandlungstheorie und -praxis noch immer auf der therapeutischen Monokultur der reinen Sprachkur beharrt, einschließlich der psychoanalytisch eingefärbten dynamischen Psychiatrie in den USA, der in ihrer therapeutisch eingeengten Variante auch Judith Lewis Herman zuzurechnen ist, trotz ihrer immensen Erfahrungsbreite und ihres Muts zu unorthodoxen diagnostischen Überlegungen. Ihre Warnungen vor der Einbeziehung des körperlichen Halts als dem »Ende einer geordneten therapeutischen Beziehung« sind angesichts der von ihr diagnostizierten Störungen einschließlich ihrer leiblichen Verankerung befremdend. Die neuen Formen werden sofort denunziert, den Fallstricken der Wiedergutmachungsphantasien oder dem Rettungswahn zugeschrieben, einem Abgleiten in Magie und Verwöhnung, die natürlich nicht von Erfahrung, Kompetenz und überlegter Dosierung getragen sein können:

»Man fühlt sich geschmeichelt, wenn einem übernatürliche Heilungskräfte zugeschrieben werden, und die Versuchung, durch eigenes Handauflegen möglicherweise eine magische Heilung zu bewirken, ist gar zu groß. Geradezu verwegen ist allerdings die Vorstellung, daß sich die unvoreingenommene therapeutische Haltung weiterhin aufrechterhalten läßt, nachdem diese Grenze einmal überschritten wurde. Grenzverletzungen führen unweigerlich zur Ausbeutung des Patienten, selbst wenn ihnen ursprünglich eine gute Absicht zugrunde lag« (S. 273).

Ähnliches gilt für die mehr biedermeierliche, rein innerfamiliäre Variante der Traumaforschung, wie sie sich etwa in Hans Holdereggers Buch »Der Umgang mit dem Trauma« (Stuttgart 1993) findet. Sie kennt außer schlimmen, kranken oder depressiven Müttern kaum gesellschaftliche oder politische Quellen von Traumatisierung. Dafür beschreibt Holderegger aber sehr genau, in wie schier ausweglose Situationen Patient und Therapeut geraten, wenn die durchgestandene Übertragungsverstrickung mittels Worten als dem einzig legitimen Weg der Heilung perpetuiert wird, mit dem Monopol der Deutung als dem einzig zulässigen Medikament. Holderegger besteht natürlich darauf, daß alles »in die Übertragung« kommen muß, die er bei traumatischen Störungen »traumatisierende Übertragung« nennt:

»Der Patient setzt den Analytiker der von ihm erlebten Traumatisierung aus, soweit das in einer Therapiesituation überhaupt möglich ist, so daß dieser in irgendeiner Weise, die der Patient übrigens sehr aufmerksam registriert, reagieren muß. Ein therapeutischer Prozeß kommt nur in Gang, wenn der Analytiker der Manipulation, die sich durch die hier dargestellte Übertragung ergibt, etwas entgegenhalten kann, und zwar in Form einer dem Patienten zugänglichen Deutung der von ihm dargestellten Szene. Der Analytiker wird, vor allem, wenn es um die Inszenierung schwerer Traumata geht, in Gefühlssituationen hineinmanövriert, die seine Deutungsarbeit sehr erschweren und ihn möglicherweise dazu verführen, in der affektiven Ebene der Inszenierung gefangen zu bleiben. Wenn sich der Analytiker der Rolle, die ihm zugewiesen wird, ausgeliefert fühlt und sich nicht aus dem Bann der inszenierten Situation befreien kann, wird die traumatische Situation nur wiederholt und deren Unvermeidbarkeit bestätigt« (S. 24)

Das letztere ist sehr richtig. Aber eine andere Form der Inszenierung als die in der Übertragung, die den Therapeuten, den Patienten wie das Arbeitsbündnis extremen Belastungen aussetzt, wird gar nicht erwogen. Im Gegenteil, das Überich hält strenge Wacht gegen alle technischen Neuerungen, die über die verquälte Übertragungsanalyse hinausgehen. Holderegger schließt den zitierten Abschnitt mit den warnenden Worten:

»Eine Bestätigung des Eindrucks, daß man sich gegen Übergriffe nicht wehren könne, bekommt der Patient zum Beispiel, wenn es ihm gelungen ist, den Analytiker dazu zu verführen, vom vereinbarten Setting abzuweichen« (S. 24), und das heißt: übertragen und verbalisieren! Trauma und Körper gehören nur diagnostisch, nicht jedoch therapeutisch zusammen! Dabei erkennt Holderegger die paradoxale Unauflöslichkeit und Uneinlösbarkeit der orthodoxen Forderung nach totaler Verbalisierung sehr genau, ohne technische Folgerungen daraus zu ziehen. Er verweist auf die Qualen der »traumatisierenden Übertragung« für beide Partner des telefonischen Dialogs auf der Couch und ihre Bedrohung des schützenden Raumes:

»Die Angst vor derartigen Situationen und deren möglicher Eskalation kann ein Grund dafür sein, eine idealisierende Übertragung mehr als nötig und vor allem länger als nötig zu fördern, ja sogar jedes Aufkommen einer negativen Übertragung zu verhindern, falls das überhaupt möglich ist.« (S. 44) In der Regel sind Patient und Therapeut überfordert, wenn sie beides zusammen leisten sollen: die Idealisierung als Garant des Neubeginns, und das Durchwandern der Hölle in der Übertragung. Die Folge ist meist eine Idealisierung der Analyse als Behandlungsform, die für den Patienten dem Besitz einer schwimmenden Insel gleicht, auf der er so viele Stunden wie möglich zubringt. Die drohende Phantasie beim Eintritt der dämonischen inneren Figuren in die Übertragung ist die des Untergangs in den dunklen Fluten. Trotzdem ist Holderegger einer neuen Fassung der frühen Affekte und einer veränderten therapeutischen Einbettung recht nahe, indem er sich der psychosomatischen Basis der archaischen Gefühle zuwendet:

»Ich gehe davon aus, daß auch in der traumatasierenden Übertragung psychische Mechanismen beider Systeme (frühe Affektregulierung und Symbolbildung, T. M.) beteiligt sind. Der Wiederholungsmechanismus ist als möglicher primärer Mechanismus schon erwähnt worden, ebenso das Phänomen der direkten Affizierung, die eng mit Körpersignalen und Reaktionen des vegetativen Nervensystems zusammenhängt und der sich der Analytiker kaum entziehen kann.« (S. 117) Das soll er meiner Meinung nach auch gar nicht versuchen, im Gegenteil: Er möge seine Affizierbarkeit ausbauen, aber zu seinem notwendigen Selbstschutz und dem des Patienten nicht alle vergifteten Affekte auf sich lenken und kein anderes Objekt als sich selbst anbieten. Sondern er soll durch Halt und Inszenierung eine andere Rolle, nämlich die des Regisseurs gewinnen können, um der des Retters und des Dämons zu entgehen, die ihn beide zu verschlingen drohen; außerdem in klar definierten Szenen die Rolle des Idealobjekts übernehmen und auch wieder abgeben! Denn die »traumatisierende Übertragung« als einziges Medium der Behandlung löst traumatische Gegenübertragungen aus, die sich nur noch schwer in heilsame Interventionen überführen lassen.

Holderegger schildert die Situation mit einem Patienten, den er Jahre später mit einer gewandelten, die Rollenumkehr mitberücksichtigenden Einfühlung doch noch erreichte, recht sensibel: »Die Darstellung der traumatisierenden Situation und der verheerenden Folgen des Traumas war im Falle dieses Patienten über lange Zeit derart ausschließlich, daß die Übertragungssituation mich extremen Gegenübertragungsgefühlen aussetzte und mich spüren oder ahnen ließ, was sich im fünfjährigen Jungen während der Abwesenheit seiner Mutter abgespielt hatte. Der Patient verstummte, er war nicht mehr in der Lage, irgendein Gefühl auszudrücken, am wenigsten natürlich das gefährliche Gefühl der Wut, die alles zu zerstören drohte. Er brach nach ungefähr einjähriger Behandlung den verbalen Kontakt zu mir ab und konfrontierte mich mit dem Phänomen des Alleingelassenseins, dem Gefühl, den Kontakt zum anderen nicht mehr aufnehmen zu können, weil er nicht anwesend bzw. nicht verfügbar ist.« (S. 129)

Die Berührung, die auf all das zurückgreift, womit unzählige Arten von Säugetieren einschließlich der Menschen ihren Nachwuchs mit Schutz, Bindung und Grenzen versehen, könnte die Brücke bilden zur Weltraumverlorenheit, in die solche Patienten abdriften können. Holderegger spürt dies auch an den Signalen, die den leeren Raum, die Kluft zwischen Kontakt und bedrohlichem Trauma, vom Patienten her, durchdringen möchten:

»Diese Mitteilung geschieht auf einer tieferen Ebene der Kommunikation, die nicht nur als nonverbal, sondern sogar als außerverbal bezeichnet werden muß ... die außerverbale Kommunikation bezieht sich jedoch immer auf Inhalte, die jenseits der Phantasiebildung oder jenseits der symbolischen Verarbeitung liegen; sie ist also im wörtlichen Sinne außersprachlich.« (S. 133/134)

Bedeutsame Folgerungen werden daraus aber nicht gezogen, außer der Forderung nach endloser Steigerung der Fähigkeiten des Analytikers zur Entwirrung seiner bedrohlichen Gefühlszustände, die ich als das *akrobatische Spätstadium* einer therapeutischen Monokultur bezeichne.

Das Prinzip Antwort

Patienten wie Klaus fehlte in ihrer Kindheit ein *geordnetes Prinzip Antwort,* als eine das kohärente Selbst fördernde Bejahung der spontanen Lebens- und Bindungsbewegungen. Stillegung, Dissoziation, das Abdrängen der Affekte in die dunklen Keller rein psychosomatischer Rückzugs- und Notreaktionen sind die Folge. Das Kind oder der Patient ahnt, daß ihr Ich nicht mehr in der Lage ist, mit den verlorenen Teilen und Affekten umzugehen. Sie brauchen einen neuen Container, Formen der Benennung, des Halts, der Übung, ja der Einübung, der suchenden Einfühlung, des szenischen Angebots. Auf diesem Feld gibt es, auch außerhalb der Welt der leiblichen und der inszenatorischen Berührung, eine immense Vorarbeit durch Analytiker, die sich dem *Prinzip Antwort und Strukturierung* verpflichtet fühlen, wenn es um klar umrissene Störungsbilder geht.

Exemplarisch denke ich an Peter Fürstenaus Umgang mit ich-strukturell gestörten Patienten (In: P. F., Zur Theorie psychoanalytischer Praxis, Stuttgart 1979) und neuerdings an seine methodenintegrativ denkende »Entwicklungsförderung durch Therapie. Grundlagen psychoanalytisch-systemischer Psychotherapie.« (München, 1992), auf die ich an mehreren Stellen hingewiesen habe. Neuerdings ist staunend und rühmend hervorzuheben der Beitrag von A. Heigl-Evers, F. S. Heigl und J. Ott: »Die psychoanalytisch-interaktionelle Einzeltherapie« in ihrem großen »Lehrbuch der Psychotherapie« (Stuttgart/Jena 1993) sowie ihr Kapitel über die »Psychoanalytisch-interaktionelle Gruppentherapie« im selben Band. Sie sprechen von »basalen oder dyadischen Beziehungsstörungen« mit »*primitiver Übertragung,* i.e. Übertragung eines Teilobjekts mit heftigen bis ungesteuerten affektiven Reaktionen aversiver, aggressiver, rachsüchtiger Qualität gegenüber dem ›total Bösen‹, leidenschaftliche, oft mit Distanzlosigkeit verbundene Bewunderung, Verklärung, Überbeanspruchung des nur ›Guten‹...« Psychogenetisch sprechen sie von »kumulativen mikrotraumatischen Erfahrungen im Sinne *mangelhafter Einstimmungs- und Abstimmungsprozessen* in der frühen Mutter/Kind-Dyade« und »*makrotraumatischen Erfahrungen* wie plötzliches Verlassenwerden, grob sexuelle oder grob aggressive Übergriffe auf das Kind« usw., »*Überstimulierung ödipaler Phantasien*« usw. (S. 202-204).

Sie heben den manipulativen Charakter der Kommunikation hervor, die Belastungen des Therapeuten in der Gegenübertragung, »dem nicht die Würde einer Person zuerkannt wird.« (S. 209) »Eine überwiegend apersonale Kommunikation« [...] »löst beim Therapeuten häufig aversive, auch aggressive Affekte oder auch nur eine unspezifische Irritation aus.« (S. 209) Es folgt eine breite Palette von Erlebens- und Reaktionsformen des Therapeuten auf solche Traumapatienten, die in einem nicht von symbolisierbaren Affekten geordneten Raum interagieren. Deshalb plädieren sie mit Fürstenau für die »Übernahme von Hilfsich-Funktionen« für den kommunikativ behinderten Patienten und heben das *Prinzip Antwort* hervor, von aktivem Beziehungsangebot und Hilfe beim affektiven Regulierungsnotstand. Sie plädieren für »authentische Antworten des Therapeuten« und seinem Sich-Zeigen als Realperson, um dem Patienten das Unterscheiden von Projektionen und Teilobjekten zu ermöglichen. »Gleichzeitig sollte das Angebot einer neuen Objektbeziehung gemacht werden, die zur Ausübung defizitärer Ichfunktionen anregt und geeignet ist, im Patienten ein Gefühl der Hoffnung zu wecken, ihm eine Zukunftsperspektive zu öffnen.« (S. 215) Ziel ist ein neuer Umgang mit den »Ausfällen des Affekterlebens« wie mit dem »Ausfall des Handlungsanteils« wie dem des »selbstempathischen Anteils.« (S. 218/19) Dabei wird bereits großes Gewicht gelegt auf die genaue Beachtung der Körpersignale des Patienten wie deren psychosomatische Antwort im Therapeuten.

Mit dem diagnostischen und begrifflichen Instrumentarium der Autoren ist weitgehend auch eine theoretische Fundierung der therapeutischen körperlichen Interaktion mit solchen Patienten zu leisten, obwohl sie natürlich in ihren Texten noch nicht formuliert wird.

Die explizite theoretische Fundierung körpertherapeutischer Aktionen auf der Basis neuerer psychoanalytischer Forschung liefert Jörg Scharff in seiner Arbeit »Therapeutische Interventionen mit szenischem Einbezug des Körpers«[1], der vor allem

1 Jörg Scharff, in: Volker Friedrich (Hrsg.), »Wege und Irrwege zur

auch die neuere kleinianische Theorieentwicklung mit einbezieht und selbst plausible Fallbeispiele aus eigener Praxis beiträgt.

Auf das so anschauliche wie fundierte Buch von Günther Heisterkamp: »Heilsame Berührungen« (München 1993), habe ich bereits mehrfach hingewiesen. Deshalb sei zum Schluß, als Basis aller kooperativ und interdisziplinär denkenden Psychotherapie, nur noch das monumentale dreibändige Werk von Hilarion Petzold genannt: »Integrative Therapie. Modelle, Theorien und Methoden für eine schulenübergreifende Psychotherapie« (Paderborn 1993). Petzold hat in geradezu titanischer Arbeit, vergleichbar der frühen polyhistorischen »Psychoanalytischen Neurosenlehre« von Otto Fenichel, eine Grundlegung von Psychotherapie als »Begegnung« im breitesten Sinne geschaffen, von der man nur hoffen kann, daß sie auch von der Psychoanalyse als »Hilfe von außen« wahrgenommen wird. Petzolds Grundhaltung, im Dienste des Patienten all das integrativ aufzugreifen, was an hilfreichen Erkenntnissen in den verschiedensten Schulen und Richtungen zusammengetragen wurde, kann ich mich ebenfalls für verpflichtet erklären. Das bedeutet nicht, daß für mich das psychoanalytische Denk- und Behandlungsmodell nicht für immer prägend bleiben wird, so weit ich mich auch von den Einschränkungen seines durch zu hohe Idealisierung geschützten Settings entferne.

Mit der Fallgeschichte von Klaus soll nicht ein neues Modell oder eine neue Schule propagiert werden. Das Paradox lautet: Psychoanalytisch orientierte Körperpsychotherapie oder Körperpsychoanalyse ist gleichzeitig lehrbar und nicht lehrbar. Die persönliche Gleichung des Therapeuten, seine eigene Geschichte mit seinem Körper, die Selbsterfahrung, die primäre analytische Ausbildung und der Zugang zu interkollegialer oder lehrender Supervision sind wichtig. Es geht nicht um Techniken oder um eine neue Therapieform. Es geht um die Integration des »Elternkörpers« des Therapeuten in den Prozeß von Übertragung und Gegenübertragung und die dosierte

Psychoanalyse«. Vortragsband zur DPV-Tagung im Mai 1994. Kongreßorganisation Geber und Reusch, Mannheim 1994.

Anwendung körperlicher Interaktion bei verantwortungsvoll eingeschätzter Regressionsstufe des Patienten. In den Bereich der verantwortungsvollen Intuition des Therapeuten gehört auch die Entscheidung, wann der Therapeut »in und an und mit der Übertragung« arbeitet, und wann er die »Inszenierung« als Mittel der Arbeit mit hilfreicher Regression wählt.

Inszenierung kann förderlich und notwendig sein, wenn die Übertragung kumulativ negativ, traumatisch oder desorientierend chaotisch zu werden droht. Sie kann aber auch zum Ausweichen vor der Übertragung führen, irreal, künstlich oder theatralisch wirken und vom Patienten als feige und als ein sich wiederholender Entzug der interpersonalen Verbindlichkeit erlebt werden. Als Regel ließe sich höchstens formulieren, daß es zur Verantwortung des Therapeuten gehört, für seine Psychohygiene und ausreichende Gelassenheit zu sorgen. Zu viel übernommene und erlittene Traumatisierung in Übertragung und Gegenübertragung dient nicht mehr dem therapeutischen Prozeß, sondern wiederholt undurchschaute Verstrickungen, die auch dann noch bedrohlich bleiben, wenn sie sich in langer Arbeit schließlich doch noch entwirren lassen. Es gibt subtile Verklärungen der masochistischen analytischen Position, die vieles, was vitale und organismische Freude macht bei der Einbeziehung von körperlicher Interaktion und Inszenierung, schon deshalb verdächtigt, weil es, nach alter Abstinenzlehre, so triebnah und belebend klingt. Es geht aber nicht um Triebbefriedigung, Verwöhnung, Sexualisierung, furor sanandi, Rettungsphantasien und Mißbrauch des Patienten und wie die Verdächtigungen alle heißen, sondern um die Bereitstellung von wichtigen elterlichen Funktionen für die Entwicklung des Selbst wie einen ordnenden Ichaufbau. Sowohl der Patient als auch der analytisch geschulte Therapeut bringen sehr viel unbewußte Kompetenz (Niklas Roth) in die Begegnung mit. Beide brauchen Begleitung, um sie nutzen zu lernen.

Über das Leiden an einer verhärteten Psychoanalyse

Die Tabuisierung des Körpers in der Psychoanalyse wie in manchen anderen rein verbalen Psychotherapieformen sitzt noch immer tief, wenngleich inzwischen in den meisten tiefenpsychologischen Schulen wenigstens am Rande darüber gesprochen werden darf. Das Leiden von beiden Partnern, Therapeut und Patient, erhöht sich, wenn sie sich mit Störungen verstricken, an die Worte nicht oder kaum oder erst nach langen Qualen heranreichen. Nicht umsonst plädiert Peter Fürstenau für eine differenzierte Diagnostik, die die geeignete Therapieform nach dem Leiden des Patienten herauszufinden versucht, aus der Fülle der inzwischen vorhandenen, finanziell aber durch die Kassenregelung sehr unterschiedlich zugänglichen Angeboten. Die Zukunft wird der schulübergreifenden Kooperation im Dienste der Patienten gehören.

Aus manchen Äußerungen von Analytikern könnte der Eindruck entstehen, als sei Psychotherapie ein Leidensberuf, vor allem dann, wenn nur die Arbeit mit der Übertragung als einziger Weg akzeptiert wird. Fast bilderbuchhaft wird der Versuch der Bewältigung dieser Belastungen durch eine Heroisierung des Analytikerdaseins vorgeführt von Winfried Trimborn[2] in einer kleinen Arbeit über die Notwendigkeit hochfrequenter Analysen, also mit vier oder mehr Wochenstunden: In seiner Besprechung des Buches »Psychoanalysen, die ihre Zeit brauchen. Zwölf klinische Darstellungen«, von Heinz Henseler und Peter Wegner (Hrsg., Opladen 1993) mit Fallbeispielen aus der langzeitanalytischen Arbeit schreibt er über den »ungeheuren persönlichen Einsatz« der Analytiker (der ja nicht geleugnet werden soll, T. M.). Es geht mir um den schmerzensmännlichen Tonfall des psychoanalytischen Opferganges: »Die in dem vorliegenden Buch versammelten Berichte können eine Ahnung davon vermitteln, welcher Anspannung, Irritation, Ohnmacht, Lähmung, Leere, Hilflosigkeit, welchen Insuffizienz- und Schuldgefühlen, welchem Erschrecken und Erleben von Verrücktheit die Analytiker ausgesetzt waren und welche psychische Leistung des Mit-Leidens

2 W. Trimborn, »Ist die Psychoanalyse ein obsolet gewordener Luxus? Zum Ausschluß der hochfrequenten psychoanalytischen Psychotherapie aus der Kassenleistung« (Psyche, 11/1993, S. 1080-1091).

sie hatten aufbringen müssen, um sich auf einen Prozeß einzulassen, der es den Patienten erlaubte, den Analytiker mit der so schmerzlich verleugneten, deshalb so destruktiven und autodestruktiven Angewiesenheit zu gebrauchen...«
(S. 1084) Den fast biblisch zu nennenden Leidensweg kann man beinahe physisch nacherleben. Wer all das auf sich zieht, ohne am *Prinzip Übertragung* als einziger Variante von Inszenierung und Externalisierung der Traumen und Konflikte zu zweifeln, ist ein gläubiger Masochist. Von Freude am partiellen konkreten und symbolischen Nachholen der verlorenen Kindheit, von der Reparatur des früh entgleisten leib-seelischen Dialogs ist hier nicht viel zu spüren, auch nicht von Überlegungen über technische Veränderungen oder Veränderungen der Haltung.

Neben Günther Heisterkamp ist es vor allem Verena Kast, die die Bedeutung der Freude für den therapeutischen Prozeß wieder vehement in den Vordergrund gerückt hat (»Freude, Inspiration, Hoffnung«, Olten 1991). In ihrem Aufsatz »Die Wiederentdeckung der Freude in der Psychotherapie«[3] betont sie: »Es ist auffällig, wie wenig innerhalb der Psychologie und insbesondere der Tiefenpsychologie von Freude gesprochen wird. Die Emotionen der Angst, der Trauer, des Zorns usw. sind wesentlich präsenter und besser erforscht, wobei die Angst eine zentrale Stelle einnimmt, geradezu als das Wesen des Menschen erklären soll.« (S. 107) In körpernahem Vokabular schlägt sie ihren Patienten vor, »sich mit einer imaginativen Technik in die Körperbewegungen des kleinen Kindes« (S. 111) einzufühlen und eröffnet ihnen, neben den Schmerzen, den Zugang zur »Freudenbiographie« ihres Lebens. Auf die therapeutische Frage »Wie wurde Freude gedämpft?« antwortet sie mit der Analyse von elterlicher Beschämung, Entwertung, mangelndem Mitschwingen, Neid und Demütigung. Aber: »Das Erlebnis der Freude kann uns helfen, Neid zu überwinden.« Freude wurzelt ursprünglich in genußvoll gelebter Symbiose, und die ist getragen von »Vitalität, Körperlichkeit, Verbundenheit mit anderen Menschen.« (S. 117)

3 In: Peter Petersen, Piet Nijs (Hrsg.), Neue Wege der Psychotherapie und Psychosomatik. Leuven 1992, S. 107-117.

Die Bücher von Tilmann Moser im Suhrkamp Verlag

Gespräche mit Eingeschlossenen
Gruppenprotokolle aus einer Jugendstrafanstalt.
Mit einem Kommentar von Eberhard Künzel
edition suhrkamp 375. 1969

Jugendkriminalität und Gesellschaftsstruktur
1970
suhrkamp taschenbuch 1472 (1987)

Repressive Kriminalpsychiatrie
Vom Elend einer Wissenschaft. Eine Streitschrift
edition suhrkamp 419. 1971

Lehrjahre auf der Couch
Bruchstücke meiner Psychoanalyse
1974
suhrkamp taschenbuch 352 (1976)

Gottesvergiftung
1976
suhrkamp taschenbuch 533 (1980)

Verstehen, Urteilen, Verurteilen
Psychoanalytische Gruppendynamik mit Jurastudenten
edition suhrkamp 880. 1977

Grammatik der Gefühle
Mutmaßungen über die ersten Lebensjahre
1979
suhrkamp taschenbuch 897 (1983)

Stufen der Nähe
Ein Lehrstück für Liebende
1981
suhrkamp taschenbuch 978 (1984)

Familienkrieg
Wie Christoph, Vroni und Annette
die Trennung der Eltern erleben
1982
suhrkamp taschenbuch 1169 (1985)

Eine fast normale Familie
Über Theater und Gruppentherapie
edition suhrkamp 1223. 1984

Kompaß der Seele
Ein Leitfaden für Psychotherapie-Patienten
1984
suhrkamp taschenbuch 1340 (1986)

Romane als Krankengeschichten
Über Handke, Meckel und Martin Walser
edition suhrkamp 1304. 1985

Der Psychoanalytiker als sprechende Attrappe
Eine Streitschrift
edition suhrkamp 1404. 1987

Das erste Jahr
Eine psychoanalytische Behandlung
1986
suhrkamp taschenbuch 1573 (1988)

Körpertherapeutische Phantasien
Psychoanalytische Fallgeschichten neu betrachtet
1989
suhrkamp taschenbuch 1896 (1991)

Das zerstrittene Selbst
Berichte, Aufsätze, Rezensionen
suhrkamp taschenbuch 1733. 1990

Besuche bei Brüdern und Schwestern
edition suhrkamp 1686. 1991

Stundenbuch
Protokolle aus der Körperpsychotherapie
1992
suhrkamp taschenbuch 2306 (1994)

Vorsicht Berührung
Über Sexualisierung, Spaltung, NS-Erbe und Stasi-Angst
suhrkamp taschenbuch 2144. 1992

Der Erlöser der Mutter auf dem Weg zu sich selbst.
Eine körperpsychotherapeutische Studie
1993

Politik und seelischer Untergrund
suhrkamp taschenbuch 2258. 1993

Ödipus in Panik und Triumph
Eine Körperpsychotherapie
1994

Psychoanalyse und Justiz
Herausgegeben und mit einer Einleitung versehen
von Tilmann Moser. 1971
suhrkamp taschenbuch 167 (1974)

Zum Thema Psychoanalyse und Körperarbeit gibt es einen eineinhalbstündigen Lehrfilm von Tilmann Moser mit dem Titel *Symbiose, Halt und Abgrenzung*; einen weiteren zweistündigen zum Thema *Vaterkörper, Geburt und Symbolbildung*. Beide sind als Video beim Autor erhältlich, zum Preis von je DM 98,– (Goethestraße 17, 79100 Freiburg).

Psychologie, Psychoanalyse, Sozialpsychologie in den suhrkamp taschenbüchern

Psychologie, Psychoanalyse, Sozialpsychologie in den suhrkamp taschenbüchern

262/2/11.95